U0062050

新 視 野
中華經典文庫

新 視 野
中華經典文庫

史記

名譽主編 饒宗頤

導讀及譯注 馬彪

中華書局

新視野中華經典文庫

史記

□
導讀及譯注
馬彪

□
出版
中華書局（香港）有限公司
香港北角英皇道 499 號北角工業大廈一樓 B
電話：(852) 2137 2338　傳真：(852) 2713 8202
電子郵件：info@chunghwabook.com.hk
網址：http://www.chunghwabook.com.hk

□
發行
香港聯合書刊物流有限公司
香港新界大埔汀麗路 36 號
中華商務印刷大廈 3 字樓
電話：(852) 2150 2100　傳真：(852) 2407 3062
電子郵件：info@suplogistics.com.hk

□
印刷
深圳中華商務安全印務股份有限公司
深圳市龍崗區平湖鎮萬福工業區

□
版次
2012 年 12 月初版
2022 年 4 月第 7 次印刷

□
規格
大 32 開（205 mm × 143 mm）

□
ISBN：978-988-8181-28-5

出版說明

為甚麼要閱讀經典？道理其實很簡單——經典正正是人類智慧的源泉、心靈的故鄉。也正是因此，在社會快速發展、急劇轉型，因而也容易令人躁動不安的年代，人們也就更需要接近經典、閱讀經典、品味經典。

邁入二十一世紀，隨着中國在世界上的地位不斷提高，影響不斷擴大，國際社會也越來越關注中國，並希望更多地了解中國、了解中國文化。另外，受全球化浪潮的衝擊，各國、各地區、各民族之間文化的交流、碰撞、融和，也都會空前地引人注目，這其中，中國文化無疑扮演着十分重要的角色。相應地，對於中國經典的閱讀自然也就有不斷擴大的潛在市場，值得重視及開發。

於是也就有了這套立足港臺、面向海外的「新視野中華經典文庫」的編寫與出版。希望通過本文庫的出版，繼續搭建古代經典與現代生活的橋樑，引領讀者摩挲經典，感受經典的魅力，進而提升自身品位，塑造美好人生。

本文庫收錄中國歷代經典名著近六十種，涵蓋哲學、文學、歷史、醫學、宗教等各個領域。編寫原則大致如下：

（一）精選原則。所選著作一定是相關領域最有影響、最具代表性、最值得閱讀的經典作品，包括中國第一部哲學元典、被尊為「羣經之首」的《**周易**》，儒家代表作《**論語**》、《**孟子**》，道家代表作《**老子**》、《**莊子**》，最早、最有代表性的兵書《**孫子兵法**》，最早、最系統完整的醫學典籍《**黃帝內經**》，大乘佛教和禪宗最重要的經典《**金剛經**》、《**心經**》、《**六祖壇經**》，中國第一部詩歌總集《**詩經**》，第一部紀傳體通史《**史記**》，第一部編年體通史《**資治通鑑**》，中國最古老的地理學著作《**山海經**》，中國古代最著名的遊記《**徐霞客遊記**》，等等，每一部都是了解中國思想文化不可不知、不可不讀的經典名著。而對於篇幅較大、內容較多的作品，則會精選其中最值得閱讀的篇章。使每一本都能保持適中的篇幅、適中的定價，讓普羅大眾都能買得起、讀得起。

（二）尤重導讀的功能。導讀包括對每一部經典的總體導讀、對所選篇章的分篇（節）導讀，以及對名段、金句的賞析與點評。導讀除介紹相關作品的作者、主要內容等基本情況外，尤強調取用廣闊的「新視野」，將這些經典放在全球範圍內、結合當下社會生活，深入挖掘其內容與思想的普世價值，及對現代社會、現實生活的深刻啟示與借鑑意義。通過這些富有新意的解讀與賞析，真正拉近古代經典與當代社會和當下生活的距離。

（三）通俗易讀的原則。簡明的注釋，直白的譯文，加上深入淺出的導讀與賞析，希望幫助更多的普通讀者讀懂經典，讀懂古人的思想，並能引發更多的思考，獲取更多的知識及更多的生活啟示。

（四）方便實用的原則。關注當下、貼近現實的導讀與賞析，相信有助於讀者「古為今用」、自我提升；卷尾附錄「名句索引」，更有助讀者檢索、重溫及隨時引用。

（五）立體互動，無限延伸。配合文庫的出版，開設專題網站，增加朗讀功能，將文庫進一步延展為有聲讀物，同時增強讀者、作者、出版者之間不受時空限制的自由隨性的交流互動，在使經典閱讀更具立體感、時代感之餘，亦能通過讀編互動，推動經典閱讀的深化與提升。

這些原則可以說都是從讀者的角度考慮並努力貫徹的，希望這一良苦用心最終亦能夠得到讀者的認可、進而達致經典普及的目的。

「弘揚中華文化」是中華書局的創局宗旨，二〇一二年又正值創局一百週年，「承百年基業，傳中華文明」，本局理當更加有所作為。本文庫的出版，既是對百年華誕的紀念與獻禮，也是在弘揚華夏文明之路上「傳承與開創」的標誌之一。

需要特別提到的是，國學大師饒宗頤先生慨然應允擔任本套文庫的名譽主編，除表明先生對本局出版工作的一貫支持外，更顯示先生對倡導經典閱讀、關心文化傳承的一片至誠。在此，我們要向饒公表示由衷的敬佩及誠摯的感謝。

倡導經典閱讀，普及經典文化，永遠都有做不完的工作。期待本文庫的出版，能夠帶給讀者不一樣的感覺。

中華書局編輯部

二〇一二年六月

目錄

世家

列傳

司馬遷的盛世之憂與庶民情結

——《史記》導讀

馬彪

《史記》真的很偉大，它不僅是文人眼中的天才之作、千古絕唱，而且是一部頗受庶民百姓喜愛的歷史讀物。

一、一部最適合老百姓閱讀的「正史」

中國的老百姓不論老少婦孺，除了《三國》、《水滸》、《紅樓夢》之外，隨手拈來的歷史故事十有八九來自《史記》：完璧歸趙、胡服騎射、伯樂相馬、毛遂自薦、河伯娶妻、荊軻刺秦、指鹿為馬、鴻門之宴、四面楚歌、霸王別姬、韓信點兵、張騫通西域等比比皆是。

《史記》可謂中國文化宴席上的一道大菜，而且是一道特別符合老百姓口味的大餐。至少在

司馬遷像

「正史」之中適合老百姓閱讀的，恐怕只有《史記》了。

為甚麼《史記》能夠如此雅俗共賞呢？這也許是個智者見智、仁者見仁的問題。在大學執教秦漢史的二十餘年來，經常有學生問我：「《史記》應該怎樣讀？」我總是回答說：「《史記》就像一套巨大的連環畫，只要你知道了作者的主導思想和全書的篇章結構，隨心所欲地去讀就是了。」

就我個人的體會而言，司馬遷的盛世之憂最為文人所認可，《史記》中到處顯現的庶民情結最是打動尋常百姓的心弦！然而，全書新穎而嚴謹的篇章結構又是作者思想、感情得以充分表達的硬件設備。

二、司馬遷的身世及對《史記》撰述的影響

還有一個問題是學生經常問到的，即司馬遷到底是不是宦官？

作為太史令司馬遷繼其父司馬談之後擔任過史官，所以司馬遷首先是史官；但他又在受宮刑後出任了中書令一職，中書令在漢武帝時期又的確由宦官担任，所以說他是宦官並不為錯。

不過，司馬遷並不是從一開始就以宦者身份進入官場的，所以歷代學者並不把他列為宦官。

（一）建議先讀《太史公自序》

為了了解作者身世及作品背景、時代，建議讀者先讀一下《太史公自序》。古人的書序不像我們今天是放在書的開頭而是放在書尾，《太史公自序》亦不例外。本書為了便於今人閱讀，按照今日的習慣把這一篇的節選放在了開篇。

序中不但闡述了《史記》的編纂旨趣，而且敍述了司馬氏的家傳。

司馬遷生活於西漢的武帝盛世，他於景帝中五年（前一四五年，一說前一三五年）出生於龍門（今陝西省韓城市），比漢武帝小十一歲，二人是同時代人。漢武帝十六歲登基，在位五十四年，是秦漢時期執政時間最長的皇帝，他統治的半個世紀不僅限於秦漢朝，在整部中國史上也堪稱盛世。

這位「雄材大略」（《漢書·武帝紀》）的皇帝所創功績數不勝數：以罷黜百家統一了思想意識，用削藩推恩加強了中央集權，以平準專賣充實了國家財政，此外還加強軍備解除了匈奴邊患並擴張了帝國版圖，使漢朝成為當時世界上與西方羅馬帝國並立的東方大帝國。

（二）生逢盛世的父子兩代「太史令」

司馬談在武帝朝的前半期任職太史令約三十年之久，其子司馬遷亦任太史令九年。「太史」，是漢朝執掌宗廟、禮儀之官太常的下屬史官；「令」，即長官，俸祿為六百石，相當於地方上縣的長官。司馬談因未能參加漢武帝封禪泰山的祭祀「發憤且卒」(《太史公自序》)。

司馬遷死於何年史無明文記載,一般認為約在武帝之死前後。司馬父子二人最大的成就是編纂了中國第一部真正的史書《史記》。他們為何要修史呢?第一,他們有一種盛世修史的意識。司馬談就說:「今漢興,海內一統,明主賢君忠臣死義之士,余為太史而弗論載,廢天下之史文,余甚懼焉」;司馬遷也說過:「余嘗掌其官,廢明聖盛德不載,滅功臣世家賢大夫之業不述,墮先人所言,罪莫大焉。」這些話中雖然可能參雜敷衍之詞,但二人認為身處海內一統之盛世,作為史官而記載歷史締造者的事跡是自己義不容辭的職責。第二,《史記》是由司馬談提出計劃,而主要由司馬遷總其成的。

(三) 闡述歷史進程之中的「大義」

雖然很難分清父子二人誰寫作的部分更多,但父子二人的指導思想不盡相同是肯定的:司馬談主張道家,司馬遷則是奉行董仲舒的儒家公羊春秋學理念。所以就《史記》的主導精神而言,貫徹的還是儒家的理念。特別是司馬遷有意識地秉承了孔子著《春秋》為的是明「大義」的精神,這一點非常重要,因為這決定了《史記》不可能是那種阿諛明主、謳歌盛世的御用作品,相反為了尊重並闡述歷史進程之中的「大義」,即我們今天所說的歷史規律,司馬遷不得不經常以那些不致遭受批判的「微言」來表示自己的盛世之憂。這是我們在讀《史記》時最應該注意的。那麼，司馬遷又是如何在如實記述盛世及其由來的同時，表達史家在總結歷史規律之後發出的警世恆言的呢？

三、司馬遷的盛世之憂

二〇一〇年春，我應法國國家科研中心林力那教授之邀，在巴黎第七大學做訪問學者時曾參觀了奧賽美術館，在一幅巨大的羣裸油畫面前我站了許久……

(一)「世人皆醉我獨醒」的盛世感傷

幾十個近乎全裸的俊男靚女醉臥於豪華的殿堂，散亂的酒器、一絲不掛的男女美體給人以視覺上的極大衝擊，展現了一幅集體縱慾之後的場面；不止於此，畫面的右下角還繪有兩位衣冠整齊的年輕人，顯然他們是這場肉宴的旁觀者，從穿着、用色上看，這二位與畫面的主人公並不協調！直覺告訴我這一定是作者的某種刻意的追求，解說詞驗證了我的直覺：作品描述的是法國七月革命勝利後人們沉浸於縱情歡樂之中的場景，兩位年輕人在冷眼旁觀。

我恍然大悟：作品表現了作者的盛世之憂！這不正是兩千年前司馬遷寫《史記》時的心情嗎？那種世人皆醉我獨醒的複雜心情，總是這樣不拘國境、穿越歷史地無處不在！

（二）如何讀解司馬遷著史的心境

司馬遷到底是以怎樣一種心情寫《史記》的呢？先來看看他所生活的時代：

漢武帝時期是繼漢初「文景之治」之後迎來的國家經濟的繁榮期，當時的人們終日追逐「利」、「祿」而樂此不疲。這是一個只要努力，人人都可以大有作為、積極向上的時代，可謂中國史上空前的大好時光。

然而，在今天看來當時所謂生逢其時的人們真的很幸福嗎？《史記》中專門設置有《貨殖列傳》和《平準書》，二者相互參閱可以得到答案。

前者通過春秋以來著名商人如早期的范蠡、子貢，晚期的孔氏、任氏的類傳，描述了漢代經濟繁榮的歷史形成。開篇就引用了老子「至治之極」的話，説雖然老子認為盛世就應當雞犬之聲相聞老死不相往來，但考察歷史的話事實恰恰相反：中國地大物博，風土物產差異之大帶來商業物流的發達，百姓因此得便、商人由此獲利，各得其所無可厚非。但是在「天下熙熙，皆為利來；天下壤壤，皆為利往」的盛世繁榮景象之下，腰纏萬貫的商人們幸福嗎？司馬遷是史家不是評論家，但他又不是單純記錄史實的書記員，所以他的議論雖偶爾會在「太史公曰」

中言及，但幾乎都是寓於紀實之中的。

比如他為當時的商人起名為「素封」，說他們是富比封侯而沒有受人尊重身份的老百姓。他們所從事的商業是「賤行」、「惡業」。在《平準書》中又記載曰：「天下已平，高祖乃令賈人不得衣絲乘車，重租稅以困辱之。」

司馬遷雖然沒有進行評論，但他已經清楚地告訴我們：這是一個唯「利」是圖的拜金主義「天下」，牟利的佼佼者是那些著名的商人，他們絕不缺錢，可惜沒有受人尊重的社會地位，所以他們並不幸福！

值得注意的是，司馬遷在這裏並非指責商人，而是在探尋造成如此盛世之弊的深層原因，寫出了那個時代不僅使人民之間相互爭利，而且官亦與人民爭利的情況，意在指出此乃自古以來財政之中最下等之政策。即《貨殖列傳》所云，富有三個階段：「本富為上，末富次之，奸富最下。」暗示當時人人爭利的「盛世」，為自古以來財政之最下等政策所致！

他尤其反對官與民爭利，讀《史記》者恐怕無人不會自然地聯繫自身所處的時代及其弊端，這是盛世之中惟有史家最清醒的明顯一例。

（三）「武帝」之謚號未必是讚美

漢武帝死後謚號為「孝武皇帝」。《謚法》：「威強睿德曰武。」就是說，威嚴、堅強、明智、仁德叫做「武」。總之，是讚揚他在位統治的武功文治。漢武帝的武功是使漢朝得以昌盛的重要條件，他派衞青、霍去病、李廣利、張騫取得了對匈奴的歷史性勝利，基本解決了漢初以來中原所受來自北方遊牧民族的威脅，而且拓廣了東方通往西方的文化交流之路——絲綢之路。他還用兵南越、西南夷、朝鮮，擴大了帝國版圖。

雖說我們無法用近代以來的領土概念去衡量古人，但我們必須認識到即便在古代，武力擴張版圖也是對外國、外族的非正義戰爭。那麼，司馬遷是如何從史家的立場看待「武功」的呢？《史記》中涉及武帝用兵匈奴的記載，至少有《韓長孺列傳》、《李將軍列傳》、《匈奴列傳》、《衞青霍去病列傳》、《平準書》等，雖然司馬遷沒有任何直接的評論，但我們還是能看出在他的記述中流露出對漢匈戰爭的反感。例如，《匈奴列傳》：「初，漢兩將軍大出圍單于，所殺虜八九萬，而漢士卒物故亦數萬，漢馬死者十餘萬。匈奴雖病，遠去，而漢亦馬少，無以復往。」記述了漢征匈奴的沉重代價和兩敗俱傷的結果。

事實上，即便漢武帝本人也在晚年下《輪臺罪己詔》曰：「乃者貳師敗，軍士死略離散，悲痛常在朕心。」（《漢書·西域傳》）表達了對自己窮兵黷武的懺悔。《史記·朝鮮列傳》記載武帝派軍隊攻打朝鮮的情況，司馬遷通過對漢軍內部種種混亂的記述，表示了對這次戰爭的批判態度。

（四）出自「大一統」思想的反侵略意識

司馬遷反對征服周邊民族的觀點又出自其儒家「大一統」的思想。孔子以來，特別是業師董仲舒對「大一統」思想的提倡，可以說是司馬遷著述《史記》的基本理念。如董仲舒曰：「《春秋》大一統者，天地之常經，古今之通誼也。」（《漢書．董仲舒傳》）《史記》之「究天人之際，通古今之變」（《漢書．司馬遷傳》）的追求亦出於此，目的在於從歷史發展的規律上弄清秦朝特別是漢朝「大一統」天下形成的原因，並由此指明「大一統」世界的今後方向。

董仲舒、司馬遷的時代，還沒有王莽以後那種鄙視周邊民族的「華夷之辨」思想，在儒家「大一統」精神之下，《史記》中體現了各族同源同種的民族觀念。司馬遷敘史以黃帝為人文始祖，即便匈奴亦不例外。所以他在《匈奴列傳》的開頭曰：「匈奴，其先祖夏后氏之苗裔也，曰淳維。」明確將其列入華夏族之中。在《東越列傳》、《南越列傳》、《朝鮮列傳》、《西南夷列傳》中也都貫穿了各族同源的意識。

在這種歷史觀、民族觀的指導下，司馬遷首創「正史」為少數民族立傳的史體，而且他將少數民族史傳與歷代名臣列傳交錯並列，體現了各族一家、四海之內皆兄弟的觀念。由此，他很自然地記述了尉佗入南越、衞滿之朝鮮、莊蹻移居西南夷的歷史。因此，他對漢武帝一改漢初無為而治國策，轉而頻繁對周邊各族用兵的歷史雖有記載，卻無讚揚！

為了個人利益可以殺人越貨，追求所謂「國家利益」則不惜屠城滅國。在「近代化」就是

「戰爭化」的今日，以所謂「正義之師」出兵他國的行為已經隨着全球化的浪潮而普遍化，其死傷人數足以令古人瞠目。生活於二十一世紀的我們，在讀司馬遷當年對歷史經驗的總結時，只有汗顏、自愧了。

（五）對獎掖學者為官之策的憤慨

漢朝於「文治」方面最突出的貢獻莫過於「推明孔氏，抑黜百家。立學校之官，州郡舉茂材孝廉」（《漢書．董仲舒傳》），而且這一切又「皆自仲舒發之」而被武帝採納推行。儘管如此，司馬遷並沒有對此大唱讚歌，而是處處表現出自己的擔憂。《史記．儒林列傳》是司馬遷為當時「文治」所推崇的儒學、儒士所設置的專傳，其中對公孫弘獎掖學者為官之策的實施表現出極大的憤慨。

在司馬遷看來，這意味着從此學者將學問作為了獲取利祿的工具，實際上使學問喪失了尊嚴。他通過對學問、學者的歷史考察之後指出，以往學者被起用時或為天子、諸侯之師，或為士大夫之友，起到了以學問進行告誡、教誨的作用；若不見起用就隱居不出，縱令出世亦保持不輕視己道的覺悟。然而，自公孫弘為學者開闢利祿之路，學者就失去了以傳道維持教化的作用，而僅剩下記憶古事以備為政君主諮詢的作用了。

兩千年之後的學問有了極大的變化，學者也早已經把學問做出了書齋、課堂，做上了影視、網絡，「傳媒」不僅將學問更廣泛地傳播至大衆，也將學問極大地商業化了。在學問成為逐利資本的時代，雖然我們不知道當今的種種變化是否可以置於司馬遷「通古今之變」的範疇，但至少這些變異與他所提倡的學問之道相左是顯而易見的。

總之，古人已經察覺司馬遷記事「不虛美，不隱惡」（《三國志·王朗傳》所載王肅語）的特點，原因何在呢？我看就在於他那種傑出史家所獨具的盛世之憂！

四、《史記》中的庶民情結

《史記》雖然被後代人列為「正史」之首，但作者司馬遷的那種庶民立場和百姓情結卻是其他任何一部「正史」都不具備的。

（一）司馬遷所創立之實地考察方法

幾年前我寫過一篇題為《簡牘學研究的「三重證據法」》的論文，其中強調司馬遷所創建之實地考察的方法在今天仍然適用的問題。我的看法是：司馬遷寫《史記》的一個重要方法就是不限於「百年之間，天下遺文古事靡不畢集太史公」的便利條件，親自跑遍了漢朝的大江南北，搞實地調查。他的實地調查大致可分為前後兩階段：

第一階段，在他入仕之前，為了繼承父親的史官，他十歲開始學習古文，二十歲時漫遊全國。在此之前，按照《張家山漢簡．史律》對「史」、「卜」、「祝」的資格要求來看，司馬遷作為史官之子，應該是在十七歲成為學童，學三年文字之後已經通過考試取得了史的資格。而具有了這一資格之後的這次旅行，應該說是一次全國範圍的歷史學考察。

他從長安出發後，第一站就到了今天湖北荊州一帶的南郡，由長江溯湘水踏訪了九疑山（即今湖南九嶷山）的舜廟。再由長江至會稽山探訪禹王陵。訪問齊故都臨淄和魯的曲阜，觀孔子遺風。最後，經梁、楚之地返回長安。司馬遷的這次史跡踏訪無疑為他日後寫出不朽名著《史記》奠定了堅實的創作基礎。

第二階段，在他入仕之後，他先做郎官，後來出任太史令，出於職務需要經常跟隨漢武帝出巡各地，正如他自已所說：「余從巡祭天地諸神名山川而封禪焉。」（《史記．封禪書》）此時的司馬遷更是有機會一邊進行實地考察，一邊撰著《史記》。

總之，當我們感歎司馬遷具有超人之史學天才的同時，恐怕沒有人會否定重視實地考察對他創作《史記》的重要影響。

（二）司馬遷寫《史記》不僅用手還用腳

實地取材是司馬遷撰著《史記》的重要特色。司馬遷取捨史料的原則在《太史公自序》中有所說明：「厥協六經異傳，整齊百家雜語」，亦即綜合各種儒家經傳、補充以諸子所言之意。可見，採用史料的第一原則是取材「六經」，他曾說過：「夫學者載籍極博，猶考信於六藝。」（《史記·伯夷列傳》）在他看來不載於六藝即六經的內容多不可信。但這不是惟一的原則，他的第二原則是如果六經有闕文而諸子書中有記載的，可以酌情拾遺補闕。

比如關於黃帝的記述雖不見於六經，卻見於諸子。司馬遷採納了後者，為甚麼呢？在《五帝本紀》中他對此作了解釋：「學者多稱五帝，尚矣。然《尚書》獨載堯以來；而百家言黃帝，其文不雅馴，薦紳先生難言之。孔子所傳宰予問《五帝德》及《帝繫姓》，儒者或不傳。余嘗西至空桐，北過涿鹿，東漸於海，南浮江淮矣，至長老皆各往往稱黃帝、堯、舜之處，風教固殊焉，總之不離古文者近是。予觀《春秋》、《國語》，其發明《五帝德》、《帝繫姓》章矣，顧弟弗深考，其所表見皆不虛。《書》缺有間矣，其軼乃時時見於他說。非好學深思，心知其意，固難為淺見寡聞道也。余並論次，擇其言尤雅者，故著為本紀書首。」

他說諸子書中記載了黃帝，儒家經典中卻沒有記載，到底應該相信誰呢？他走出書齋去請教民間「長老」，結果長老們都說在堯、舜之前還有黃帝，黃帝、堯、舜各自的「風教」本不同。「長老」即老年人。《管子·五輔》：「養長老，慈幼孤。」《漢書·外戚傳》：「近世之事，語尚在於長老之耳。」不僅限於近世，身為儒家的司馬遷對於那些儒者不傳的「遠古」信息，作為史家他寧可相信鄉野「長老」之言「近是」。因為他有一個獨特的編纂方法，即親臨歷史人物、事件的所在地進行調查。

從這一意義上講，《史記》不僅是他關在朝廷圖書館裏用手寫出來的，更是他走進民間社會、歷史事件發生地用腳寫出來的！這一方法應該說同時反映了他重視民間史料重要性的庶民立場。

(三) 司馬遷重視民間史料價值的時代原因

為甚麼司馬遷會如此重視民間史料的價值呢？其實，這與他所處時代的社會性質是分不開的。

大體上說，從前五世紀末至前二二一年秦統一中國的戰國時期，是中國古代社會的大變革時期。其中最主要的是社會性質，已經從周代那種血緣關係宗法分封制，轉變成為了地域關係的皇帝制的郡縣官僚制。此後的秦漢時期在皇帝專制主義建立的同時，平民的社會地位不斷提升。「能力主義」的高揚在打破了以往氏族宗法制血統論的同時，動搖了祖先神的信仰。這一時期人與人之間的關係出現了極大變化：

皇帝在當時是一種嶄新的人物，也是具有決定性意義的社會成分，他既不同於先秦宗法關係的周天子，也不同於魏晉南北朝貴族關係的各朝皇帝。秦漢皇帝的特點是專制性和平民性。

秦始皇是以武力爭霸粉碎宗法氏族制，從而建立專制政權的，劉邦是中國歷史上由平民搖身變為皇帝的第一人。二人的特點都在於擺脫了來自貴族階層的控制。正是由於皇帝的以上新特点，秦漢的皇親貴族在政治地位上不再具有支配皇權的威力，他們既無法與先秦的公卿大夫相比，也比不上魏晉南北朝操縱九品中正制的皇家宗室。所以一旦他們野心勃發，就會遭到皇權的嚴厲鎮壓和平民的反對。

秦漢的官僚主要是依靠當時所創之文官制度由平民中選拔出來的，由於文官制取代了以往的貴族議事制，此時的官僚士大夫與先秦的公卿士大夫有着很大區別，他們在形式上雖保留着以往「文史」的職能，但在參政權利上、在代表平民的利益的程度上已向前邁進了一大步。

秦漢的平民階層在打碎了壓在頭上的宗法制以後，由於衝破了血緣關係的束縛，獲得空前的自由，他們不僅在「王侯將相寧有種乎」的口號中，推翻歷史上第一個皇帝政權，而且由自己的階層中推出了第一代「布衣」天子。這一時代的平民，人人有爬上宰相、甚至皇帝位置的可能，隨時有評議朝政的自由。

（四）司馬遷對「布衣」的情有獨鍾

時代的巨變必然反映於歷史記述之中，《史記》中就處處體現着「布衣」（穿麻布衣服的庶民）地位的提升，劉邦從「布衣」成為皇帝，韓信、蕭何為首者成為「布衣將相」。

不僅如此，司馬遷還特別強調歷史上名人的「布衣」地位，如《史記・孔子世家》曰：「孔子布衣，傳十餘世，學者宗之。」「世家」本是《史記》中用以記載諸王世家的體例，可是司馬遷卻把生前從未封王的「布衣」孔子列入其中，從誕生至逝世，記述了其七十二年的人生歷程。在司馬遷看來，孔子雖然並非諸侯而僅僅是個士大夫，但他為天下制法、傳六藝於後世，意義非比尋常，所以撰寫了《孔子世家》。

最有意思的是《陳涉世家》。陳涉沒有後代，本無所謂世家。但由於秦亂之時陳涉首開反秦契機，後諸侯起兵才得以滅秦，所以司馬遷將其列入「世家」。《太史公自序》曰：「天下之端，自涉發難。」司馬遷還在《陳涉世家》中記載了特別能代表當時庶民精神的一句名言：「王侯將相寧有種乎！」司馬遷將其與前代作了對比，認為「桀、紂失其道而湯、武作，周失其道而《春秋》作。秦失其政，而陳涉發跡」。因此記載曰：陳涉雖然起事僅僅六個月而亡，但漢不絕其祀，續其血食。

將孔子列入「世家」和把陳涉立為「世家」，在司馬遷來說具有同等的意義：只要對人民有功德，對創造歷史有貢獻，即便是陳涉這樣無後世存續者，也與世族綿延者同等對待。

司馬遷在登箕山踏查許由冢時，曾發出感慨：那些沒能成為天子或諸侯，使家世相續，僅憑匹夫之身為世人立有功德的人物，無論他們多麼偉大，若無人為其立傳的話，其事跡也無法流傳於後世。即便是許由、卞隨、務光這些公認的古代名人，由於孔子未提到他們，所以他們的事跡都湮沒了。而像伯夷、叔齊，則由於孔子曾經予以讚揚，以致其事跡至今仍在流傳。（《史記·伯夷列傳》）

可見，能夠被司馬遷列入「列傳」的人物，都是他認為有必要將其事跡流傳於後世的重要人物。而在這些重要人物之中也不乏布衣庶民的身影。例如，他寫《貨殖列傳》的動機在於：「布衣匹夫之人，不害於政，不妨百姓，取與以時而息財富，智者有採焉。作《貨殖列傳》」。

總之，司馬遷的百姓情結表現為他重視民間傳說史料的真實性，重筆記述人民創造歷史的功德，而這一切又與他所處的古代社會晚期人民地位上升的時代性質互為因果關係。

五、嚴謹獨創的結構

《史記》本名《太史公書》、或《太史公紀》，魏晉以後始稱《史記》，就是歷史記載的意思。《史記》「究天人之際，通古今之變，成一家之言」主旨的貫徹，不僅來自於司馬遷對史料的博採、精選，還在於他獨創了本紀、表、書、世家、列傳之所謂「五體」結構。所以讀《史記》最好先大致了解一下這部一百三十篇、五十二萬六千五百字著作的篇章結構。

（二）「本紀」是《史記》之「本」

本紀是全書之「本」，是《史記》的主幹，其他如表、書、世家、列傳都是「末」，本末不可顛倒，本末相輔相成。所以讀《史記》不可不重視本紀的重要性。要認識到本紀所記人物是中國古代歷史發展脈絡的代表者。

例如作者在全書第一篇的《五帝本紀》即開宗明義地點明我們中國歷史起於黃帝，而且黃帝之後有着唐堯、虞舜的系統。接下來作者寫了《夏本紀》、《殷本紀》、《周本紀》、《秦本紀》等，清楚地概括了中國歷史的主幹。然而，司馬遷概括得對不對呢？

其實，對於司馬遷的主張從來就有人表示懷疑，僅以百年來學術史為例：在一百年前殷墟發現之前，有人懷疑《殷本紀》的內容屬於虛構；二里頭夏朝遺址碳十四鑑定結果公佈之前，學界懷疑《夏本紀》真實性的觀點很多；今日如果說有不少歷史學家不相信《五帝本紀》之記載的話也無足為怪。權且拋開學術界對上古史實與傳說的討論，筆者只是覺得如今科學考古能夠一次次地證明《史記》內容的正確性這一點，真是不能不令人對司馬遷和《史記》的客觀嚴謹咂舌讚歎！

（二）「表」是司馬遷創立的年代學體例

《史記》載十二本紀之後，設置十表。十表是司馬遷創立的年代學體例，它意味着中國史學已經從《春秋》等著作那種自發地逐年記載，進入到自覺的年代學記述，標誌着中國史學的成熟，意義十分重大。

一般讀者往往不太重視《史記》的十表，所謂「表」的本意是表明的意思，對於歷史上不醒目的事情司馬遷選擇了「表」的形式予以記述。十表中除《三代世表》為世表，《秦楚之際月表》為月表之外，都是年表。表的最大特點是能夠將大事小情都用簡短的篇幅表達得提綱挈領、經緯清晰。比如：

《秦楚之際月表》、《漢興以來諸侯王年表》，以年為經、以國為緯。

《高祖功臣侯者年表》、《惠景間侯者年表》、《建元以來侯者年表》，是以國為經、以年為緯。

《漢興以來將相名臣年表》是以年為經，以職官為緯，不僅一目了然，而且便於檢索。

宋代鄭樵曾說「《史記》一書，功在十表。」（《通志總序》）讀者在閱讀本紀那種宏觀把握歷史脈絡內容的同時，就有興趣的地方查一查表，讀一讀表序，是很有好處的。

（三）作為自然科學及藝術史的「書」

八書包括《禮書》、《樂書》、《律書》、《曆書》、《天官書》、《封禪書》、《河渠書》、《平準書》等，按今日學科劃分的話，這些都是有別於本紀、表、世家、列傳等人文社會學科的自然科學史、藝術史。其中除了《平準書》外都是講述古今制度變遷的，《平準書》則記載了一種新的制度。

按照司馬遷「究天人之際」的宗旨，八書中所述的與禮樂、律曆、天文、地理相關的是天然的文化史，而紀傳、表、世家表述的是人文的文化史，史家的責任就在於追究二者之間的關係，《史記》的編纂體例就是如此與作者史學思想之表達相輔相成的。

（四）「世家」所見輔佐王者的股肱之臣

三十世家，記載了那些輔佐王者的股肱之臣，司馬遷認為他們就像三十輻條之共聚一車轂的關係，故「作三十世家」。其中除了上文提到的《孔子世家》、《陳涉世家》的特例之外，主要記載了那些以爵位、俸祿世代相傳的貴族之家。

例如春秋、戰國以來的諸侯世家，再如漢代所封劉姓宗室、外戚世家，以及漢朝所封開國功臣的世家。司馬遷認為，「大一統」天下的開創、延續，都是歷代天子、皇帝在周圍「社稷之臣」的輔助之下得以實現的，這些歷史人物的功德是應該載入史冊，作為後世楷模的。

（五）「列傳」記載了對人民有貢獻的歷史人物

在司馬遷的筆下，中國通史宛如一棵參天古樹，不僅有明君、功臣之主幹與繁枝，也有各類為人民做出貢獻的歷史人物，他們成為了證明古樹生命力的蔥蔥茂葉。七十列傳，就是為那些「扶義俶儻，不令己失時，立功名於天下」者而作的。也就是說，只要是扶持正義，不錯過時代需求，有功名於天下者都應該載入史冊。按照這一標準，他為游俠、刺客、醫生、卜者、商人立傳，而不收錄那些雖然官居要職卻碌碌無為者。

重視某類人物的羣體性是列傳體的一大特色，就是將那些雖處不同年代但具有類似特點的人物列為一傳；具體而言，不僅有《孟嘗君列傳》、《趙公子列傳》那樣的專傳，還有《老子韓非列傳》、《魏其武安侯列傳》那樣的合傳。

另外還有以敍述某些人物為主，同時附帶記載另一些人物的主附傳。例如《孟荀列傳》雖以孟子、荀子為主，但同時又列入了騶子、墨子、公孫龍、李悝等。

類傳最大的特色，在於將品行相類的人物排列成傳，如《循吏列傳》、《酷吏列傳》、《游俠列傳》、《匈奴列傳》、《西南夷列傳》等。

總之應當看到，春秋、戰國以後，隨着世卿世祿制的崩潰，中國社會進入了彰顯個人能力的時代，列傳將從刺客到哲人的各類英傑會聚一堂，不能不說是《史記》所創造的最為精彩的體例，後世將《史記》的「五體」簡稱為「紀傳體」，顯然是看到列傳具有不亞於本紀的獨特價值！

六、閱讀《史記》時應該注意些甚麼

這裏，我想提醒讀者在讀《史記》時注意以下三點：

（一）「發憤」並非「怨誹譏謗」

由於司馬遷在《報任安書》中痛訴自身遭宮刑受辱的慘烈心情時，說過「賢聖發憤之所為作」的話，所以歷代評論者中有人認為《史記》頗有「怨誹譏謗」。然而清代學者章學誠對此早有過批駁，他認為，在《報任安書》中，司馬遷曰「亦欲以究天人之際，通古今之變，成一家之言」，這才是「其本旨也；所云發憤著書，不過敍述窮愁，而假以為辭耳。」明確指出：後人泥於「發憤」之說，遂謂《史記》乃為「怨誹所激發」，是對司馬遷的極大誤解。（《文史通義·史德》）

（二）樸實的《史記》語言風格

《史記》的確有語言樸拙的風格，比如文風不統一，甚至有無法讀通的文句，但那是出於司馬遷不以文害義的原則，以及剪裁史料時留下的痕跡。他大量引用古籍和傳聞史料，重在內容的記載和對原始史料的保留。

比如，《夏本紀》對於《尚書‧禹貢》篇除個別文字外幾乎是全文引用。《刺客列傳》中司馬遷引用了《尚書》、《左傳》、《戰國策》的各種史料。《戰國策》的原文本來是較疏漏的，司馬遷引用時也僅取其內容，而未對文字做過多的加工潤色。所以，《史記》的文字水平使人感到參差不齊，甚至有裁剪生硬的痕跡，是不足為怪的。

（三）篇章結構中的深刻寓意

不要忽略《史記》篇章結構的作用，司馬遷是史學家不是評論家，很多對歷史事實的評價，他並不是直接發議論，而是寓意於敘述結構的安排之中。

例如在《儒林列傳》的結尾，司馬遷沒有像其他列傳那樣寫出論贊，而是擱筆於對以學問獲取高官的實例記載。這樣的結尾有其獨特的寓意，似乎在告訴讀者他對當時的「文治」政策已無可論贊。

總之，今人讀《史記》，只要能夠理解作者的心境、感情以及全書結構的話，一定會覺得這是一部思想深邃，而又貼近百姓生活，語感極其豐富多彩的好書！

七、《史記》之現代價值

唐太宗曾說「以古為鏡可知興替」（《新唐書・魏徵傳》），這是講歷史是一面鏡子，其中有着朝代的興衰變遷，能夠告訴我們如何選擇正確的道路，所以現代人應該以史為鑒反思過去。學習歷史的終極目的還是為了在反思中認識今日，以獲得能夠清醒判斷是非的智慧。從這一角度出發，《史記》至少有以下三種精神至今仍有其不容忽視的現代價值。

（一）「不虛美，不隱惡」的直筆反思精神

班固評價《史記》「不虛美，不隱惡，故謂之實錄」。（《漢書・司馬遷傳》）一句話，司馬遷堅持直筆實錄的方法是「不虛美，不隱惡」。那麼他「不虛美，不隱惡」的目的是甚麼呢？其實就是他自己說的「亦欲以究天人之際」，即於「實事」之中「求是」（《漢書・景十三王傳》）。

對於漢武帝是否因《史記》「極言」景、武之「過」（衞宏《漢書舊儀注》）而有所刪削的千古疑案，筆者在此暫不作評論。不過，司馬遷在《史記》中頗有出於憂患意識「怨誹譏謗」則屬不爭之事實。歷史事實中有真善美與假惡醜，在對其進行價值判斷、深刻反思之前，能否

直筆實錄最為重要。面對司馬遷留給我們之「不虛美，不隱惡」的直筆反思精神，二十一世紀的歷史學者都應該捫心自問：「我們具備嗎？」

（二）「藏之名山」之淡泊功名利祿的學術精神

司馬遷的直筆反思精神，是與他淡泊功名利祿的學術精神互為表裏的。他在〈太史公自序〉中說《太史公書》撰寫完畢之後「藏之名山，副在京師，俟後世聖人君子」。他這是效法孔子「制《春秋》以俟後聖君子，亦有樂乎此也」。（《公羊傳》）無論對「名山」作何解釋，司馬遷修史不為迎合當世，不為利祿而僅為了「成一家之言」之「樂」的信念毋庸置疑。

學術自古有御用學問與純粹學問之分。司馬遷的老師董仲舒提倡經學取仕，這是經世致用之學；司馬遷則對以學問為敲門磚開拓仕途、名利的做法極為反對，因而畢生致力於純粹之學。中國學術史上雖說兩種學問並行不悖，但司馬遷提倡的純學問，畢竟與爭名奪利的現代價值觀大相徑庭，然而，我們要清醒地認識到：不以純粹學問為基礎的經世致用之學，必將敗壞學術道德，甚至害民誤國，終為子孫後代所不齒。

(三)「究天人之際，通古今之變」的史學精神

曾幾何時，歐洲歷史主義學派因為不承認中國史學為「歷史科學」，而妄下斷言說「中國有悠久的歷史，但無真正的歷史」。然而，這一學派在二十世紀初，卻由於過於強調所有事物的「歷史化」而走向了衰亡。相反，曾被誤解為並非「歷史科學」的中國史學卻一如既往地生機勃勃。這是為甚麼呢？我個人認為其根本原因還在於自司馬遷提出之後，至今存在的那種「究天人之際，通古今之變」的史學精神。

其實所謂「歷史科學」，無非闡明歷史古今變遷原因、結果之原理的學問。司馬遷始創之「究天人之際，通古今之變」的治史思想早已成為了中國的史學哲學，這是中國史學綿延不衰的生命源泉，也是中國人對全人類的重要貢獻。其貢獻在於：人類由此可以在不斷探求人與自然、昨天與今天的關係中，把握自身奔赴將來的方向，從而獲得創造未來世界的勇氣。這一史學精神正是《史記》最大的現代價值。

太史公自序

太史公自序

本篇導讀——

漢代人的書序不像我們今天放在書的開頭而是放在書尾，《太史公自序》亦不例外。本書為了便於今人閱讀，按照今日的習慣把這一篇的節選挪到了開篇。序中不但敘述了司馬氏的家傳，還闡述了《史記》的編纂旨趣。關於後者，讀者可參見本書導讀的介紹，這裏僅選錄司馬氏的家傳。

家傳在簡短概述司馬氏的淵源變遷之後，司馬遷記述了自幼萌生之繼承家學父業的樸素願望，年輕時，在周遊祖國大地、接受儒學教育、聆聽父親遺囑之後，立下繼周公、孔子遺緒，總結天下興衰沿革的大志，以及成為史官之後開始撰寫通史，即便在遭受人生巨大挫折之後仍然矢志不渝、最終完成《史記》的經歷。從中我們可以看到，漢代之所以能夠成為締造漢文化的偉大時代，其中一個重要原因就是當時有着像司馬遷那樣氣魄恢宏的歷史創造者。

司馬氏世典周史。惠、襄之間，司馬氏去周適晉。晉中軍隨會奔秦，而司馬氏入少梁[1]。自司馬氏去周適晉，分散，或在衞，或在趙，或在秦。漢之伐楚，卬（áng）歸漢，以其地為河內郡。昌生無澤，無澤為漢市長。無澤生喜，喜為五大夫，卒，皆葬高門。喜生談，談為太史公[2]。太史公既掌天官，不治民。有子曰遷。

注釋

1 少梁：國名。春秋的梁國，至戰國為魏邑。今陝西韓城。2 太史公：即指太史令。

譯文

司馬氏世代掌管周王室的時事、史料記錄。周惠王和周襄王時，司馬氏離開周遷移至晉。晉的中軍（官名）隨會出奔秦時，司馬氏也移居少梁。自司馬氏離開周至晉，族人分散，有的在衞，有的在趙，有的在秦。

漢王攻伐楚王時，司馬卬歸屬於漢，其領地在河內郡。司馬昌生司馬無澤，司馬無澤為國都長安的市長（管理市場的長官）。司馬無澤生司馬喜，司馬喜為五大夫，他們死後都葬於高門。司馬喜生司馬談，司馬談做了太史公。太史公負責掌管天文，不參與民事。他有一個兒子，取名為遷。

遷生龍門，耕牧河山之陽。年十歲則誦古文。二十而南游江、淮，上會稽，探禹穴[1]，闚九疑[2]，浮於沅、湘；北涉汶、泗，講業齊、魯之都，觀孔子之遺風，鄉射鄒、嶧；戹困鄱、薛、彭城，過梁、楚以歸。於是遷仕為郎中[3]，奉使西征巴、蜀以南，南略邛、笮、昆明，還報命。

注釋

1 禹穴：會稽山上的一個洞穴，相傳禹曾進入此穴。2 九疑：山名，今稱九嶷。在今湖南道縣東南，相傳舜巡狩至此而死，葬於此。3 郎中：皇帝的侍從吏員，上屬郎中令。

譯文

司馬遷出生於龍門（今陝西韓城），曾在龍門山南耕作、放牧。十歲就誦讀古文經書，二十歲南下遊歷長江、淮河一帶，登會稽山探訪過禹穴，造訪九疑山（今九嶷山），乘船行於沅水和湘水（湖南的兩條河）；北上渡汶水（在山東）、泗水（在江蘇），在齊、魯之都遊學，領略孔子遺風，還到鄒、嶧參加了鄉射之禮，途經鄱（今山東滕縣）、薛（同上）、彭城時遭遇困境，最後經由梁、楚返回。此後司馬遷做了郎中。他曾奉命遠征出使巴、蜀以南，攻略邛都、笮、昆明（西南夷）等地，之後回朝覆命。

是歲天子始建漢家之封[1]，而太史公留滯周南，不得與從事，故發憤且卒。而子遷適使反，見父於河洛之間。太史公執遷手而泣曰：「余先周室之太史也。自上世嘗顯功名於虞、夏，典天官事。後世中衰，絕於予乎？汝復為太史，則續吾祖矣。今天子接千歲之統，封泰山，而余不得從行，是命也夫，命也夫！余死，汝必為太史；為太史，無忘吾所欲論著矣。且夫孝始於事親，中於事君，終於立身。揚名於後世，以顯父母，此孝之大者。夫天下稱誦周公，言其能論歌文、武之德，宣周、邵之風，達太王王季之思慮，爰及公劉，以尊后稷也。幽、厲之後，王道缺，禮樂衰，孔子修舊起廢，論《詩》、《書》，作《春秋》，則學者至今則之。自獲麟以來四百有餘歲[2]，而諸侯相兼，史記[3]放絕。今漢興，海內一統，明主賢君忠臣死義之士，余為太史而弗論載，廢天下之史文，余甚懼焉，汝其念哉！」遷俯首流涕曰：「小子不敏，請悉論先人所次[4]舊聞，弗敢闕。」

注釋

1 封：帝王筑壇祭祀天地及四方山嶽之神。2 獲麟：指春秋魯哀公十四年（前四八一年）獵獲麒麟之事。相傳孔子作《春秋》至此擱筆。四百有餘歲：只是個概數，獲麟至元封元年，實際為三百七十二年。3 史記：泛指歷史記錄。4 次：編排，排列。

譯文

這一年（元封元年，前一一〇年），天子首次於泰山舉行漢朝的封禪之禮。然而，太史公卻沒有隨同，而留在了周南（洛陽），未能參加封禪之事。因此他含恨將死，而正好他兒子司馬遷出使回來，在洛陽拜見了父親。太史公拉着兒子的手落淚說：「我們祖先是周王室的太史。更早的祖先在虞、夏時代就有過顯赫的功名，掌管天文。後世中衰，到我難道要完結了嗎？如你也能當上太史令，就繼承我們祖先的事業。當今天子上接千年皇統，在泰山舉行封禪之禮，可我卻不得隨行，這也是命吧，是命吧！我死後，想必你也會做太史；你一旦做了太史，不得忘記我所要闡發的論議和著述。而且，孝道始於侍奉父母，中間是侍奉國君，最終在於立身。能夠以揚名於後世來彰顯父母，這才是最大的孝道。天下人讚揚周公，就因為他能夠歌頌文王、武王的功德，宣揚周、邵（《詩經》之《周南》、《召南》）的諷誦，傳達太王、王季的思慮，言及公劉（后稷之曾孫），推崇后稷（周之始祖）。幽王、厲王以後，王道殘缺，禮崩樂壞，孔子整修舊制，振興廢禮，論定《詩》、《書》，撰述《春秋》，學者至今還能視其為行為的準則。而自獲麟以來四百多年了，其間諸侯相互兼併，史官記載也被廢棄了。當今漢朝興起，海內統一，明主、賢君、忠臣、義士很多，我身為太史，未能對他們論述記載，斷絕了天下的歷史文獻，對此我甚是惶恐，你一定要實現這一願望！」司馬遷垂首流淚說：「兒雖不才，但一定要把您所整理的資料予以闡發，不敢有所缺失。」

卒三歲而遷為太史令，紬[1]史記、石室、金匱之書。五年而當太初元年，十一月甲子朔旦[2]冬至，天曆始改，建於明堂[3]，諸神受紀。

注釋

1 紬：即「籀」字。《說文》：「籀，讀書也。」2 朔旦：初一。3 明堂：古代帝王宣明政教的殿堂。

譯文

太史公去世三年後，司馬遷做了太史令，開始閱讀史官的記錄以及石室、金匱（國家圖書館）的藏書。五年後，正當太初元年（前一〇四年），這一年十一月甲子日既是初一，又是冬至，（極為罕見，）首次改訂天曆（採用了太初曆，即夏代所用的夏曆），在明堂舉行改曆儀式，讓諸神接受新紀元。

太史公[1]曰：「先人有言：『自周公卒五百歲而有孔子。孔子卒後至於今五百

歲，有能紹[2]明世，正《易傳》，繼《春秋》，本《詩》、《書》、《禮》、《樂》之際？』意在斯乎！意在斯乎！小子何敢讓焉。」

注釋

1 太史公：指司馬遷。由於《太史公自序》本由司馬談所作，後經司馬遷修改而成，故「太史公」或指司馬談，或指司馬遷。2 紹：接續，繼承。

譯文

太史公（指司馬遷）說：「父親曾說過：『周公死後五百年出了孔子，孔子死後至今又有五百年了，該有能繼承清明之世，訂正《易傳》，續寫《春秋》，追溯《詩》、《書》、《禮》、《樂》關係的人了吧？』家父的願望正在於此吧！正在於此吧！我怎敢對此推讓呢。」

於是論次[1]其文。七年而太史公遭李陵之禍，幽於縲紲（léi xèi）[2]。乃喟然而歎曰：「是余之罪也夫！是余之罪也夫！身毀不用矣。」退而深惟曰：「夫《詩》《書》隱約者，欲遂其志之思也。昔西伯拘羑（yǒu）里，演《周易》；孔子戹陳、蔡，作《春秋》；屈原放逐，著《離騷》；左丘失明，厥有《國語》；孫子臏腳，而

論兵法；不韋遷蜀，世傳《呂覽》；韓非囚秦，《說難》、《孤憤》；《詩》三百篇，大抵賢聖發憤之所為作也。此人皆意有所鬱結，不得通其道也，故述往事，思來者[3]。」於是卒述陶唐以來，至於麟止，自黃帝始。

注釋

1 論次：論定，編排。2 縲紲：亦作縲絏，捆綁犯人的繩索。引申為牢獄。3 來者：今後，未來。

譯文

於是論定編次該文（即《太史公書》，亦即《史記》）。過了七年，太史公遭受李陵之禍（因對遠征匈奴被俘的李陵有所辯護而受宮刑），被關進牢獄。於是慨然而歎說：「這是我的罪過吧！這是我的罪過吧！我的身體已毀，沒有用了！」退而深思說：「《詩》、《書》之所以言簡意深，想要表達的是作者的志向。昔日西伯（周文王）被囚禁在羑里，而推演了《周易》；孔子在陳國、蔡國陷入困苦，而作成《春秋》；屈原被流放而著《離騷》；左丘氏眼目失明，乃有《國語》；孫臏腿受臏刑，而論定《兵法》；呂不韋流放蜀地，《呂覽》世代相傳；韓非被囚禁於秦國，寫下《說難》、《孤憤》；《詩經》三百篇，大部分都是賢人、聖人的激憤之作。這些人都是心願有所鬱積，而得不到抒發，所以才著述往事，想望未來。」於是著述了上起陶唐（堯的國號），下至麟止（漢武帝在雍地獵獲白麟，以金鑄造麟趾〈止〉。司馬遷效法《春秋》也擱筆於「獲麟」）的歷史，而第一篇則是從黃帝寫起的。

賞析與點評

「此人皆意有所鬱結，不得通其道也，述往事，思來者。」

人的一生總會遇到這樣那樣的挫折，歷史上的偉人亦無例外：周文王被囚禁而推演了《周易》，孔子周遊各國困苦重重而作成《春秋》，屈原被流放而著《離騷》，左丘氏眼目失明乃作《國語》，孫臏腿受臏刑而論定《兵法》，呂不韋雖流放蜀地而《呂覽》世代相傳，韓非被囚禁於秦國寫下《說難》、《孤憤》。司馬遷在遭受人生巨大打擊之後也曾鬱悶，但他沒有放棄史家的使命，反而以歷代賢人、聖人的憤寫之作自勵，著述往事，想望未來。最終，將一己私念融入民族繁衍的長河，著述了有「千古絕唱」之稱的《史記》！

本紀

五帝本紀

本篇導讀——

《史記》著述通史是從黃帝傳說寫起的，這一點意義十分重大。

司馬遷在《太史公自序》中就指出本紀在於梳理、記述王者的形跡，也就是說他希望告訴世人：那些成功的領袖人物以及他們創造的事業，都是因何而興？又是怎樣終結的？他要撰寫出其中的興衰過程。

為了這一目的，司馬遷除了利用文獻典籍之外，還採用自己遊歷大江南北時採集到的包括神話、傳說在內的口述史料。這不但大大擴展了中國歷史的記錄範圍，也為後人留下了重視口述歷史的優良傳統。

《五帝本紀》記述了傳說中的五位賢明帝王，即黃帝、顓頊、帝嚳、堯、舜。有關黃帝的傳說，司馬遷並不是有聞必錄，而是選擇了那些不違背儒家經典的「可信」材料，將其作為中國通史的開端，也就是《史記》的開篇。

黃帝者，少典之子，姓公孫，名曰軒轅。生而神靈，弱而能言，幼而徇齊[1]，長而敦敏，成而聰明。

軒轅之時，神農氏[2]世衰。諸侯相侵伐，暴虐百姓，而神農氏弗能征。於是軒轅乃習用干戈，以征不享，諸侯咸來賓從。而蚩尤最為暴，莫能伐。

炎帝欲侵陵諸侯，諸侯咸歸軒轅。軒轅乃修德振兵，治五氣[3]，蓺（yì）五種[4]，撫萬民，度四方，教熊羆（pí）貔（pí）貅（xiū）貙（chū）虎[5]，以與炎帝戰於阪泉[6]之野。三戰，然後得其志。蚩尤作亂，不用帝命。於是黃帝乃徵師諸侯，與蚩尤戰於涿鹿之野，遂禽殺蚩尤。而諸侯咸尊軒轅為天子，代神農氏，是為黃帝。天下有不順者，黃帝從而征之，平者去之，披山通道，未嘗寧居。

注釋

1 徇：通「侚」。敏捷。齊：迅速。徇齊，敏慧。2 神農：傳說中的帝王，三皇之一，也叫炎帝。人身牛首，傳說發明了農具，嘗百草而懂得辨別草藥。3 五氣：木、火、土、金、水五種氣。4 蓺：種植之意。五種：五穀，即黍、稷、菽、麥、稻。5 熊羆等：如同服牛乘馬那樣，訓練此六種猛獸，訓練牠們作戰。6 阪泉：古地名。一說在河北涿鹿，一說在陝西陽曲，一說在山西運城。

譯文

黃帝是少典之子，姓公孫，名軒轅。生來有神靈，初生不久會說話，幼年聰慧，少年沉穩敏捷，成年之後非常聰明。

軒轅的時候，神農的後代子孫道德衰薄。諸侯互相侵伐，暴虐百姓，而神農氏（神農的子孫）未能予以平定。於是軒轅修煉干戈之術，討伐那些不來朝拜神農氏的諸侯，於是諸侯又回到神農氏身邊服從命令了。但是蚩尤最為兇暴，無人能討伐他。炎帝的子孫欲侵陵諸侯，諸侯都信賴軒轅而歸順於他。軒轅於是修德振兵，治理五氣，種植五穀，撫恤萬民，安定四方，訓練熊羆貔貅貙虎作戰，與炎帝交戰於阪泉之野。經過三次作戰，而後取得了勝利。

蚩尤作亂，不聽黃帝的命令。於是黃帝徵發諸侯的軍隊，與蚩尤戰於涿鹿之野，最終俘虜並殺掉了蚩尤。諸侯都尊重軒轅，以他為天子，取代了神農氏的地位，這就是黃帝。黃帝即位後，天下如果有誰不順從的就去討伐，一旦平定就停止討伐；他還開山通道，未嘗有過一日的安居。

東至於海，登丸山，及岱宗。西至於空桐，登雞頭。南至於江，登熊、湘。北逐葷粥（xūn yù），合符釜山，而邑於涿鹿之阿。遷徙往來無常處，以師兵為營衛。官名皆以雲命，為雲師。置左右大監，監於萬國。萬國和，而鬼神山川封禪[1]與為多焉。

注釋

1 封禪：古代帝王在太平盛世時對天地的大型祭祀。在泰山筑壇祭天稱為「封」，在梁父山（泰山下的小山丘）除地祭地稱為「禪」。

譯文

（黃帝）去東方的沿海地方，登丸山（一說即丹山，在山東臨朐），到了岱宗（泰山）。西方到了空桐（在今甘肅境內），登雞頭山（在今甘肅平涼）。南方至於長江流域，登熊山、湘山（據說均在湖南境內）。北方驅逐了蠻族葷粥，在釜山（一說即北京市懷柔縣）召集諸侯，舉行合符契訂立盟約的儀式，並在涿鹿山下的平地建造了都邑。但是都城經常遷徙並無固定場所，居住地環繞軍兵紮營以自衛。官名都以「雲」命名（因為黃帝即位時出現雲瑞，稱春官為青雲，夏官為縉雲，秋官為白雲，冬官為黑雲），軍隊稱為雲師。設置左右大監，負責監督諸侯各國。由於諸侯各國和睦，而舉行了大規模的鬼神山川的祭祀和封禪。

帝堯者，放勳[1]。其仁如天，其知如神。就之如日，望之如雲。富而不驕，貴而不舒。黃收純衣[2]，彤車乘白馬。能明馴德，以親九族[3]。九族既睦，便章百姓[4]。百姓昭明，合和萬國。

注釋

1 帝堯者，放勳：帝號曰「堯」，名「放勳」，國號曰「陶唐」。2 收：冕名，其色黃，故曰「黃收」。純衣：即「緇衣」，黑衣。3 九族：指自己的宗族與外戚。4 便章：也作「辨章」，治理之意。百姓：指百官。

譯文

帝堯，名叫放勳。他的仁慈如蒼天，他的智慧似神靈。與他接近暖如走向太陽，遠而仰望他，好似高大入雲。富有而不驕奢，尊貴而不放縱。戴黃冕，着黑衣，乘紅車，駕白馬。順天應人的美德，使九族親善。九族親善，進而治理百官。百官的職位分明，天下萬國融洽和睦。

乃命羲、和[1]，敬順昊天，數法[2]日月星辰，敬授民時。分命羲仲，居郁夷，曰暘谷。敬道[3]日出，便程東作[4]。日中，星鳥，以殷中春。其民析，鳥獸字微[5]。

申命[6]羲叔，居南交。便程南為，敬致。日永，星火，以正中夏。其民因，鳥獸希革。申命和仲，居西土，曰昧谷。敬道日入，便程西成。夜中，星虛，以正中秋。其民夷易[7]，鳥獸毛毨（xiǎn）[8]。申命和叔，居北方，曰幽都，便在伏物。日短，星昴（mǎo），以正中冬。其民燠，鳥獸氄毛。歲三百六十六日，以閏月正四時。信飭（chì）[9]百官，眾功皆興。

注釋

1 羲、和：即羲氏與和氏。堯命羲仲、羲叔、和仲、和叔分別觀察四方天象，制訂曆法。2 數法：以曆數之法進行推算。3 道：通「導」，教導。4 便程：按程序順利進行。東作：春天的農作。5 字：乳也，謂產子、哺乳。微：同「尾」，交尾。6 申命：再命。7 夷易：平和、快樂的樣子，言其為秋收而喜悅也。8 毨：理，毛再生整理。9 信：同「申」，申明紀律。飭：約束，整頓。

譯文

於是任命羲、和，恭敬地順從昊天，以曆數之法觀察日月星辰，慎重地將曆法時令教授給人民。又命羲仲居住郁夷的暘谷（在今山東半島一帶，也作「湯谷」，相傳為日出之處），嚴謹地教導人民日出的時間，以便他們有序地進行春耕生產。日中（春分）之日，鳥星（南方朱鳥七宿星座）畢見，以此為標準校正仲春這一節氣；於是人們分工耕作，鳥獸交尾繁殖。再任命羲叔住在南交，使人民得以有序地進行夏季的種植。日永（夏至）之日，火星（蒼龍七宿之中星）諸宿畢見，以此為標準校正仲夏這一節氣；老幼協助強壯者農耕，鳥獸也更換上稀疏的羽毛。再任命和仲居住西方昧谷（一說位於今甘肅的柳谷，相傳為日落之處），嚴謹地教導人民日落的時間，使他們能夠按照程序進行秋季的收穫。夜中（秋分）之日，虛星（玄武七宿之中星）諸宿畢見，以此為標準校正仲秋這一節氣；民眾歡樂，鳥獸羽毛整齊。再任命和叔住在北方的幽都，以便他們有序地進行冬季的收藏。日短（冬至）之日，昴星（白虎七宿之中星）諸宿畢見，以此為標準校正仲冬這一節氣；民眾重回室內取暖過冬，鳥獸換上細密的絨毛。一年三百六十六日，設置閏月用來修正四季。治理百官，各方面都功績顯著。

堯曰：「誰可順此事？」放齊曰：「嗣子丹朱開明。」堯曰：「吁！頑凶[1]，不用。」堯又曰：「誰可者？」讙（huān）兜曰：「共工旁[2]聚布功，可用。」堯曰：「共工善言，其用僻，似恭漫天，不可。」堯又曰：「嗟，四嶽，湯湯洪水滔天，浩浩懷山襄陵[3]，下民其憂，有能使治者？」皆曰鯀（gǔn）[4]可。堯曰：「鯀負命毀族，

不可。」嶽曰：「异[5]哉，試不可用而已。」堯於是聽嶽用鯀。九歲，功用不成。

注釋

1 凶：通「訟」，爭訟。2 旁：通「溥」、「普」。3 懷：包圍。襄：上，意即淹沒。4 鯀：堯臣，禹的父親。5 异：同「異」。

譯文

帝堯說：「誰可以繼承這一帝位？」放齊說：「你的長子丹朱英明通達，可以繼承。」帝堯說：「唉！既愚頑又好爭訟，不能用。」帝堯又問：「誰是可以繼位者呢？」讙兜說：「共工能廣集人力，興功立業，可以用！」帝堯說：「共工善於辭令，用意邪僻，貌似虔敬，卻欺瞞上天，不能用。」帝堯又問四嶽（執掌四方名山祭祀的諸侯之長）：「啊，四嶽，如今洪水滔天，包圍着高山、淹沒了丘陵，誰能治理此黎民之憂傷？」四嶽都說鯀可以任用。帝堯說：「鯀不聽命令，與同族關係不好，不能用。」四嶽說：「不會吧，先試試吧，不行再撤換。」帝堯於是聽從他們，試着用鯀治水。經過九年，治水無功。

堯曰：「嗟！四嶽，朕在位七十載，汝能庸命[1]，踐朕位？」嶽應曰：「鄙悳

（dé）忝（tiǎn）帝位[2]。」堯曰：「悉舉貴戚及疏遠隱匿者。」眾皆言於堯曰：「有矜（guān）[3]在民間，曰虞舜。」堯曰：「然，朕聞之。其何如？」嶽曰：「盲者子。父頑，母嚚（yín）[4]，弟傲，能和以孝，烝（zhēng）烝[5]治，不至姦。」

注釋

1 庸：用。2 鄙悳（德）：品德淺薄。忝：辱，辱沒。3 矜：同「鰥」，老而無妻。4 嚚：口不道忠信之言為嚚。5 烝烝：上進。

譯文

帝堯說：「啊，四嶽，我在位七十年了，你們誰能順應天命，繼承我的帝位呢？」四位應答說：「我們品德微薄，繼位的話只會辱沒帝位。」帝堯說：「你們也可以從親貴或遠方親族，以及民間隱士當中推薦。」於是大家都說：「民間有個鰥夫，名叫虞舜。」帝堯說：「對，我聽說過他，這人怎樣？」四嶽說：「他是盲人的兒子，父親很頑固，母親不誠實，弟弟很傲慢；但他仍能憑藉孝順、與他們共處，敦促他們上進而不做惡。」

堯曰：「吾其試哉。」於是堯妻之二女，觀其德於二女。舜飭[1]下二女於媯汭

（guī ruì），如婦禮。堯善之，乃使舜慎和五典[2]，五典能從。乃徧入百官，百官時序[3]。賓於四門，四門穆穆，諸侯遠方賓客皆敬。堯使舜入山林川澤，暴風雷雨，舜行不迷。堯以為聖，召舜曰：「女謀事至而言可績[4]，三年矣，女登帝位。」舜讓於德不懌（yì）[5]。正月上日，舜受終於文祖[6]。文祖者，堯大祖也。

注釋

1 飭：通「敕」。訓教，告誡。2 五典：也稱「五教」，一說指「父子有親，君臣有義，夫婦有別，長幼有序，朋友有信」。3 時序：承序，即有條理之意。4 績：通「責」。5 不懌：不樂，因感力不勝任。6 受終：前任職責終了之後，繼續履行職責。此為承受帝位之意。文祖：此指文祖之廟。

譯文

帝堯說：「我考驗考驗他吧。」於是堯把兩個女兒嫁給舜做妻子，通過這兩個女兒來觀察舜的德行。舜讓堯的兩個女兒住在嬀汭舜的老家所在地（今山西永濟境內），奉行婦人之禮。堯認為舜做得很好，就讓舜認真地實施五教之規。使五教得以遵從之後，才讓他統領百官，百官由此各盡其責。讓他於都城四門接待各地來賓，舜又能讓各地的諸侯、使臣、賓客都恭敬有禮。堯讓舜視察山林川澤，遇到暴風雷雨，舜竟能行進不迷。堯認為舜確實很神聖，便召他來說：「你辦事盡心並且言而有信，如此已經三年了，你可以登帝位。」舜推辭自己的德行不夠。正月一日，舜終於在文祖廟接受了「攝政」之權。文祖，就是堯的太祖。

於是帝堯老[1]，命舜攝行天子之政，以觀天命。舜乃在[2]璿璣玉衡，以齊七政。遂類於上帝，禋（yīn）於六宗，望於山川，辯[3]於羣神。揖五瑞，擇吉月日，見四嶽諸牧，班瑞。歲二月，東巡狩，至於岱宗，祡（chái）[4]，望秩於山川。遂見東方君長，合時月正日，同律度量衡，修五禮五玉三帛二生一死為摯，如五器，卒乃復。五月，南巡狩；八月，西巡狩；十一月，北巡狩：皆如初。歸，至於祖禰廟，用特牛禮。五歲一巡狩，羣后四朝。徧告以言，明試以功，車服以庸。肇十有二州，決川。象以典刑[5]，流宥[6]五刑，鞭作官刑，扑[7]作教刑，金作贖刑。眚烖（zāi）過，赦；怙終賊，刑。欽哉，欽哉，惟刑之靜哉！

注釋

1老：告老，致仕。2在：察知；審察。3辯：通「徧」。普遍。4祡：燒柴升煙祭天。5象：以……為法則。典刑：常刑。6流：流放；宥：放寬。7扑：同「撲」。

譯文

從此帝堯告老，讓舜攝行天子之政，以觀天命。舜觀察璿璣、玉衡（北斗七星的斗魁、杓，或指天象觀測儀），以此正確地觀測「七政」（日、月、五星）。於是以類祭（不定時的祭祀）祭天之上帝，以禋祭（升煙之祭，或潔敬之祭）祭六宗（六神：星、辰、司中、司命、風師、雨師；或指水、火、雷、風、山、澤），以望祭（遙拜之祭）祭山川，以辯祭（普遍的祭祀）祭羣神（上述各神之外的諸自然神）。匯集五瑞（公侯伯子男所持象徵信譽的瑞玉），選擇吉利的月和日，接見四嶽諸首領，分賜瑞玉。每年二月，巡狩東方，至岱宗泰山，燒柴祭祀；還要遙祭那裏的名山大川。於是接見東方諸侯君長，整齊劃一時令、月份、日期，統一音律、尺度、量器、衡器，設置五禮（吉、凶、賓、軍、嘉各禮），舉行儀式時奉上來的五玉（即公侯伯子男之五瑞）、三帛（三色之絹）、二生（卿獻活羊羔，大夫獻活雁）、一死（士獻死雉）之中，五玉仍然還給諸侯。五月，巡狩南方；八月，巡狩西方；十一月，巡狩北方，都是與最初巡狩東方時一樣的程序。巡狩歸來，至祖廟、父廟祭祀，用一頭公牛為祭品。五年巡狩一次，其餘四年四方羣后（諸侯）每年一次來朝。那時向諸侯遍告天子治理之言，明確地考核他們的成績，賜予有功者車輛、服飾。始在天下建立十二州，疏浚河川。以常刑為法度，不得違法。以流放之法放寬五刑（墨、劓、臏、宮、大辟），針對官吏設置鞭笞的官刑，在學校使用杖打的教刑，對常人犯小罪使用處以罰金的贖刑，因過失造成災害者可以赦罪，還設置了針對慣犯的賊刑。謹慎，又謹慎，對人民切記慎重用刑！

讙兜進言共工，堯曰：「不可。」而試之工師，共工果淫辟。四嶽舉鯀治鴻水，堯以為不可，嶽強請試之，試之而無功，故百姓不便。三苗在江淮、荊州數為亂。於是舜歸而言於帝，請流共工於幽陵，以變北狄；放驩兜於崇山，以變南蠻；遷三苗於三危，以變西戎；殛（jí）[1]鯀於羽山，以變東夷：四辠而天下咸服。

注釋

1 殛：誅。此為「流放到極遠處」之意。與上文「流」、「放」、「遷」同意。

譯文

讙兜舉薦共工時，堯說：「不行。」讓他試任工師（負責土木的長官）之職，共工果然驕縱邪惡。四嶽舉薦鯀治理洪水，堯認為他不可，四嶽強烈請求試用，試用之後沒有功績，使得百姓大受其害。在江淮、荊州地方三苗（當時生活在今湖南一帶的少數民族）屢屢作亂。於是舜巡視歸來向堯建議，請求把共工流放到幽陵（北部邊城，在今北京一帶），讓他去改變北狄（北方的少數民族）的風俗；把驩兜流放到崇山（具體方位不詳，約為今越南北部一帶），讓他去改變南蠻（南方的少數民族）的風俗；把三苗遷往三危（山名，在今甘肅西部），讓他去改變西戎（西方的少數民族）的風俗；把鯀發配到羽山（東部山名，在今山東臨沂一帶），讓他去改變東夷（東方的少數民族）的風俗。處罰了四人的罪過，天下各方都表示臣服了。

舜入於大麓，烈風雷雨不迷，堯乃知舜之足授天下。堯老，使舜攝行天子政，巡狩。舜得舉用事二十年，而堯使攝政。攝政八年而堯崩。三年喪畢，讓丹朱，天下歸舜。而禹、皋陶（gāo yáo）、契、后稷（jì）、伯夷、夔（kuí）、龍、倕、益、彭祖[1]，自堯時而皆舉用，未有分職。於是舜乃至於文祖，謀於四嶽，辟四門，明通四方耳目。命十二牧論帝德，行厚德，遠佞人，則蠻夷率服[2]。

注釋

1 禹：鯀之子，因治水有功，受舜禪讓為帝。皋陶：舜時掌刑獄的大臣。契：舜時掌教化的官，商朝的祖先。后稷：名弃（棄），舜時掌管農事的官，周朝的祖先。伯夷：舜時掌禮的官，與周初之餓死首陽山者同名。夔：舜時主樂的官。龍：舜時的諫官。

倕：亦稱「垂」，舜時主管建築的官。益：也稱「伯益」、「伯翳」、「大業」，秦國的祖先。2 率服：服從。

譯文

舜能在深山峽谷遇暴風雨而不迷路，堯由此知道可以將天下交給他了。堯於是退位，讓舜攝行天子之政、出外巡狩天下。舜被推舉任用二十年後，堯才讓他攝政，攝政八年後堯去世。三年守喪結束，舜曾將天子之位讓與丹朱（堯的兒子），但天下人心都歸向舜。當時禹、皋陶、契、后稷、伯夷、夔、龍、倕、益、彭祖等人，雖在帝堯時代就被選拔任用，但始終沒有職務的分工。舜即位時去文祖（黃帝）廟，與四嶽商量，敞開京城的四門，廣迎四方賢人，廣泛聽取各方面的意見。舜命令十二牧（十二州州長）：「論述帝德，施行厚德，遠離奸佞小人，如此才能使蠻夷都來歸服。」

此二十二人咸成厥功：皋陶為大理，平，民各伏得其實；伯夷主禮，上下咸讓；倕主工師，百工致功；益主虞，山澤辟；棄主稷，百穀時茂；契主司徒，百姓親和；龍主賓客，遠人至；十二牧行而九州莫敢辟違；唯禹之功為大，披九山，通九澤，決九河，定九州，各以其職來貢，不失厥宜。方五千里，至於荒服。南撫交阯、北發，西戎、析枝、渠廋、氐、羌，北山戎、發、息慎，東長、鳥夷，四海之內咸戴帝舜之功。於是禹乃興《九招（sháo）》[1]之樂，致異物，鳳皇來翔。天下明德皆自虞帝[2]始。

注釋

1 招：通「韶」。《九韶》，相傳為舜時所作的古樂名。2 虞帝：即帝舜。因其國號為「有虞」，故號為「有虞氏帝舜」。帝舜、大舜、虞帝舜、舜帝皆舜帝之王號，故後世多以舜簡稱之。

譯文

此二十二人都建功立業：皋陶任職大理（法官），公平處罰罪惡，民衆都佩服其誠信可靠；伯夷主持禮官，上上下下都能禮讓；倕執掌工師官，百工成績顯著；益執掌虞官，山林水澤得以開發；棄主管稷官，百穀應時豐收；契主管司徒，百姓親愛和睦；龍主持賓客，遠方的人都來朝拜；十二州牧履行職責而九州無人敢為非作歹；其中禹的功勞最大，他開鑿九山，疏導九澤，決開九河，劃定九州，並規定了各州來朝的貢品，從未出現不公平。所轄土地方圓五千里，直至四方的邊荒蠻地。安撫的範圍南至交阯（也作交趾）、北發，西至西戎、析枝、渠廋、氐、羌，北至山戎、發、息慎，東至長、鳥夷（也作島夷），四海之內都稱頌帝舜的功業。於是禹創作了《九韶》之樂（謳歌舜德之樂），各地貢上珍奇異物，鳳凰也來飛翔，向天下明示德政就是從虞帝（帝舜）開始的。

舜年二十以孝聞，年三十堯舉之，年五十攝行天子事，年五十八堯崩，年六十一代堯踐帝位。踐帝位三十九年，南巡狩，崩於蒼梧[1]之野，葬於江南九疑，是為零陵[2]。

注釋

1 蒼梧：漢郡名，郡治廣信，即今廣西梧州。2 零陵：漢郡名，今湖南永州。九疑山在當時蒼梧郡與零陵郡的交界處。

譯文

舜從二十歲時因孝順而聞名，三十歲時被堯選拔任用，五十歲時攝行天子之政，五十八歲時堯崩，六十一歲代堯即帝位，在帝位三十九年，到南方巡狩，死在蒼梧的郊野（今廣西梧州），葬在了長江以南的九疑山，這就是零陵。

賞析與點評

「五帝」是中國遠古祖先的重要代表人物。黃帝是中華民族具有「始祖」意義的人物，他的事跡，無疑可以幫助我們了解，中華民族是如何在吸收周邊各族文明的基礎之上，自立於世界東方的歷史；而有關堯、舜的「禪讓」制度的記述，使我們得以了解夏王朝之前社會制度的大致特徵。

周本紀

本篇導讀——

劉知幾在《史通》中曾非難《史記・周本紀》寫進了文王以前，即一統以前的君主之事。其實，《周本紀》正是本着「罔羅天下放失舊聞，王跡所興，原始察終，見盛觀衰，論考之行事」（《太史公自序》）的原則，記載了周民族是如何在夏、殷二朝之間，經過千餘年的繁衍終於崛起於西方，又如何東進而擊敗殷紂王建立周王朝，以及周王朝歷代君主又是如何厚民或傷民之盛衰始末的。

在周族發展為周王朝的歷史上，具有承上啓下重要地位的周文王、周武王兩位君主，可謂歷代儒家推崇的古代聖賢之君。這裏選譯了「武王伐紂」建立周朝一段。

青銅器上「周」字：上部的「盾」是族徽，下部的「口」是祭器。說明周很早就是一個「祀與戎」都很發達的民族。

武王即位，太公望為師，周公旦為輔，召公、畢公之徒左右王，師修[1]文王緒業。九年，武王上祭於畢。東觀兵，至於盟津。為文王木主，載以車，中軍。武王自稱太子發，言奉文王以伐，不敢自專。乃告司馬、司徒、司空、諸節[2]：「齊栗[3]，信哉！予無知，以先祖有德臣，小子受先功，畢立賞罰，以定其功。」遂興師。師尚父號曰：「總爾衆庶，與爾舟楫，後至者斬。」武王渡河，中流，白魚躍入王舟中，武王俯取以祭。既渡，有火自上復於下，至於王屋，流為烏，其色赤，其聲魄云。是時，諸侯不期而會盟津者八百諸侯。諸侯皆曰：「紂可伐矣。」武王曰：「女未知天命，未可也。」乃還師歸。

注釋

1 師：效法。修：實行。2 節：符節，受符節者。3 齊栗：即齋慄。敬慎恐懼之貌。

譯文

武王即位，太公望做太師，周公旦做宰輔，召公、畢公等人在左右輔佐他，繼承文王遺業。即位九年，武王到畢（文王墓地的所在地）祭祀文王。又去東方閱兵，到達了盟津（今河南的孟津渡）。製作了文王的靈牌，載於車，帶在軍中。武王自稱太子發，表示奉行文王之命，不是自行專斷的討伐。於是詔告司馬、司徒、司空、諸節各官：「敬慎恐懼，就是信守（對先君的）諾言！我雖無知，但我的先祖是有德行的大臣，我承繼了先人的功業，就一定會賞罰分明，論功行賞。」終於起兵。師尚父（即太公望、姜子牙）發佈號令道：「集合起你們的部下，準備好你們的船隻。遲到者斬。」武王渡黃河，船到河流中間，有條白魚躍入武王的船中，武王俯身拾取用以祭祀。渡過黃河後，有一團火從天而降，落至武王居住的屋頂，變為烏鴉，牠的顏色是紅色的，發出「叭」的鳴叫聲。這時，未經過事先約定而到達盟津參加盟會的諸侯有八百位。諸侯都說：「可以討伐紂王了。」武王說：「你們不了解上天的意圖，還不可以討伐。」就班師回去了。

居二年，聞紂昏亂暴虐滋甚，殺王子比干，囚箕子。太師疵、少師彊抱其樂器而犇周。於是武王徧告諸侯曰：「殷有重罪，不可以不畢伐。」乃遵文王，遂率戎車三百乘，虎賁三千人，甲士四萬五千人，以東伐紂。十一年十二月戊午，師畢渡盟津，諸侯咸會。曰：「孳孳無怠！」武王乃作《太誓》，告於眾庶：「今殷王紂乃用其婦人之言，自絕於天，毀壞其三正，離逷（tì）其王父母弟[1]，乃斷棄其先祖之樂，乃為淫聲，用變亂正聲，怡說婦人。故今予發維共行[2]天罰。勉哉夫子[3]，不可再，不可三！」

注釋

1 離逷：即「離逖」，疏遠。王父母弟：同出自一個祖父母的兄弟。王父母，祖父祖母。2 維：發語詞。共行：恭敬地執行。共，通「恭」。3 夫子：丈夫。

譯文

過了兩年，聽說紂王更加昏亂暴虐，他殺了王子比干，囚禁了箕子。太師疵、少師彊也抱了他們祭祀用的樂器逃奔到周國。武王遍告諸侯說：「殷王犯下重大的罪過，不可以不進行徹底討伐。」於是遵從文王遺命，率領三百乘兵車，三千名虎賁（勇士），以及帶甲的士兵四萬五千人，東進伐紂。十一年（前一〇四六年）十二月戊午日，全軍渡過盟津，諸侯都會集一起。說：「孜孜不懈！」武王於是作《太誓》，向眾人宣告：「如今殷王紂居然聽信婦人之言，自絕於上天，毀壞天地人三統（一說日、月、北斗；一說三重臣），疏遠自己同祖父母的兄弟；還拋棄先祖的音樂，用淫亂之音擾亂典雅之聲，取悅婦人。所以今日我姬發恭敬地執行上天的懲罰。努力呀，各位壯士。決一死戰，不可能有第二戰，更不可能有第三戰！」

二月甲子昧爽[1]，武王朝至於商郊牧野，乃誓。武王左杖黃鉞，右秉白旄，以麾。曰：「遠矣西土之人！」武王曰：「嗟！我有國冢君，司徒、司馬、司空，亞

旅、師氏，千夫長、百夫長，及庸、蜀、羌、髳、微、纑、彭、濮人，稱爾戈，比爾干，立爾矛，予其誓。」王曰：「古人有言：『牝雞無晨。牝雞之晨，惟家之索[2]。』今殷王紂維婦人言是用，自棄其先祖肆祀不答；昏[3]棄其家國，遺其王父母弟不用，乃維四方之多罪逋（bū）[4]逃是崇是長，是信是使，俾暴虐於百姓，以姦軌[5]於商國。今予發維共行天之罰。今日之事，不過六步七步，乃止齊[6]焉，夫子勉哉！不過於四伐五伐六伐七伐，乃止齊焉，勉哉夫子！尚桓桓[7]，如虎如羆，如豺如離，於商郊，不禦克犇[8]，以役西土，勉哉夫子！爾所不勉，其於爾身有戮。」誓已，諸侯兵會者車四千乘，陳師牧野。

注釋

1 昧爽：拂曉。2 索：盡，空。3 昏：昏。4 逋：逃亡。5 姦軌：同「姦宄（guǐ）」，外來為姦，中出為宄。6 止齊：暫止而取齊。7 桓桓：威武貌。8 禦：強暴；克：殺；犇：逃亡、投奔。

譯文

周曆二月的甲子日拂曉，武王很早來到商都郊外的牧野（地名，在殷都朝歌，即在今河南淇縣郊外），舉行了誓師會。武王左手持黃色銅鉞，右手握着白犛牛毛旌旗，用來指揮。「辛苦啦，遠道而來的西方的人們！」武王說：「啊！各國君主，司徒、司馬、司空、亞旅、師氏、千夫長、百夫長各位，以及庸（江漢南部）、蜀（四川）、羌（西蜀）、髳（巴蜀）、微（巴蜀）、纑（西北地方）、彭（西北地方）、濮（江漢南部）各國的人們，舉起你們的長戈，排列好你們的盾牌，樹起你們的長矛，我現在要宣誓了。」武王說：「古人說：『母雞不報晨，母雞報晨家必敗。』現在殷王紂只聽信婦人之言，自己廢棄先祖而不行祭祀，昏庸地拋棄家與國，對同宗兄弟排斥不用，卻對那些從四方諸侯國逃亡到商國的罪人，推崇、尊敬、信任、任用。讓他們暴虐百姓，殘害商國。如今我姬發恭敬地執行上天對商國的懲罰。今日之戰每六、七步一停頓，整頓隊伍繼續推進。大家要努力啊！刺殺敵人也須四、五下或六、七下一停頓，整頓隊伍繼續前進。大家要努力啊！威風凜凜，如虎、如羆、如豺、如螭（無角龍，或指魑魅），戰於商都之郊，不可濫殺逃亡的敵人，讓他們給我們西方人服勞役。大家要努力啊！如果你們不努力，你們自身將遭到屠殺。」宣誓完畢，集合的諸侯以兵車四千乘，列陣於牧野。

帝紂聞武王來，亦發兵七十萬人距[1]武王。武王使師尚父與百夫致師[2]，以大卒馳帝紂師。紂師雖衆，皆無戰之心，心欲武王亟入。紂師皆倒兵以戰，以開

武王。武王馳之，紂兵皆崩畔紂。紂走，反入登於鹿臺之上，蒙衣其殊玉，自燔於火而死。武王持大白旗以麾諸侯，諸侯畢拜武王，武王乃揖諸侯，諸侯畢從。武王至商國，商國百姓咸待於郊。於是武王使羣臣告語商百姓曰：「上天降休！」商人皆再拜稽首，武王亦答拜。遂入，至紂死所。武王自射之，三發而後下車，以輕劍擊之，以黃鉞斬紂頭，縣[3]大白之旗。已而至紂之嬖妾二女，二女皆經自殺。武王又射三發，擊以劍，斬以玄鉞，縣其頭小白之旗。武王已乃出復軍。

注釋

1 距：通「拒」，抵禦。2 致師：即今所謂挑戰。3 縣：同「懸」。

譯文

帝紂聽說武王攻來，也派兵七十萬抵禦武王。武王派師尚父與百夫（百名士兵）挑戰，率領大卒（戰車三百五十乘、士兵二萬六千二百五十人、虎賁勇士三千人）進攻紂王的軍隊。紂王的軍隊雖然人數眾多，卻沒有鬥志，都希望武王迅速攻入殷國。紂王的軍隊都倒戈而戰，為武王開路。武王得以長驅直入，紂王的軍隊崩潰，紛紛背叛了紂王。紂王逃走，退回城中登上鹿臺，披掛珍貴珠寶，投火自焚而死。武王手持大白旗揮向諸侯，諸侯都向武王參拜。武王也作揖答謝諸侯，諸侯們都服從他。武王進入商都，商國的百姓都在郊外迎接。於是武王命羣臣告訴商國的百姓說：「上天降福！」商人們都再拜叩頭，武王也作了回拜。於是進城，來到紂王自焚之處。武王親自向紂王的屍體射箭，射了三箭以後下車，用輕劍砍他，然後用黃鉞砍下紂王頭顱，懸掛在大白旗上。接着又來到紂王兩位寵妾之處，二女子已經上弔自殺。武王也向她們射了三箭，以劍刺擊，用黑鉞砍下她們頭顱，將頭顱懸掛在小白旗上。武王做完這些之後，走出，返回軍中。

其明日，除道，修社及商紂宮。及期，百夫荷罕旗以先驅。武王弟叔振鐸奉陳常車，周公旦把大鉞，畢公把小鉞，以夾武王。散宜生、太顛、閎夭皆執劍以衛武王。既入，立於社南大卒之左，左右畢從。毛叔鄭奉明水[1]，衛康叔封布茲，召公奭（shì）贊采，師尚父牽牲。尹佚筴祝[2]曰：「殷之末孫季紂，殄廢先王明德，侮蔑神祇不祀，昏暴商邑百姓，其章顯聞於天皇上帝。」於是武王再拜稽首，曰：「膺更大命，革殷，受天明命。」武王又再拜稽首，乃出。

注釋

1 明水：古代祭祀所用的淨水，亦稱「玄酒」。2 尹佚：又稱「史佚」，西周初期的史官、天文家、星占家。筴祝：誦讀策書上的祭神文字。

譯文

第二天，清除道路，修葺神社及商紂的宮殿。到了預期之日，百名士兵肩負罕旗作為先驅，武王的弟弟叔振鐸陳列儀仗車，周公旦持大鉞，畢公持小鉞，同伴於武王兩側。散宜生、太顛、閎夭皆執劍護衛武王。已入社，立於南側，中軍以及羣臣都跟隨左右。毛叔鄭奉端着明水，衞康叔封佈好蓐薦，召公奭舉着彩帛，師尚父牽着犧牲。尹佚誦讀寫於簡牘的祝文說：「殷之末代子孫季紂，荒廢先王之明德，侮蔑神祇而不行祭祀，對商邑之百姓昏庸暴虐，天皇上帝對此非常清楚。」於是武王行再拜稽首之禮，說：「承受改革大命，革新殷朝，受天之明命。」武王又行再拜稽首之禮而出。

賞析與點評

像歐洲人論文化必提到古代希臘、羅馬一樣，中國人講古必定言及夏、商、周「三代」，而如果說周代是「三代」之中最為繁榮的一代的話，並不為言過。希望了解這一段歷史的話，《史記．周本紀》絕對是非讀不可的。

秦始皇本紀

本篇導讀——

秦始皇、項羽、劉邦三人生活於同一時代，同一時代的三人被司馬遷同時列入《本紀》，這在《史記》中是絕無僅有的；秦漢之際相繼存在的秦、楚、漢三政權的歷史，堪稱一部由此三人演繹的《三國志》，其首篇即《秦始皇本紀》（其次是《項羽本紀》、《高祖本紀》）。

秦始皇可謂緋聞不斷的歷史人物，比如他到底是不是呂不韋的孩子？他姓甚麼？他的夫人是誰？對於這些，司馬遷或存疑、或存缺。但對於秦始皇是如何與大臣討論、制訂皇帝制、郡縣制等安定一統天下措施等等，本篇為我們留下了寶貴的記載。當然，對細節感興趣的讀者，還可以同時參閱《史記》的《呂不韋列傳》、《李斯列傳》。

秦始皇帝者，秦莊襄王子也。莊襄王[1]為秦質子於趙，見呂不韋姬，悦而取之，生始皇。以秦昭王四十八年正月生於邯鄲。及生，名為政，姓趙氏。年十三歲，莊襄王死，政代立為秦王。當是之時，秦地已并巴、蜀、漢中，越宛有郢，置南郡矣；北收上郡以東，有河東、太原、上黨郡；東至滎陽，滅二周，置三川郡。呂不韋為相，封十萬戶，號曰文信侯。招致賓客游士，欲以并天下。李斯為舍人[2]。蒙驁、王齮、麃公等為將軍。王年少，初即位，委國事大臣。

注釋

1 莊襄王（前二八一—前二四七年）：嬴姓。本名異人，為安國君与夏姬所生，後被來自楚國的華陽夫人認作己子，故改名楚（一作子楚）。前二五〇年至前二四七年在位。

2 舍人：貴族家的門客。

譯文

秦始皇帝，是秦莊襄王的兒子。莊襄王作為秦的人質生活於趙國時，見到呂不韋的侍妾，很喜歡就娶了她，生了始皇。秦昭王四十八年正月生於邯鄲（趙國首都，今河北省邯鄲市）。出生時，起名為政，姓趙。十三歲時，莊襄王死，趙政代之為秦王。當時，秦國領土已兼併巴、蜀、漢中（陝西省西南部的漢中地區），越過宛佔有郢，設置了南郡；在北攻取了上郡以東，保有河東、太原、上黨郡等諸郡；

東方至滎陽，滅了延續兩地的周朝，設置三川郡。呂不韋為相國，分封十萬戶，號曰文信侯。招致賓客游士，欲利用他們兼併天下。李斯為舍人。蒙驁、王齮、麃公等為將軍。秦王年幼，初即位，將國事委託於大臣。

十一年，王翦、桓齮、楊端和攻鄴，取九城。王翦攻閼與、橑楊，皆并為一軍。翦將十八日，軍歸斗食[1]以下，什推二人從軍取鄴、安陽，桓齮將。十二年，文信侯不韋死，竊葬。其舍人臨[2]者，晉人也逐出之；秦人六百石以上奪爵，遷；五百石以下不臨，遷，勿奪爵。自今以來，操國事不道如嫪毐（lào ǎi）、不韋者籍其門，視此。秋，復嫪毐舍人遷蜀者。當是之時，天下大旱，六月至八月乃雨。

注釋

1 斗食：俸祿微薄的小官，月俸十一斛。2 臨：哭。哭弔死者。

譯文

十一年，王翦、桓齮、楊端和攻打鄴（河北臨漳），攻取了九座城池。王翦又攻打閼與、橑楊（山西上黨），各路軍併為一軍。王翦在率軍攻打的第十八日，令軍中斗食以下的軍吏還鄉，十人中僅推出二人從軍，由桓齮率領，最終攻取了鄴與安陽。十二年，文信侯呂不韋死，祕密下葬。他的門客中，是晉人的驅逐出境；是秦人的：俸祿為六百石以上的奪爵，遷居；五百石以下的，如果沒有參加葬禮，僅遷居，不奪爵。命令曰：「從今以後，執行國政如有像嫪毒、不韋那樣不道者，一律如此將其一門抄家、貶為奴隸。」秋，復原了那些遷往蜀地的嫪毒舍人。此時，天下大旱，從六月起，直至八月才下雨。

十三年，桓齮攻趙平陽，殺趙將扈輒，斬首十萬。王之河南。正月，彗星見東方。十月，桓齮攻趙。十四年，攻趙軍於平陽，取宜安，破之，殺其將軍。桓齮定平陽、武城。韓非使秦，秦用李斯謀，留非，非死雲陽。韓王請為臣。

十五年，大興兵，一軍至鄴，一軍至太原，取狼孟。地動。十六年九月，發卒受地韓南陽假守騰。初令男子書年。魏獻地於秦。秦置麗邑[1]。十七年，內史[2]騰攻韓，得韓王安，盡納其地，以其地為郡，命曰潁川。地動。華陽太后卒。民大饑。

注釋

1 麗邑：古地名，又作驪邑。在今陝西省臨潼縣。2 內史：秦國掌管「大內」之官。

主管租賦、財務。

譯文

十三年，桓齮攻打趙平陽（今山西臨汾西南），殺趙將扈輒，斬首十萬。秦王巡倖河南。正月，彗星出現於東方。十月，桓齮攻打趙。

十四年，在平陽攻打趙軍，奪取宜安（河北藁城），擊敗趙軍，殺死了趙的將軍。桓齮平定平陽、武城（一說即山西平魯）。韓非出使秦，秦用李斯的計謀，留下韓非，韓非死於雲陽（陝西咸陽西）。韓王請求稱臣。

十五年，秦大舉興兵，一軍至鄴，一軍至太原，奪取了狼孟。地震。十六年九月，發兵接受韓南陽之地，任命騰為代理南陽守。首次命令男子登記年齡。魏國獻地給秦國。秦設置麗邑。十七年，內史騰攻打韓，俘虜了韓王安，完全佔據了韓地，在那裏設置郡，稱為潁川。地震，華陽太后死。人民遭受大饑荒。

十八年，大興兵攻趙，王翦將上地，下井陘，端和將河內，羌瘣[1]伐趙，端和圍邯鄲城。十九年，王翦、羌瘣盡定取趙地東陽，得趙王。引兵欲攻燕，屯中山。秦王之邯鄲，諸嘗與王生趙時母家有仇怨，皆阬之。秦王還，從太原、上郡歸。始皇帝母太后崩。趙公子嘉率其宗數百人之代，自立為代王，東與燕合兵，軍上谷。大饑。

注釋

1 羌瘣：秦國人名。姓羌，名瘣。

譯文

十八年，大舉興兵攻趙國，王翦率領上地（上郡的上縣）軍隊，奪取井陘（河北井陘），端和率領河內軍隊，羌瘣攻伐趙，端和包圍邯鄲城。十九年，王翦、羌瘣全部佔領了趙國的東陽，俘虜了趙王。率兵欲攻打燕國，屯駐在中山。秦王巡倖邯鄲，凡曾經與秦王生於趙時的母家有仇怨者，一律活埋。秦王經太原、上郡歸國。始皇帝的母太后去世。趙公子嘉率其宗族數百人到了代（今河北蔚縣東北），自立為代王，向東與燕國軍隊會師，駐軍上谷。發生大饑荒。

二十年，燕太子丹患秦兵至國，恐，使荊軻刺秦王。秦王覺之，體解軻以徇[1]，而使王翦、辛勝攻燕。燕、代發兵擊秦軍，秦軍破燕易水之西。二十一年，王賁攻荊[2]。乃益發卒詣王翦軍，遂破燕太子軍，取燕薊城，得太子丹之首。燕王東收遼東

而王之。王翦謝病老歸[3]。新鄭反。昌平君徙於郢。大雨雪[4]，深二尺五寸。

注釋

1 徇：宣示於眾。2 荊：楚。由於秦莊襄王名子楚，秦人避諱「楚」字，稱楚為荊。3 謝病老：託病、老引退。4 雨雪：降雪。

譯文

二十年，燕太子丹擔心秦兵侵犯本國，很恐懼，派遣荊軻行刺秦王。秦王發覺了，肢解了荊軻示衆，派王翦、辛勝攻打燕國。燕、代發兵攻打秦軍，秦軍在易水之西擊敗燕軍。二十一年，王賁攻打楚國。又增派軍隊至王翦軍中，於是擊潰燕太子軍，奪取了燕薊城（燕國首都，北京以東），獲得了太子丹的首級。燕王向東取得了遼東，並在那裏稱王。王翦因老、病引退還鄉。新鄭（河南新鄭）發生叛亂。昌平君被遷徙至郢。大雪，深二尺五寸。

二十二年，王賁攻魏，引河溝[1]灌大梁，大梁城壞，其王請降，盡取其地。

二十三年，秦王復召王翦，強起之，使將擊荊。取陳以南至平輿，虜荊王。秦王游至郢陳。荊將項燕立昌平君為荊王，反秦於淮南。二十四年，王翦、蒙武

攻荊，破荊軍，昌平君死，項燕遂自殺。

二十五年，大興兵，使王賁將，攻燕遼東，得燕王喜。還攻代，虜代王嘉。王翦遂定荊江南地；降越君，置會稽郡。五月，天下大酺[2]。

二十六年，齊王建與其相后勝發兵守其西界，不通秦。秦使將軍王賁從燕南攻齊，得齊王建。

注釋

1 河溝：水名。又稱「梁溝」、「鴻溝」。在今河南省開封市西北。2 大酺：大宴飲。當時，法律禁止聚衆羣飲，由於是國慶才允許開禁。

譯文

二十二年，王賁攻打魏國，引鴻溝水淹魏都大梁，大梁城被沖垮，魏王請求投降，秦全部取得魏的土地。

二十三年，秦王再次召回王翦，勉強他出馬，派他率兵攻打荊（楚國）。佔領了陳（河南淮陽）以南至平輿（河南汝陽）一帶，俘虜了荊王（即楚王負芻）。秦王巡倖至郢、陳。荊將項燕立昌平君為荊王，在淮河以南反抗秦國。二十四年，王翦、蒙武攻打荊，擊敗荊軍，昌平君死，項燕於是自殺。

二十五年，大舉興兵，派王賁為將，攻打燕國遼東，捉得燕王喜。回師攻打代國，俘虜代王嘉。王翦平定了荊之江南地區；降伏了越國國君，設置會稽郡。五月，天下狂歡飲酒慶賀。

二十六年，齊王建與其相國后勝發兵守衛其西部邊界，不與秦國來往。秦派將軍王賁從燕國南面攻打齊國，捉到齊王建。

秦初并天下，令丞相、御史曰：「異日韓王納地效璽，請為藩臣，已而倍[1]約，與趙、魏合從畔秦，故興兵誅之，虜其王。寡人以為善，庶幾息兵革。趙王使其相李牧來約盟，故歸其質子。已而倍盟，反我太原，故興兵誅之，得其王。趙公子嘉乃自立為代王，故舉兵擊滅之。魏王始約服入秦，已而與韓、趙謀襲秦，秦兵吏誅，遂破之。荊王獻青陽以西，已而畔約，擊我南郡，故發兵誅，得其王，遂定其荊地。燕王昏亂，其太子丹乃陰令荊軻為賊，兵吏誅，滅其國。齊王用后勝計，絕秦使，欲為亂，兵吏誅，虜其王，平齊地。寡人以眇眇之身，興兵誅暴亂，賴宗廟之靈，六王咸伏[2]其辜，天下大定。今名號不更[3]，無以稱成功，傳後世，其議帝號。」丞相綰、御史大夫劫、廷尉斯等皆曰：「昔者五帝地方千里，其外侯服夷服，諸侯或朝或否，天子不能制。今陛下興義兵，誅殘賊，平定天下，海內為郡縣，法令由一統，自上古以來未嘗有，五帝所不及。臣等謹與博士議曰：『古有天皇，有地皇，有泰皇，泰皇最貴。』臣等昧死上尊號，王為『泰皇』。命為『制』，令為『詔』，天子自稱曰『朕』。」王曰：「去『泰』，著『皇』，采上古『帝』位號，號曰『皇帝』。他如議。」制曰：「可。」追尊莊襄王為太上皇。制曰：「朕聞太古有號毋謚，中古有號，死而以行為謚。如此，則子議父，臣議君也，甚無謂，朕弗取焉。自今已來，除謚法。朕為『始皇帝』，後世以計數，二世三世至於萬世，傳之無窮。」

注釋

1 倍：通「背」。背叛。2 伏：通「服」。承受；承當。3 名號不更：指還像以往那樣稱「王」。

譯文

秦剛剛統一天下，秦王就對丞相、御史下令道：「從前韓王曾向秦交出土地，獻上玉璽，請求做秦國的藩臣，不久就背棄盟約，與趙、魏聯合反叛秦國，所以興兵討伐它，俘虜了它的國王。寡人認為很好，或許可以停止兵革。趙王派他的相國李牧來簽訂盟約，所以放回了趙做人質的太子。不久背棄盟約，在太原反叛我，所以興兵討伐，俘虜了趙王。趙公子嘉自立為代王，所以興兵消滅了他。魏王當初約定降服入秦，不久又與韓、趙合謀襲擊秦國，秦官兵討伐，終於將其擊敗。荊王獻出青陽（湖南長沙）以西地區，不久又違背約定，襲擊我南郡，所以發兵討伐，俘虜了他們的國王，平定了荊地。燕王昏亂，他的太子丹暗地派荊軻為刺客，秦官兵討伐，滅了燕國。齊王建採納后勝的計謀，斷絕與秦國的使節往來，想作亂，秦官兵討伐，俘獲了齊王，平定了齊地。寡人以渺小之軀，興兵討平暴亂，倚仗的是宗廟的威靈，六國之王都已服罪，天下都已平定了。如今不更改名號就無法顯示功績，流傳後世，商議一下帝號吧！」丞相王綰、御史大夫馮劫、廷尉李斯等都說：「過去五帝土地方圓千里，其外是『侯服』、『夷服』的地區，那時的諸侯有的朝貢，有的不朝貢，天子無法控制。如今陛下起義兵，討殘暴，平定天下，海內設置郡縣，法令統一，這是自古以來從未有過的，五帝也有所不及。臣等謹與博士商議道：古有『天皇』、『地皇』、『泰皇』（一說即人皇），『泰皇』最尊貴。臣等昧死獻上尊號，王稱為『泰皇』。命稱為『制』，令稱為『詔』，天子自稱為『朕』。」秦王說：「去掉『泰』，加上『皇』，採上古『帝』位的稱號，稱為『皇帝』。其他按照你們商議的辦。」命令道：「可以。」追尊莊襄王為太上皇。命令道：「朕聽聞太古有號無謚，中古有號，死後根據行為評定謚號。如此，則兒子評議父親，臣下評議君主，甚是無理，朕不採取這種做法。從今以後，廢除謚法。朕為『始皇帝』，後世按輩計數，二世、三世直至於萬世，傳繼至無窮。」

始皇推終始五德之傳[1]，以為周得火德，秦代周德，從所不勝。方今水德[2]之始，改年始[3]，朝賀皆自十月朔。衣服旄旌節旗皆上黑。數以六為紀，符、法冠皆六寸，而輿六尺，六尺為步，乘六馬。更名河曰德水，以為水德之始。剛毅戾深，事皆決於法，刻削毋仁恩和義，然後合五德之數。於是急法，久者不赦。

注釋

1 終始五德：水、木、金、火、土五種物質德性相生相剋，以及周而復始的循環變化。2 據《封禪書》，秦文公獲黑龍，以為水瑞，秦始皇因自謂水德。3 年始：秦始皇改用顓頊曆，以十月為歲首。

譯文

始皇推算五行之德的終始順序，認為周朝得火德，秦朝取代周德，遵從了周所不能克服的德性。如今逢水德之始，而更改歲首，朝賀都自十月初一開始。衣服、旄旌、符節、旗幟都以黑色為尊貴。數字以六為單位，符、法冠都定為六寸，車廂寬六尺，六尺為一步，一架車用六馬。將黃河改名為德水，以此作為水德的開始。主張剛毅戾深，凡事都依法裁決，刻薄殘忍，不講仁義、恩惠、和睦、情義，然後才符合五德之命數。於是嚴格執行法治，觸犯法律者久而不得赦免。

丞相綰等言：「諸侯初破，燕、齊、荊地遠，不為置王，毋以填[1]之。請立諸子，唯上幸許。」始皇下其議於羣臣，羣臣皆以為便。廷尉李斯議曰：「周文武所封子弟同姓甚眾，然後屬疏遠，相攻擊如仇讎，諸侯更相誅伐，周天子弗能禁止。今海內賴陛下神靈一統，皆為郡縣，諸子功臣以公賦稅重賞賜之，甚足易制。天下無異意，則安寧之術也。置諸侯不便。」始皇曰：「天下共苦戰鬥不休，以有侯王。賴宗廟，天下初定，又復立國，是樹兵也，而求其寧息，豈不難哉！廷尉議是。」

注釋

1 填：通「鎮」，彈壓。

譯文

丞相王綰等進言：「諸侯剛被擊破，燕、齊、荊地方偏遠，若不在那裏設置諸王，則無從安定。請立諸公子去各地為王，若主上應允，則不勝榮幸！」始皇將他們的建議交於羣臣討論，羣臣皆以為可行。廷尉李斯提出異議說：「周文王、周武王所分封的子弟、同姓甚多，然而後代日漸疏遠，相互攻擊有如仇敵，諸侯相互誅伐，周天子不能禁止。如今，海內賴陛下神靈得以統一，都設立為郡縣，對於諸公子、功臣可以用公家賦稅重重賞賜，很容易就控制他們了。天下無異心，就是安寧之術。設置諸侯並非上策。」始皇說：「天下飽嘗戰亂不休，就是由於設立了諸侯王。如今，有賴於宗廟的威靈，天下初定，又要恢復分封立國，等於是樹立兵戰，以此之舉而祈求安寧，豈不太困難了！廷尉的議論是正確的。」

分天下以為三十六郡[1]，郡置守、尉、監。更名民曰「黔首」[2]。大酺。收天下兵，聚之咸陽，銷以為鍾鐻（jù）[3]，金人十二，重各千石，置廷宮中。一法度衡石丈尺[4]。車同軌[5]。書同文字。地東至海暨朝鮮，西至臨洮、羌中，南至北嚮戶[6]，北據河為塞，並陰山至遼東。徙天下豪富於咸陽十二萬戶。諸廟及章臺、上林皆在渭南。秦每破諸侯，寫放其宮室，作之咸陽北阪上。南臨渭，自雍門以東至涇、渭，殿屋複道周閣相屬。所得諸侯美人鍾鼓，以充入之。

注釋

1三十六郡：這只是秦統一全國之初的數字。2黔首：平民。「黔」，黑色；平民不戴冠，露黑髮，所以稱黔首。3鐻：樂器，猛獸形。4法度衡石丈尺：「法度」是法定的計量制。「衡」是秤，此指重量；「石」在當時既是重量單位又是容量單位，此處「衡石」連用，當指衡制與量制；「丈尺」都是長度單位，此指度制。5軌：車子兩輪間的距離。6北嚮戶：指今海南島與越南北部等地區，因其地處北回歸線以南，門窗往往嚮北開。

譯文

將天下劃分為三十六郡，各郡置守、尉、監。更稱人民曰「黔首」。天下飲酒慶祝。沒收天下的兵器，聚之於咸陽，熔化鑄成鐘、鐻，鑄金人十二，重各千石，放置於宮廷之中。統一度量衡制的衡石、丈尺。車軌寬幅劃一。書寫使用同一種文字。領土東至大海直至朝鮮，西至臨洮、羌中，南至北嚮戶的地區，北憑藉黃河為要塞，沿陰山直至遼東。將天下豪富之家十二萬戶遷徙於咸陽。諸宗廟及章臺、上林苑都在渭水南岸。秦每滅掉一個諸侯，就摹寫、仿效其宮室的樣子，將其建築於咸陽北面的山坡上。建築羣南臨渭水，自雍門以東直至涇水、渭水，殿屋之間以天橋、迴廊相連。把從諸侯那裏得到的美人、鐘鼓，放置其中。

二十七年，始皇巡隴西、北地，出雞頭山，過回中。焉作信宮渭南，已更命信宮為極廟，象天極。自極廟道通酈山，作甘泉前殿。築甬道[1]，自咸陽屬之。是歲，賜爵一級。治馳道。

二十八年，始皇東行郡縣，上鄒嶧山。立石，與魯諸儒生議，刻石頌秦德，議封禪望祭[2]山川之事。乃遂上泰山，立石，封，祠祀。下，風雨暴至，休於樹下，因封其樹為五大夫。禪梁父。刻所立石。於是乃並勃海以東，過黃、腄，窮成山，登之罘（fú），立石頌秦德焉而去。南登琅邪，大樂之，留三月。乃徙黔首三萬戶琅邪臺下，復十二歲。作琅邪臺，立石刻，頌秦德，明得意。既已，齊人徐市等上書，言海中有三神山，名曰蓬萊、方丈、瀛洲，僊人居之。請得齋戒，與童男女求之。於是遣徐市發童男女數千人，入海求僊人。

注釋

1 甬道：兩側築有夾牆的通道。「甬」，通「桶」字。2 望祭：遙望而祭。亦寫作「望祀」、「望祠」。

譯文

二十七年，始皇巡倖隴西、北地，出雞頭山，經過回中（陝西隴縣西北）。在渭水南面建造信宮，旋即將信宮改稱為極廟，象徵北極星。自極廟築道通酈山，建造甘泉前殿。修築甬道，自咸陽連接至此。這一年，賜爵位一級。修築馳道。

二十八年，始皇向東巡倖郡縣，上鄒嶧山。立石碑，與魯地儒生商議，刻石歌頌秦的功德，商議封禪望祭山川之事。於是登泰山，立石碑，築壇，祭天。下山時，風雨暴至，在樹下休息，因此封那棵樹為「五大夫」。在梁父山（位於泰山之下）刻字立石碑。於是沿勃海向東，經過黃縣、腄縣，直至成山，登上之罘山，立石碑歌頌秦德之後離去。向南登上琅邪山，在此極為快樂，逗留三個月。於是遷徙黔首三萬戶至琅邪臺下，免除他們十二年的賦稅，而建造琅邪臺，立石碑刻字，歌頌秦德，表明了得意之情。

事情完畢，齊人徐市等上書，說海中有三座神山，名叫蓬萊、方丈、瀛洲，有僊人居住在那裏。請求在齋戒之後，帶童男女去尋求。於是派遣徐市徵發童男女數千人，入海尋求僊人。

二十九年，始皇東游。至陽武博狼沙中，為盜所驚。求弗得，乃令天下大索十日。登之罘，刻石。

三十二年，始皇之碣石，使燕人盧生求羨門、高誓。刻碣石門。壞城郭，決通隄防。因使韓終、侯公、石生求僊人不死之藥。始皇巡北邊，從上郡入。燕人盧生使入海還，以鬼神事，因奏錄圖書，曰「亡秦者胡也」。始皇乃使將軍蒙恬發兵三十萬人北擊胡，略取河南地。

三十七年十月癸丑，始皇出游。左丞相斯從，右丞相去疾守。少子胡亥愛慕請從，上許之。十一月，行至雲夢，望祀虞舜於九疑山。浮江下，觀籍柯，渡海渚。過丹陽，至錢唐。臨浙江，水波惡，乃西百二十里從狹中渡。上會稽，祭大禹，望於南海，而立石刻頌秦德。

至平原津而病。始皇惡言死，羣臣莫敢言死事。上病益甚，乃為璽書賜公子扶蘇曰：「與喪會咸陽而葬。」書已封，在中車府令[1]趙高行符璽事所，未授使者。七月丙寅，始皇崩於沙丘平臺。丞相斯為上崩在外，恐諸公子及天下有變，乃祕之，不發喪。棺載轀涼車[2]中，故幸宦者參乘，所至上食。百官奏事如故，宦者輒從轀涼車中可其奏事。獨子胡亥、趙高及所幸宦者五六人知上死。趙高故嘗教胡亥書及獄律令法事，胡亥私幸之。高乃與公子胡亥、丞相斯陰謀破去始皇所封書賜公子扶蘇者，而更詐為丞相斯受始皇遺詔沙丘，立子胡亥為太子。更為書賜公子扶蘇、蒙恬，數以罪，(其)賜死。語具在《李斯傳》中。行，遂從井陘抵九原。會暑，上轀車臭，乃詔從官令車載一石鮑魚，以亂其臭。

行從直道至咸陽，發喪。太子胡亥襲位，為二世皇帝。九月，葬始皇酈山。

注釋

1 車府令：掌管乘輿、路車的職官。2 轀涼車：有窗的臥車。關窗保溫，開窗乘涼，故名。

譯文

二十九年，始皇東遊。行至陽武博狼沙（河南博浪），被盜賊驚嚇。搜查而沒能抓到，於是下令天下大規模搜索十日。登之罘山，刻石碑。

三十二年，始皇巡倖碣石，派燕人盧生尋求羨門、高誓。在碣石門刻字。毀壞城郭，決通堤防。於是派韓終、侯公、石生尋求僊人不死之藥。始皇巡倖北方邊疆，從上郡回京。燕人盧生出使入海歸來，作為鬼神之事的彙報，上奏了記錄的圖書，上面寫道「滅亡秦的人是胡」。始皇於是派將軍蒙恬發兵三十萬北上攻擊胡人，奪取河南地區。

三十七年十月癸丑，始皇出遊。左丞相李斯跟隨，右丞相去疾（一說姓馮，一說姓霍）留守。少子胡亥受寵愛被允許跟隨。十一月，行至雲夢澤，在此遙祭九疑山（位於湖南永州）的虞舜。泛舟順長江直下，觀籍柯，渡海渚。經過丹陽，行至錢唐。臨至浙江，見到水波洶湧，於是西行一百二十里從江面狹窄處橫渡。登上會稽山，祭祀大禹，眺望南海，而立石刻碑讚頌秦德。至平原津而始皇患病。他忌諱人談到死，羣臣沒人敢說死的事。主上病日益加重，就寫詔書加蓋璽印準備賜予公子扶蘇：「參與喪葬，在咸陽迎棺下葬。」詔書已加封，放在掌管符璽的中車府令趙高那裏，沒有交給使者。七月丙寅，始皇駕崩於沙丘平臺。丞相李斯因為主上駕崩在首都之外，唯恐諸公子及天下會有變亂，祕不發喪。棺材載於轀涼車中，讓生前寵倖的宦官陪乘，所到之處，為主上獻食。百官奏事依然如故，宦官就在轀涼車中批准他們的上奏。只有皇子胡亥、趙高及皇帝寵倖的宦者五六個人知道主上已死。趙高曾經教授胡亥書寫及治獄法律等事，胡亥私下很信任他。趙高於是與公子胡亥、丞相李斯陰謀拆封、廢棄始皇所封緘的賜公子扶蘇詔書，改而詐稱丞相李斯在沙丘接受始皇遺詔，立皇子胡亥為太子。另外僞造賜公子扶蘇、蒙恬詔書，歷數其罪狀，賜死。詳見《李斯傳》的記載。繼續行進，從井陘（河北井陘）抵達九原。適逢暑天，主上的轀車腐臭，於是命令從官在車上裝載了一石鮑魚，以掩蓋屍臭。自九原從直道抵達咸陽，發喪。太子胡亥襲位，為二世皇帝。九月，葬始皇於酈山。

賞析與點評

司馬遷撰述《十二本紀》時明確說：「略推三代，錄秦漢」，即由於夏商周三代的史料不清，所以尚需「推」算，但秦漢則不同，只需根據現有史料記「錄」即可。在《秦始皇本紀》之「錄」中，其實「祀」與「戎」二字是關鍵詞。根據「戎」字，你可以了解秦始皇是如何併吞六國，統一天下，建立了中國歷史上第一個中央集權強大國家的過程；根據「祀」字，你可以理解為何秦始皇稱帝十年中五次巡行全國各地、祭祀名山大川，以此安撫天下的良苦用心，最終歿於巡行途中。

項羽本紀

本篇導讀——

司馬遷治史，雖然對史料未必做過多的文字改動，但對史實的把握卻非常有分寸。特別是在描述史實的用語上，他更是有板有眼，一絲不苟，大有一字褒貶之春秋筆法。比如本篇中對項羽的稱呼，何時稱「項籍」，何時稱「項羽」，何時稱「項王」，拿捏得十分考究。又如陳述項王「立諸將為侯王」時，絕不說「封諸將為侯王」，因為項羽本人當時僅是楚懷王所封的「魯公」，自己還不是「王」，何來封王的權力。但是，畢竟項羽「立」諸侯王，實際上已經相當於帝王之「封」諸侯王了，這是司馬遷把他列入《本紀》的原因。「立王」是形式，「封王」是實質，二者都是事實！所以《項羽本紀》的論贊中說：「將五諸侯滅秦，分裂天下，而封王侯，政由羽出，號稱霸王，位雖不終，近古以來未嘗有也。」在「立王」與「封王」之間，司馬遷不僅為我們陳述了活生生的實情，更揭示了其中「未嘗有」的歷史變革。

項籍者，下相人也，字羽。初起時，年二十四。其季父項梁，梁父即楚將項燕，為秦將王翦所戮者也。項氏世世為楚將，封於項，故姓項氏。

項籍少時，學書不成，去學劍，又不成。項梁怒之。籍曰：「書足以記名姓而已。劍一人敵，不足學；學萬人敵。」於是項梁乃教籍兵法，籍大喜，略知其意，又不肯竟學。項梁嘗有櫟陽逮，乃請蘄獄掾曹咎書抵櫟陽獄掾司馬欣，以故事得已。項梁殺人，與籍避仇於吳中。吳中賢士大夫[1]皆出項梁下。每吳中有大繇役及喪，項梁常為主辦，陰以兵法部勒賓客及子弟[2]，以是知其能。秦始皇帝游會稽，渡浙江，梁與籍俱觀。籍曰：「彼可取而代也。」梁掩其口，曰：「毋妄言，族矣！」梁以此奇籍。籍長八尺餘[3]，力能扛鼎，才氣過人，雖吳中子弟皆已憚籍矣。

注釋

1 士大夫：有聲望、地位的文人。2 子弟：本義是相對於父、兄的子與弟；此處泛指某地域的年輕後輩。3 長八尺餘：秦 1 尺約為 23.1cm，項羽身高應當在 185cm 以上。

譯文

項籍，是下相（江蘇宿遷西南）人，字羽。剛起兵時，二十四歲。他的叔父是項梁，項梁的父親是楚國將領項燕，即被秦將王翦所殺之人。項氏世代為楚將，封在項（河南項城），所以姓項。

項籍年少時，學習書寫不成，轉而學劍，又不成。項梁對此很氣憤。項籍說：「書寫只能記名姓而已。劍只能敵一人，不足學；我要學抵抗萬人的本領。」於是項梁就教他兵法，項籍大喜，略知其意，又不肯學下去了。項梁曾被櫟陽縣（陝西臨潼）官吏逮捕，於是請蘄縣（安徽宿縣）獄吏曹咎寫信給櫟陽獄吏司馬欣，由此事情才得以了結。項梁殺了人，與項籍到吳中（江蘇蘇州）躲避仇人。吳中賢能士大夫的才能皆在項梁之下。每逢吳中有大繇役及喪事，項梁經常主持操辦，暗中以兵法約束賓客及子弟，以此了解他們的能力。秦始皇巡倖會稽，渡浙江（錢塘江）時，項梁與項籍同去觀看。項籍說：「對他可以取而代之。」項梁掩住其口，說：「莫妄言，要滅族的！」項梁由此認為項籍有奇才。項籍身高八尺有餘，力能扛鼎，才氣過人，連吳中本地子弟也都畏懼項籍。

秦二世元年七月，陳涉等起大澤中。其九月，會稽守通謂梁曰：「江西[1]皆反，此亦天亡秦之時也。吾聞先即制人，後則為人所制。吾欲發兵，使公及桓楚將。」是時桓楚亡在澤中。梁曰：「桓楚亡，人莫知其處，獨籍知之耳。」梁乃出，

誡籍持劍居外待。梁復入，與守坐，曰：「請召籍，使受命召桓楚。」守曰：「諾。」梁召籍入。須臾，梁眴（shùn）[2]籍曰：「可行矣！」於是籍遂拔劍斬守頭。項梁持守頭，佩其印綬。門下大驚，擾亂，籍所擊殺數十百人。一府中皆慴[3]伏，莫敢起。梁乃召故所知豪吏[4]，諭以所為起大事，遂舉吳中兵。

注釋

1 江西：長江自九江到南京的一段，是由西南流向東北，因此古人習慣稱今皖北一帶為江西。2 眴：使眼色。3 慴：同「懾」，恐懼。4 豪吏：仗勢逞強的官吏。

譯文

秦二世元年七月，陳涉等在大澤鄉（安徽宿縣東南）起兵。當年九月，會稽郡守殷通對項梁說：「江西（江北地區）都反叛了，此乃天亡秦之時。我聽說先下手者制人，後下手者則為人所制。我欲起兵，讓你及桓楚為將。」這時桓楚逃亡在大澤之中。項梁說：「桓楚逃亡，誰都不知在哪裏，只有項籍知道。」項梁於是出來，吩咐項籍持劍在外等待。項梁又進去，與郡守對坐，說：「請召見項籍，讓他受命去召回桓楚。」郡守說：「好。」項梁就召項籍進入。一會兒，項梁對項籍使眼色說道：「可以行動了！」於是項籍就拔劍斬下郡守的頭。項梁持郡守的人頭，佩戴着他的印綬。門下的人大驚失色，混亂起來，項籍擊殺了數十上百人。一府中人都驚恐伏地，沒人敢起。項梁就召來以往相識的豪吏，說明如此方能做大事的道理，於是舉全吳中之兵造反。

章邯已破項梁軍，則以為楚地兵不足憂，乃渡河擊趙，大破之。當此時，趙歇為王，陳餘為將，張耳為相，皆走入鉅鹿城。章邯令王離、涉閒圍鉅鹿，章邯軍其南，築甬道而輸之粟。陳餘為將，將卒數萬人而軍鉅鹿之北，此所謂河北之軍也。

初，宋義所遇齊使者高陵君顯在楚軍，見楚王曰：「宋義論武信君之軍必敗，居數日，軍果敗。兵未戰而先見敗徵，此可謂知兵矣。」王召宋義與計事而大說之，因置以為上將軍；項羽為魯公，為次將；范增為末將，救趙。諸別將皆屬宋義，號為卿子冠軍。行至安陽，留四十六日不進。項羽曰：「吾聞秦軍圍趙王鉅鹿，疾引兵渡河，楚擊其外，趙應其內，破秦軍必矣。」宋義曰：「不然。夫搏牛之蝱不可以破蟣蝨[1]。今秦攻趙，戰勝則兵罷[2]，我承其敝；不勝，則我引兵鼓行[3]而西，必舉秦矣。故不如先鬥秦、趙。夫被堅執銳，義不如公[4]；坐而運策，公不如義。」因下令軍中曰：「猛如虎，很[5]如羊，貪如狼，強不可使者，皆斬之。」乃遣其子宋襄相齊，身送之至無鹽，飲酒高會。天寒大雨，士卒凍飢。項羽曰：「將戮力[6]而攻秦，久留不行。今歲饑民貧，士卒食芋菽，軍無見糧，乃飲酒高會，不引兵渡河因趙食，與趙並力攻秦，乃曰『承其敝』。夫以秦之強，攻新造之趙，其勢必舉趙。趙舉而秦強，何敝之承！且國兵新破，王坐不安席，埽境內而專屬於將軍，國家安危，在此一舉。今不恤士卒而徇其私，非社稷之臣。」項羽晨朝上將軍宋義，即其帳中斬宋義頭，出令軍中曰：「宋義與齊謀反楚，楚王陰令羽誅之。」當是時，諸將皆慴服，莫敢枝梧[7]。皆曰：「首立楚者，將軍家也。今將軍誅亂。」乃相與共立羽為假上將軍。使人追宋義子，及之齊，殺之。使桓楚報命於懷王。懷王因使項羽為上將軍，當陽君、蒲將軍皆屬項羽。

注釋

1 搏：擊；蝱：牛虻；蟣蝨：卵和蝨。比喻目標是要滅秦（蟣蝨），不必把精力消耗於章邯（蝱）。2 罷：同「疲」。3 鼓行：擊鼓而行。4 公：對平輩的敬稱。5 很：違逆，不聽從。6 戮力：合力，並力。7 枝梧：即「支吾」，支撐，抵抗。

譯文

章邯擊破項梁軍之後，以為楚地之兵不足為慮，就渡黃河去攻打趙國，重創趙國。當時，趙歇為王，陳餘為將軍，張耳為相國，都逃入鉅鹿城（河北平鄉）。章邯令王離、涉間包圍鉅鹿，章邯軍駐紮在南面，修築甬道為他們輸送糧食。陳餘為將軍，率領數萬士兵駐紮在鉅鹿北面，即所謂河北之軍。

當初，宋義曾遇到過齊使者高陵君顯，此人在楚軍中見到楚懷王時說：「宋義曾斷言武信君之軍必敗，數日之後，那支軍隊果然敗了。尚未交戰已經預先看出失敗的徵兆，真可以說是個通曉兵法的人。」楚王召見宋義，與其籌劃軍事，非常讚賞他，於是任命他為上將軍；任項羽為魯公，作為次將；范增作為末將，去援救趙國。其他別將都從屬於宋義統領，號稱卿子冠軍。部隊行進至安陽（山東曹縣），停留四十六日不進。項羽說：「吾聽說秦軍在鉅鹿包圍了趙王，迅速率兵渡黃河，楚軍從外面打擊，趙軍從裏面響應，必能擊敗秦軍。」宋義說：「不然。擊打牛之虻蟲是無法消滅蝨子的。現在秦攻打趙國，打勝了則軍隊疲憊，我們乘其疲憊出擊；不勝，我們率軍擊鼓向西挺進，必能一舉滅秦。所以不如先讓秦、趙相互爭鬥。披堅執銳去作戰，我不如您；坐着策劃，您不如我。」於是下令軍中說：「兇猛如虎，倔強如羊，貪婪如狼，強暴不服從命令者，處斬。」於是派遣自己兒子宋襄去輔助齊王，親自送兒子至無鹽（山東東平），大設酒宴。當時天寒下大雨，士卒凍餓交加。項羽說：「為了齊心合力攻打秦朝而來，卻久留不出發。現在年景歉收百姓貧困，士卒們吃飯只能就些芋頭、豆菽，軍中已無儲備糧，他卻飲酒設宴，不率兵渡黃河去得到趙的糧食，與趙合力攻打秦，卻說甚麼『乘其疲憊』。以秦之強大，攻打新興的趙國，勢必攻取趙國。趙被攻佔而秦會更強，哪兒有甚麼疲憊可以利用的！況且我國軍隊剛剛被擊破，楚王坐不安席，把全國兵力都交給了將軍，國家安危，在此一舉。現在他不體恤士卒而循私情，不是社稷之臣。」項羽早晨朝見上將軍宋義時，就在將軍帳中斬下宋義人頭，出帳命令軍中說：「宋義與齊國密謀反楚，楚王密令我殺了他。」當時，諸將皆畏懼服從，無人敢抵抗。都說：「當初擁立楚王者就是將軍家。現在又是將軍誅殺了亂臣。」於是一起擁戴項羽為代理上將軍。派人去追宋義的兒子，在齊國追上，殺掉。派桓楚向懷王報告了情況。懷王就任命項羽為上將軍，當陽君、蒲將軍都隸屬項羽。

項羽已殺卿子冠軍，威震楚國，名聞諸侯。乃遣當陽君、蒲將軍將卒二萬渡河，救鉅鹿。戰少利，陳餘復請兵。項羽乃悉引兵渡河，皆沈船，破釜甑（zèng）[1]，燒廬舍，持三日糧，以示士卒必死，無一還心。於是至則圍王離，與秦軍遇，九戰，絕其甬道，大破之，殺蘇角，虜王離。涉間不降楚，自燒殺。當是時，楚兵冠諸侯。諸侯軍救鉅鹿下者十餘壁[2]，莫敢縱兵。及楚擊秦，諸將皆從壁上觀。

楚戰士無不一以當十，楚兵呼聲動天，諸侯軍無不人人惴恐。於是已破秦軍，項羽召見諸侯將，入轅門[3]，無不膝行而前，莫敢仰視。項羽由是始為諸侯上將軍，諸侯皆屬焉。

注釋 1沈：通「沉」。釜：鍋。甑：瓦罐。2壁：營壘。3轅門：營門。

譯文 項羽殺了卿子冠軍，威震楚國，名聞諸侯。於是派當陽君、蒲將軍率兵二萬渡河，解救鉅鹿。戰鬥取得初步勝利，陳餘請求增兵。項羽就率全軍渡河，破釜沉舟，燒掉軍營，僅持三日口糧，以此向士卒表示決一死戰、義無反顧的決心。於是至鉅鹿包圍王離，與秦軍相遇，打了九戰，絕斷他們的甬道，大敗秦軍，殺死蘇角，俘虜王離。涉間不肯降楚，自焚而亡。當時，楚兵在諸侯各路軍中實力最強。諸侯救援軍至鉅鹿城下的，修築壁壘十餘處，卻無人敢出兵。待到楚軍進攻秦軍時，諸將都從壁壘上觀望。楚軍戰士無不一以當十，楚軍呼聲震天，諸侯軍無不人人驚恐。如此打垮秦軍之後，項羽召見諸侯將領，他們入轅門時，無不用膝跪行而前，無人敢仰視。項羽由此成為諸侯的上將軍，諸侯皆隸屬於他。

章邯軍棘原，項羽軍漳南，相持未戰。項羽使蒲將軍日夜引兵度三戶[1]，軍漳南，與秦戰，再破之。項羽悉引兵擊秦軍汙水上，大破之。

章邯使人見項羽，欲約。項羽召軍吏謀曰：「糧少，欲聽其約。」軍吏皆曰：「善。」乃立章邯為雍王，置楚軍中。使長史欣為上將軍，將秦軍為前行。

注釋

1 三戶：三戶津，漳水上的津口。

譯文

章邯軍駐紮在棘原（河北平鄉），項羽軍駐紮在漳南，相持未戰。項羽派蒲將軍日夜兼程率軍渡過三戶津（河北磁縣），駐紮於漳南，與秦交戰，再次將其擊敗。項羽率領全軍在汙水上攻擊秦軍，大敗秦軍。

章邯派人去見項羽，想訂盟約。項羽召集軍吏商量說：「糧食缺少，想同意訂立盟約。」軍吏都說：「好。」於是立章邯為雍王，安置在楚軍中。派長史司馬欣為上將軍，統率秦軍為先鋒。

行略定秦地。函谷關[1]有兵守關，不得入。又聞沛公已破咸陽，項羽大怒，使當陽君等擊關。項羽遂入，至於戲西。沛公軍霸上[2]，未得與項羽相見。沛公左司馬曹無傷使人言於項羽曰：「沛公欲王關中[3]，使子嬰[4]為相，珍寶盡有之。」項羽大怒，曰：「旦日饗[5]士卒，為擊破沛公軍！」當是時，項羽兵四十萬，在新豐鴻門[6]，沛公兵十萬，在霸上。范增說項羽曰：「沛公居山東[7]時，貪於財貨，好美姬。今入關，財物無所取，婦女無所幸，此其志不在小。吾令人望其氣，皆為龍虎，成五采，此天子氣也。急擊勿失。」

注釋

1 函谷關：東方入秦的關隘，秦時在今河南靈寶東北，漢代遷至今河南新安境內。2 霸上：即霸水之西的白鹿原，在今陝西西安東南，當時的咸陽城東南。3 關中：既可指由諸關護衛的渭水流域地區，亦泛指函谷關以西的廣大地區。4 子嬰：一說為二世之兄，一說為二世之侄。二世三年（前二〇七年）八月，趙高殺胡亥，立子嬰為三世。子嬰殺趙高，滅其族。為帝四十六日，劉邦入關，子嬰遂降。5 旦日：明日。饗：犒勞。6 新豐鴻門：新豐縣的鴻門。鴻門，古邑名，在酈邑城東。7 山東：指崤山（位於河南省西部，靈寶市、陝縣南部）以東地區。崤山自古以險峻聞名，是陝西關中至河南中原的天然屏障。因為在函谷關以東，所以「山東」又稱「關東」。

譯文

楚軍挺進攻佔、平定了秦地。但函谷關有沛公兵守關，不得入關。又聽說沛公已攻入咸陽，項羽大怒，派當陽君等攻關。項羽終於入關，行至戲水西面。沛公駐紮霸上，沒能與項羽相見。沛公左司馬曹無傷派人對項羽說：「沛公想在關中稱王，讓子嬰作宰相，佔有了秦的所有珍寶。」項羽大怒，說：「明日好好犒勞士兵，為的是擊敗沛公軍隊！」當時，項羽兵四十萬，駐紮在新豐鴻門，沛公兵十萬，駐紮在霸上。范增勸說項羽：「沛公在山東時，貪於財貨，喜好美姬。如今入關，不取財物，不近婦女，此表明其志向不小。我讓人觀察過他的雲氣，都是龍虎雲，呈現五采，此乃天子之氣。迅速進攻，勿失良機。」

楚左尹[1]項伯者，項羽季父也，素善留侯張良。張良是時從沛公，項伯乃夜馳之沛公軍，私見張良，具告以事，欲呼張良與俱去。曰：「毋從俱死也。」張良曰：「臣為韓王送沛公，沛公今事有急，亡去不義，不可不語。」良乃入，具告沛公。沛公大驚，曰：「為之奈何？」張良曰：「誰為大王為此計者？」曰：「鯫（zōu）生[2]說我曰：『距關，毋內[3]諸侯，秦地可盡王也。』故聽之。」良曰：「料大王士卒足以當項王乎？」沛公默然，曰：「固不如也，且為之奈何？」張良曰：「請往謂項伯，言沛公不敢背項王也。」沛公曰：「君安與項伯有故？」張良曰：「秦時與臣游，項伯殺人，臣活之。今事有急，故幸來告良。」沛公曰：「孰與君少長？」良曰：「長於臣。」沛公曰：「君為我呼入，吾得兄事之。」張良出，要項伯。項伯即入見沛公。沛公奉卮酒為壽，約為婚姻，曰：「吾入關，秋豪不敢有所近，籍吏民，封府庫，而待將軍。所以遣將守關者，備他盜之出入與非常也。日夜望將軍至，豈敢反乎！願伯具言臣之不敢倍[4]德也。」項伯許諾。謂沛公曰：「旦日不可不蚤自來謝[5]項王。」沛公曰：「諾。」於是項伯復夜去，至軍中，具以沛公言報項王。因言曰：「沛公不先破關中，公豈敢入乎？今人有大功而擊之，不義也，不如因善遇之。」項王許諾。

注釋

1 左尹：楚國最高長官令尹的副職。2 鯫生：一個無知的人。鯫，小雜魚，此以喻淺妄無知。3 距：通「拒」。內：通「納」。4 倍：通「背」。5 蚤：通「早」。謝：謝罪，賠禮。

譯文

楚左尹項伯，是項羽的叔父，平素與留侯張良要好。張良當時跟隨沛公，項伯就連夜策馬奔至沛公軍中，私下見張良，詳細告訴他情況，想叫張良與他一同走。

說：「不要跟着一起送死。」張良說：「我為韓王送沛公西征，現在因沛公有危險而逃跑，不合道義，不能不告訴他。」張良就進去，詳告沛公。沛公大驚，說：「怎麼辦呢？」張良問：「誰為大王出此計策？」沛公說：「鯫生勸我說：『把住函谷關，不讓諸侯進關，就可以在秦地稱王了。』所以聽了他的話。」張良說：「大王估計您的士卒足以抵擋項王嗎？」沛公默然，說：「當然不如人家了，那怎麼辦？」張良說：「請讓我去告訴項伯，就說沛公不敢背叛項王。」沛公說：「你怎麼與項伯有故交呢？」張良說：「秦時他與我有交往，項伯殺了人，是我幫他未獲死刑。現在情況緊急，所以幸虧他來告訴我。」沛公說：「他與你誰年長？」張良說：「他年長於我。」沛公說：「你替我叫他進來，我以兄長之禮待他。」張良出去，邀請項伯。項伯就入見沛公。沛公奉酒杯祝項伯長壽，相約為兒女親家，說：「我入關之後，對於財物絲毫不敢侵佔，將官吏百姓造冊登記，查封府庫，等待將軍（項羽）的到來。之所以派將士守關，為的是防備其他盜賊的出入與非常事態的發生。日夜盼望將軍的到來，豈敢反叛！願項伯詳細報告項王，說我是不敢背叛恩德的。」項伯答應，對沛公說：「明日不可不早早親自來向項王謝罪。」沛公說：「是。」於是項伯又連夜回去，回到軍中，將沛公所言詳細報告給項王。接着說：「若不是沛公先攻破關中，您豈能貿然入關？現在人家有大功卻要攻打他，不合道義，不如就善待人家。」項王答應了。

沛公旦日從百餘騎來見項王，至鴻門，謝曰：「臣與將軍戮力而攻秦，將軍戰河北，臣戰河南，然不自意能先入關破秦，得復見將軍於此。今者有小人之言，令將軍與臣有郤。」項王曰：「此沛公左司馬曹無傷言之，不然，籍何以至此。」項王即日因留沛公與飲。項王、項伯東嚮坐[1]，亞父[2]南嚮坐。亞父者，范增也。沛公北嚮坐，張良西嚮侍。范增數目項王，舉所佩玉玦[3]以示之者三，項王默然不應。范增起，出召項莊，謂曰：「君王為人不忍，若入前為壽，壽畢，請以劍舞，因擊沛公於坐，殺之。不者，若屬皆且為所虜。」莊則入為壽，壽畢，曰：「君王與沛公飲，軍中無以為樂，請以劍舞。」項王曰：「諾。」項莊拔劍起舞，項伯亦拔劍起舞，常以身翼蔽沛公，莊不得擊。於是張良至軍門，見樊噲。樊噲曰：「今日之事何如？」良曰：「甚急。今者項莊拔劍舞，其意常在沛公也。」噲曰：「此迫矣，臣請入，與之同命[4]。」噲即帶劍擁盾入軍門。交戟之衛士欲止不內，樊噲側其盾以撞，衛士仆地，噲遂入。披帷西嚮立，瞋目視項王，頭髮上指，目眥盡裂。項王按劍而跽（jì）[5]曰：「客何為者？」張良曰：「沛公之參乘[6]

樊噲者也。」項王曰：「壯士！賜之卮酒。」則與斗卮酒。噲拜謝，起，立而飲之。項王曰：「賜之彘肩。」則與一生彘肩。樊噲覆其盾於地，加彘肩上，拔劍切而啗之。項王曰：「壯士，能復飲乎？」樊噲曰：「臣死且不避，卮酒安足辭！夫秦王有虎狼之心，殺人如不能舉，刑人如恐不勝[7]，天下皆叛之。懷王與諸將約曰：『先破秦入咸陽者王之。』今沛公先破秦入咸陽，豪毛不敢有所近，封閉宮室，還軍霸上，以待大王來。故遣將守關者，備他盜出入與非常也。勞苦而功高如此，未有封侯之賞，而聽細說，欲誅有功之人。此亡秦之續耳，竊為大王不取也。」項王未有以應，曰：「坐。」樊噲從良坐。坐須臾，沛公起如廁，因招樊噲出。

注釋

1 東嚮坐：朝東坐。戰國秦漢時期除升殿升堂仍南向外，其他場合多以東嚮為尊，其次為南嚮、北嚮，最下為西嚮。2 亞父：項羽對范增的敬稱，言對其侍奉的禮數僅次於父。3 玦：有缺口的玉環。玦與「決」諧音，范增舉以示羽，是暗示要他下決心殺劉邦。4 同命：並命，拚命。一說謂與劉邦同生死，亦通。5 跽：古人席地跪坐，臀部離開小腿，身子挺直，叫做跽。6 參乘：陪乘的人。7 舉：克，盡。勝：勝任。

譯文

沛公次日一早帶百餘人馬來見項王，至鴻門，謝罪說：「我與將軍協力攻秦，將軍戰河北，我戰河南，沒想到竟能先入關破秦，而且在這兒見到將軍。現在有小人進讒言，使將軍與我有了隔閡。」項王說：「這都是沛公左司馬曹無傷所言，不然，我又何至於此。」項王當日就留沛公共飲。項王、項伯向東坐，亞父向南坐。亞父，就是范增。沛公向北坐，張良向西陪坐。范增幾次對項王使眼色，舉起自己所佩戴的玉玦示意了多次，項王默然不應。范增起身，出去召來項莊。對他說：「君王為人懷不忍之心，你進去上前敬酒，敬過酒，就請求舞劍，藉此在席位上行刺沛公，殺掉他。不如此的話，你等就要被他所俘虜了。」項莊於是進去敬酒，之後說：「君王與沛公飲酒，軍中沒有甚麼可以取樂的，請讓我來舞劍吧。」項王曰：「好。」項莊拔劍起舞，項伯也拔劍舞起來，時常以身體遮擋庇護沛公，使得項莊無法行刺。於是張良到軍門那裏，見到樊噲。樊噲問：「今日之事怎麼樣？」張良說：「非常緊急。現在項莊拔劍起舞，常有行刺沛公之意。」樊噲說：「此事太緊迫了，讓我進去，與他同死。」樊噲就帶劍持盾入軍門。交叉矛戟的衞士想阻止而不讓他進，樊噲側過盾牌一撞，衞士仆倒於地，樊噲就進入軍門。他掀開帷帳向西站立，瞪眼直視項王，頭髮向上豎起，眼眶似乎都裂開了。項王按劍坐起來，問：「來客是何人？」張良答道：「這是沛公的參乘樊噲。」項王說：「壯士！賜他一盞酒。」於是給他一大杯酒。樊噲拜謝，起身，立而飲之。項王說：

「賜他豬肘。」就給他一個生豬肘。樊噲將盾牌反扣於地，置豬肘於盾上，拔劍切肉而食。項王說：「壯士，能再喝酒嗎？」樊噲說：「我連死都不迴避，一杯酒還值得推辭嗎！秦王有虎狼之心，殺人總好像殺不足，處罰人總好像懲罰不夠，天下都背叛了他。懷王與諸將約定：『先破秦入咸陽者稱王關中。』如今沛公先破秦入咸陽，絲毫不敢有所犯，封閉宮室，退軍駐紮霸上，以待大王的到來。之所以派將把守函谷關，為的是防備其他盜賊的出入與非常事態的發生。如此勞苦而功高，不僅未有封侯之賞，而且聽信小人的話，欲誅有功之人。這是已滅亡之秦朝的繼續，私下認為大王不當如此。」項王無言以對，說：「坐。」樊噲挨着張良坐下。坐了一會兒，沛公起身去廁所，就招樊噲出來。

沛公已出，項王使都尉陳平召沛公。沛公曰：「今者出，未辭也，為之奈何？」樊噲曰：「大行不顧細謹，大禮不辭小讓。如今人方為刀俎，我為魚肉，何辭為？」於是遂去。乃令張良留謝。良問曰：「大王來何操？」曰：「我持白璧一雙，欲獻項王；玉斗一雙，欲與亞父，會其怒，不敢獻。公為我獻之。」張良曰：「謹諾。」當是時，項王軍在鴻門下，沛公軍在霸上，相去四十里。沛公則置車騎，脫身獨騎，與樊噲、夏侯嬰、靳強、紀信等四人持劍盾步走，從酈山下，道芷陽間行[1]。沛公謂張良曰：「從此道至吾軍，不過二十里耳。度我至軍中，公乃入。」沛公已去，間[2]至軍中，張良入謝，曰：「沛公不勝桮杓，不能辭。謹使臣良奉白璧一雙，再拜獻大王足下；玉斗一雙，再拜奉大將軍足下。」項王曰：「沛公安在？」良曰：「聞大王有意督過[3]之，脫身獨去，已至軍矣。」項王則受璧，置之坐上。亞父受玉斗，置之地，拔劍撞而破之，曰：「唉！豎子不足與謀。奪項王天下者，必沛公也，吾屬今為之虜矣。」沛公至軍，立誅殺曹無傷。

注釋

1 芷陽：秦縣名，在驪山西側。間行：間，近；抄近行走。2 間：候；等候。3 過：責備，怪罪。

譯文

沛公出來後，項王讓都尉陳平去叫沛公。沛公說：「剛才出來，沒有告辭，合適嗎？」樊噲說：「幹大事不拘細節，行大禮不要怕小的指責。如今人家是菜刀砧板，我們是魚和肉，還告辭甚麼？」於是離開。沛公把張良留下來辭謝。張良問道：「您來的時候帶了甚麼？」沛公說：「我帶了一對白璧，想給項王；一對玉斗，是給范增的。趕上他們發怒，沒敢進獻。你替我獻給他們。」張良說：「好。」當時，項王紮營在鴻門，沛公紮營在霸上，相隔四十里。沛公撤下車馬，獨自騎馬，讓樊噲、夏侯嬰、靳強、紀信四人手持劍、盾，跑步跟着，從驪山下經芷陽抄近路而行。沛公對張良說：「從這條道回軍營，不過二十里路，你估計我已到軍中，再進去。」沛公走了，張良估算他到了軍中，便進帳中致歉說：「沛公不勝酒力，不能來告辭。謹派我奉上白璧一對，拜獻給大王，有玉斗一對，拜獻給大將軍。」項王問：「沛公現在哪裏？」張良說：「聽說大王要責罰他，就脫身獨自離去了，已回到軍中。」項王接過玉璧，放在了座位上。范增接過玉斗，氣憤地扔在地上，拔出劍擊碎，說：「唉！這小子不值得與他共謀大事！爭奪項王天下的，一定是沛公！我們這些人都要成為他的俘虜啦！」沛公回到軍中，立刻誅殺了曹無傷。

居數日，項羽引兵西屠咸陽，殺秦降王子嬰，燒秦宮室，火三月不滅；收其貨寶婦女而東。人或說項王曰：「關中阻山河四塞，地肥饒，可都以霸。」項王見秦宮室皆以燒殘破，又心懷思欲東歸，曰：「富貴不歸故鄉，如衣繡夜行，誰知之者！」說者曰：「人言楚人沐猴[1]而冠耳，果然。」項王聞之，烹說者。

項王使人致命懷王。懷王曰：「如約。」乃尊懷王為義帝。項王欲自王，先王諸將相。謂曰：「天下初發難時，假立[2]諸侯後以伐秦。然身被堅執銳首事，暴露於野三年，滅秦定天下者，皆將相諸君與籍之力也。義帝雖無功，故當分其地而王之。」諸將皆曰：「善。」乃分天下，立諸將為侯王。項王、范增疑沛公之有天下，業已講解，又惡負約，恐諸侯叛之。乃陰謀曰：「巴、蜀道險，秦之遷人皆居蜀。」乃曰：「巴、蜀亦關中地也。」故立沛公為漢王，王巴、蜀、漢中，都南鄭。而三分關中，王秦降將以距塞漢王。項王自立為西楚霸王，王九郡，都彭城。

注釋

1 沐猴：獼猴。2 假立：臨時擁立。

譯文

過了幾天，項羽帶兵西進屠戮咸陽，殺了已投降的秦王子嬰，燒了秦朝宮殿，大火三個月不熄；奪走秦朝的財寶和婦女，向東離去。有人曾勸他說：「關中有山河為險阻，四面有要塞，土地肥沃，可以建都成就霸業。」項王看着秦宮殿都已焚燒殘破，又懷念故鄉想東歸，說：「富貴了不回故鄉，好比穿着錦繡的衣裳在夜間行走，誰能看得見！」說客說：「人家都說楚人不過是獼猴戴上了人的帽子，果真如此！」項王聽到這話，把他烹殺了。

項王派人去向懷王請示。懷王說：「按原來的約定辦！」於是尊懷王為義帝。項王想自己稱王，就先立各路將領為王。說：「當初起事時，暫時立諸侯的後代為王，以討伐秦朝。但真正衝鋒陷陣，風餐露宿三年，推翻了秦朝的，是你們諸位和我的力量。義帝雖然沒有功勞，也應當分給他土地讓他稱王。」衆將都說：「對！」於是分割天下，立諸將領為王。項王和范增擔心沛公想要佔有天下，但已經講和，又不好反悔，怕由此引起諸侯們的反叛，於是私下謀劃說：「巴、蜀山路險遠，秦朝流放罪人都在蜀地。」於是說：「巴、蜀，也是關中的土地。」所以立沛公為漢王，統治巴、蜀、漢中，都城設在南鄭。把關中平原一分為三，分給秦朝的三個降將，讓他們堵住漢王的出路。項王自立為西楚霸王，統治九郡，定都彭城。

漢之元年四月[1]，諸侯罷戲下[2]，各就國。項王出之國，使人徙義帝，曰：「古之帝者地方千里，必居上游。」乃使使徙義帝長沙郴縣，趣義帝行。其羣臣稍稍背叛之，乃陰令衡山、臨江王擊殺之江中。

注釋

1 漢之元年：劉邦稱漢王的第一年，前二〇六年。2 戲下：戲水河邊。

譯文

漢王元年四月，各路諸侯罷兵於戲水河邊，各自前往自己的領地。項王也出關中到自己的領地去，派人去遷徙義帝，說：「古代帝王領地方圓千里，必定要居住上游。」於是下令將義帝遷到長沙郡的郴縣去，催促義帝啟程，義帝的臣下也漸漸地背叛了，項王暗中命令衡山王、臨江王在長江上殺了義帝。

春，漢王部五諸侯兵[1]，凡五十六萬人，東伐楚。項王聞之，即令諸將擊齊，而自以精兵三萬人南從魯出胡陵[2]。四月，漢皆已入彭城，收其貨寶美人，日置酒高會。項王乃西從蕭[3]，晨擊漢軍而東，至彭城，日中，大破漢軍。漢軍皆走，相隨入穀、泗水[4]，殺漢卒十餘萬人。漢卒皆南走山，楚又追擊至靈壁東睢水上[5]。漢軍卻，為楚所擠，多殺，漢卒十餘萬人皆入睢水，睢水為之不流。圍漢王三帀。於是大風從西北而起，折木發屋，揚沙石，窈冥晝晦[6]，逢迎楚軍。楚軍大亂，壞散，而漢王乃得與數十騎遁去。欲過沛，收家室而西；楚亦使人追之沛，取漢王家，家皆亡，不與漢王相見。漢王道逢得孝惠、魯元[7]，乃載行。楚騎追漢王，漢王急，推墮孝惠、魯元車下，滕公常下收載之。如是者三。曰：「雖急不可以驅，奈何棄之？」於是遂得脫。求太公、呂后[8]不相遇。審食其（yì jī）從太公、呂后間行，求漢王，反遇楚軍。楚軍遂與歸，報項王，項王常置軍中。

注釋

1 部：總領，統率。2 胡陵：也作「湖陵」，秦縣名，在今山東魚臺。3 蕭：秦縣名，在今安徽蕭縣西北，當時的彭城西六十里處。4 穀、泗水：二水名。泗水源於今山東泗水東，流經曲阜、沛縣，經彭城東，南流入淮水。穀水是泗水的支流。5 靈壁：古邑名，在今安徽淮北西。睢水：古代鴻溝的支流之一，自今河南開封東由鴻溝分出，流經商丘南、夏邑北、靈壁東，東南入泗水。6 窈冥晝晦：昏暗得有如黑夜。窈冥，幽黑的樣子。7 孝惠、魯元：劉邦的兩個孩子。孝惠，名盈，即後來的孝惠帝。魯元是孝惠的姐姐，後因其子封為魯王，被稱為「魯太后」，謚號「元」。8 太公：劉邦之父。呂后：劉邦妻呂雉。

譯文

春天，漢王統率五個諸侯國的軍隊，共達五十六萬人，東進伐楚。項羽聽說後，命諸將攻打齊國，自己率精兵三萬人，向南經魯縣出胡陵。四月，漢軍都已攻入彭城，掠得了珍寶美女，每日歡宴。項王就從西面的蕭縣出發，一早攻擊漢軍，向東至彭城，中午時大破漢軍。漢軍潰逃，相繼入穀水、泗水，殺漢軍十餘萬人。漢軍都向南逃進了山中，楚軍又追殺到了靈壁東面的睢水上。漢軍潰退，被楚軍逼擠，多被殺。十餘萬人被逼入睢水，睢水因此斷流。楚軍將漢王包圍了三層。這時，大風從西北颳起，折樹掀屋，飛沙走石，颳得天昏地暗，迎面颳向楚軍。楚軍大亂，潰不成軍，漢王得以帶着幾十名騎兵逃走。想經過沛縣帶上家眷西逃；楚軍也派兵追到沛縣，抓拿漢王的家眷，家眷已逃走，沒能與漢王見面。漢王在路上遇見了孝惠帝和魯元公主，就讓他們上車同行。楚軍的騎兵追上來，漢王情急，把孝惠帝和魯元公主推下車去。滕公總是下去把他們抱上來，這樣接連好幾次。滕公說：「就算再緊急馬也不能再快了，怎能拋棄孩子呢？」大家終於脫險。又尋找太公和呂后，沒有找到。審食其跟着太公和呂后走小道，尋找漢王，卻遇上了楚軍。楚軍把他們捉回去，稟報了項王，項王把他們留在軍營中。

當此時，彭越數反梁地，絕楚糧食，項王患之。為高俎，置太公其上，告漢王曰：「今不急下[1]，吾烹太公。」漢王曰：「吾與項羽俱北面受命懷王，曰『約為兄弟』，吾翁即若翁，必欲烹而翁，則幸分我一桮羹。」項王怒，欲殺之。項伯曰：「天下事未可知，且為天下者不顧家，雖殺之無益，祇益禍耳。」項王從之。

楚、漢久相持未決，丁壯苦軍旅，老弱罷轉漕。項王謂漢王曰：「天下匈匈[2]

數歲者，徒以吾兩人耳，願與漢王挑戰決雌雄，毋徒苦天下之民父子為也。」漢王笑謝曰：「吾寧鬥智，不能鬥力。」項王令壯士出挑戰，漢有善騎射者樓煩[3]，楚挑戰三合[4]，樓煩輒射殺之。項王大怒，乃自被甲持戟挑戰。樓煩欲射之，項王瞋目叱之，樓煩目不敢視，手不敢發，遂走還入壁，不敢復出。漢王使人間問之，乃項王也，漢王大驚。於是項王乃即漢王相與臨廣武間而語[5]。漢王數之[6]，項王怒，欲一戰。漢王不聽，項王伏弩射中漢王。漢王傷，走入成皋。

注釋

1 下：屈服，投降。2 匈匈：通「詾詾」，本意為喧嘩，此為動亂之意。3 樓煩：民族名，居今山西寧武。4 三合：三次，三回合。5 即：靠近。廣武間：即廣武澗。6 數：歷數（罪狀）。

譯文

這時，彭越不斷地在梁地騷擾，截斷楚軍糧草補給，項王很擔心。於是製作一高臺案板，把太公放在上面，告訴漢王說：「如不趕快投降，我就煮了太公！」漢王說：「我和項羽一道面北接受懷王之命時，說『結為兄弟』，所以我父親也就是你父親，你一定要煮你父親的話，那我希望分到一杯肉羹！」項王大怒，想殺了太公。項伯說：「天下大事不可預知，再說打天下的人都是不顧家的，即使殺了太公也沒用，只會增添禍患罷了。」項王聽從了他的意見。

楚、漢長久相持而不決戰，青壯年苦於軍旅，老弱者疲於糧草的水陸運輸。項王對漢王說：「天下動亂幾年了，只因為你我二人，願與漢王挑戰一決雌雄，別再白白地讓天下百姓痛苦了。」漢王笑答：「我寧肯鬥智，不能鬥力。」項王命令壯士出陣挑戰，漢軍有一個善於騎馬射箭的樓煩人，楚軍壯士挑戰了三次，樓煩人都射殺了他們。項王大怒，親自披甲持戟挑戰，樓煩人要再射，項王瞪眼對他喝斥，那樓煩人眼睛不敢看，箭也不敢發，就跑回營壘，再也不敢出來了。漢王派人暗中打探，知挑戰的是項王。漢王大驚。於是項王就接近漢王，互相隔着廣武澗對話。漢王歷數了項王罪狀，項王大怒，想和漢王決一死戰。漢王不聽，項王埋伏的弓箭手射中漢王。漢王負傷，退入成皋。

是時，漢兵盛食多，項王兵罷食絕。漢遣陸賈說項王，請太公，項王弗聽。漢王復使侯公往說項王，項王乃與漢約，中分天下，割鴻溝[1]以西者為漢，鴻溝而東者為楚。項王許之，即歸漢王父母妻子。軍皆呼萬歲。

項王已約，乃引兵解而東歸。

漢欲西歸，張良、陳平說曰：「漢有天下太半，而諸侯皆附之。楚兵罷食盡，此天亡楚之時也，不如因其機而遂取之。今釋弗擊，此所謂『養虎自遺患』也。」漢王聽之。

注釋

1 鴻溝：戰國時魏國開鑿的溝通黃河與淮水的運河。

譯文

這時，漢軍兵多糧足，項王兵疲糧盡。漢王派陸賈遊說項羽，請他放回太公，項王不答應。漢王又派侯公去遊說項王，項王於是與漢王盟約，中分天下，鴻溝以西之地歸漢，鴻溝以東之地屬楚。項王同意，就放回了漢王的父母妻兒。軍中歡呼萬歲。

項王簽訂條約後，就率軍撤退東歸。

漢王也準備西歸時，張良、陳平說：「漢已佔有了大半個天下，諸侯都已歸附。楚軍兵疲糧盡，這是上天滅亡楚之時，不如乘機奪取楚地。現在錯過不打，真可謂『養虎遺患』啦。」漢王聽從了勸告。

項王軍壁垓下，兵少食盡，漢軍及諸侯兵圍之數重。夜聞漢軍四面皆楚歌，項王乃大驚，曰：「漢皆已得楚乎？是何楚人之多也！」項王則夜起，飲帳中。有美人名虞，常幸從；駿馬名騅（zhuī）[1]，常騎之。於是項王乃悲歌忼慨，自為詩曰：「力拔山兮氣蓋世，時不利兮騅不逝。騅不逝兮可奈何，虞兮虞兮奈若何！」歌數闋[2]，美人和之。項王泣數行下，左右皆泣，莫能仰視。

注釋

1 騅：毛色黑白相間的馬。2 闋：段、篇。

譯文

項王軍在垓下（在今安徽固鎮縣東北沱河南岸）築營壘，兵少糧盡，漢軍及諸侯軍隊把他們層層包圍。夜聞四面的漢軍都在唱楚歌，項王大驚說：「莫非漢軍都已佔領了楚國嗎？為何楚人那麼多呢！」項王夜裏起來，在帳中飲酒。有位美人叫虞，受寵愛而常跟在他身邊；有匹駿馬叫騅，一直是他的坐騎。於是感慨悲歌，自吟詩道：「力拔山啊氣蓋世，時運不利啊騅不前。騅不前，當如何？虞啊，虞啊，於你當如何？」連唱幾遍，美人也跟着唱。項王淚下數行，左右隨從皆落淚，沒有一個人能抬頭仰望。

於是項王乃上馬騎，麾下壯士騎從者八百餘人，直夜[1]潰圍南出，馳走。平明，漢軍乃覺之，令騎將灌嬰以五千騎追之。項王渡淮，騎能屬者百餘人耳。項王至陰陵，迷失道，問一田父，田父紿（dài）[2]曰「左」。左，乃陷大澤中，以故漢追及之。項王乃復引兵而東，至東城，乃有二十八騎。漢騎追者數千人。項王自度不得脫，謂其騎曰：「吾起兵至今八歲矣，身七十餘戰，所當者破，所擊者服，未嘗敗北，遂霸有天下。然今卒困於此，此天之亡我，非戰之罪也。今日固決死，願為諸君快戰，必三勝之，為諸君潰圍，斬將，刈（yì）[3]旗。令諸君知天亡我，非戰之罪也。」乃分其騎以為四隊，四嚮。漢軍圍之數重。項王謂其騎曰：「吾為公取彼一將。」令四面騎馳下，期山東為三處。於是項王大呼馳下，漢軍皆披靡，遂斬漢一將。是時赤泉侯[4]為騎將，追項王，項王瞋目而叱之，赤泉侯人馬俱驚，辟易[5]數里，與其騎會為三處。漢軍不知項王所在，乃分軍為三，復圍之。項王乃馳，復斬漢一都尉，殺數十百人。復聚其騎，亡其兩騎耳。乃謂其騎曰：「何如？」騎皆伏[5]，曰：「如大王言。」

注釋

1 直夜：正當夜晚。2 紿：欺騙。3 刈：砍斷。4 赤泉侯：楊喜，劉邦的部將，因獲項羽屍體而被封為赤泉侯。5 辟易：退避而易地。6 伏：通「服」。

譯文

於是項王騎上馬，麾下的壯士騎兵有八百餘人，當夜突圍向南，疾馳奔走。天亮時，漢軍才發覺，命令騎將灌嬰率領五千騎兵追趕。項王渡過淮河，騎馬能跟隨左右的只剩一百餘人。項王到陰陵，迷了路，問一農夫，農夫騙他說「往左」。項王往左行，於是陷入大沼澤。因此漢軍追趕上來。項王領兵向東，到東城，只剩下二十八個騎士。漢軍騎馬的追兵有數千人。項王自己估計無法脫險了，就對隨從說：「我起兵至今八年了，身經七十餘戰，所抵禦者無不攻破，所攻擊者無不降服，從未有過失敗，終能稱霸天下。然而今天竟受困於此，這是天要滅亡我，不是作戰有失誤。今天要決一死戰，願為諸君痛快一戰，一定要連勝三回，為諸君突圍，斬將，拔旗，讓諸君知道，是天要滅亡我，不是作戰有失誤！」於是把二十八個騎士分成了四隊，朝四方突圍。漢軍包圍了好幾層。項王對騎士們說：「我給各位斬他一將！」命騎士四面奔馳而下，約定在山東面分三處會合。於是項王大吼一聲衝了下去，漢軍都潰散，果然斬漢軍一將。這時，赤泉侯身為騎將，追趕項王。項王怒目呵斥之，赤泉侯連人帶馬受驚，遠避數里。項王和他的騎士分三處會合，漢軍弄不清項王在哪一處，就分兵三路，又將其包圍。項王衝出，又斬漢軍一都尉，殺了近百人，再集合騎士，只失兩騎。項王問他們：「怎麼樣？」大家都敬佩地說：「果然像大王說的一樣！」

於是項王乃欲東渡烏江。烏江亭長檥（yǐ）[1]船待，謂項王曰：「江東雖小，地方千里，眾數十萬人，亦足王也。願大王急渡。今獨臣有船，漢軍至，無以渡。」項王笑曰：「天之亡我，我何渡為！且籍與江東子弟八千人渡江而西，今無一人還；縱江東父兄憐而王我，我何面目見之？縱彼不言，籍獨不愧於心乎？」乃謂亭長曰：「吾知公長者。吾騎此馬五歲，所當無敵，嘗一日行千里，不忍殺之，以賜公。」乃令騎皆下馬步行，持短兵接戰。獨籍所殺漢軍數百人，項王身亦被十餘創。顧見漢騎司馬呂馬童，曰：「若非吾故人乎？」馬童面之，指王翳曰：「此項王也。」項王乃曰：「吾聞漢購我頭千金，邑萬戶，吾為若德。」乃自刎而死。王翳取其頭，餘騎相蹂踐爭項王，相殺者數十人。最其後，郎中騎楊喜，騎司馬呂馬童，郎中呂勝、楊武各得其一體。五人共會其體，皆是。故分其地為五：封呂馬童為中水侯，封王翳為杜衍侯，封楊喜為赤泉侯，封楊武為吳防侯，封呂勝為涅陽侯。

注釋

1 檥：同「艤」。使船靠岸之意。

譯文

這時，項王想要東渡烏江。烏江亭長駕船靠岸，對項王說：「江東雖小，地方千里，民衆幾十萬，也足以稱王了。請大王迅速渡江。現在僅我有船，漢軍來了，也無船渡江。」項王笑道：「天要滅亡我，我還渡江幹甚麼！況且我項籍與江東子弟八千人渡江而西，如今無一人生還，縱使江東父兄可憐我，還擁戴我為王，我又有甚麼臉面去見他們呢？縱使他們不說，項籍自己就無愧於心嗎？」於是又對亭長說：「我知道您是長者。我騎這馬五年了，所向無敵，曾經一日行千里，我不忍心殺牠，賜給您吧。」於是命令騎士都下馬步行，持短兵器接戰。僅項籍一人就殺了漢軍數百人，項王自己也受傷十餘處。回頭看見漢騎司馬呂馬童，說：「你不是我過去的朋友嗎？」馬童面對他，指給王翳說：「這是項王。」項王就說：「我聽說漢王懸賞千金買我的頭，封邑萬戶，算我報你的恩德吧！」就自刎而死。王翳取了項王的頭，其餘騎兵相互踐踏爭搶項王屍體，互相殘殺，死者數十人。最後，郎中騎楊喜、騎司馬呂馬童、郎中呂勝、楊武各得到了項王一部分肢體。五人共同合上屍體，都能對上。所以將封地一分為五，封呂馬童為中水侯，封王翳為杜衍侯，封楊喜為赤泉侯，封楊武為吳防侯，封呂勝為涅陽侯。

項王已死，楚地皆降漢，獨魯不下，漢乃引天下兵欲屠之。為其守禮義，為主死節，乃持項王頭視[1]魯，魯父兄乃降。始，楚懷王初封項籍為魯公，及其死，魯最後下，故以魯公禮葬項王穀城。漢王為發哀，泣之而去。

注釋

1 視：同「示」。

譯文

項王死後，楚地都投降了漢，只有魯地不降。漢王帶領天下軍隊打算屠城消滅它，又因為它堅守禮義，為君主守節，就出示項王的人頭給魯人看，魯地父兄才投降。起初，楚懷王曾封項籍為魯公，至項王死後，魯最後投降，所以用魯公的禮儀把項王安葬在了穀城。漢王為他發喪，灑淚而去。

太史公曰：吾聞之周生曰「舜目蓋重瞳子」[1]，又聞項羽亦重瞳子。羽豈其苗裔邪？何興之暴[2]也！夫秦失其政，陳涉首難，豪傑蜂起，相與並爭，不可勝數。然羽非有尺寸，乘埶起隴畝之中，三年遂將五諸侯滅秦，分裂天下，而封王侯，政由羽出，號為霸王，位雖不終，近古以來未嘗有也。及羽背[3]關懷楚，放逐義帝而自立，怨王侯叛己，難矣。自矜功伐，奮其私智而不師古，謂霸王之業，欲以力征經營天下，五年卒亡其國，身死東城，尚不覺寤而不自責，過矣。乃引「天亡我，非用兵之罪也」，豈不謬哉！

注釋　1 重瞳子：兩個瞳孔。2 暴：突然。3 背：棄去，離開。

譯文　太史公曰：我聽周生說過「舜的眼睛是雙瞳子」，又聽說項羽是雙瞳子，項羽難道是舜的後代嗎？為甚麼會興起得這麼突然呢！秦政令失誤，陳涉首先發難，豪傑蜂起，相互爭奪，不可勝數。而項羽沒有尺寸根基，乘勢興起於平民百姓之中，三年，就率領五諸侯滅掉秦朝，分割天下，分封王侯，政令由項羽發佈，號稱「西楚霸王」。王位雖未善終，卻是近古以來未曾有過的。至於項羽放棄關中，懷念楚地，放逐義帝而自立為王，這時再埋怨王侯背叛他，那就很難了！自誇戰功，一意孤行而不遵古訓，說霸主之業，要以武力征伐經營天下，僅五年就亡國，身死東城，還不覺悟、不自責，過錯呀。卻還說「是天要滅亡我，不是作戰有失誤」，豈不荒謬！

賞析與點評

《項羽本紀》的文章風格與《秦始皇本紀》迥異，這很可能與取材不同有關。後者的史料多來自《秦紀》，前者主要依賴於《楚漢春秋》。《項羽本紀》在人物形象的描寫、心理的刻畫以及語言的修飾方面，可謂別具一格，極為生動。比如，寫樊噲擅闖鴻門宴時，說他「披帷西嚮立，瞋目視項王，頭髮上指，目眥盡裂。」宛如說書先生的一個精彩段子。這裏，司馬遷很可能更多地尊重了《楚漢春秋》的風格。

高祖本紀

本篇導讀——

本篇記述了劉邦從一介農夫之子成長為漢朝開國皇帝的經歷。從司馬遷生動的描述中，讀者不僅可以了解劉邦起兵反秦、與項羽鬥智、草創郡國制政體、誅殺功臣、平定叛亂等豐功偉績，也可以感受到他桀驁不馴、冷血自私、用人有方、顧全大局、恩威兼施等政治領袖的特異性格。

高祖，沛豐邑中陽里人，姓劉氏，字季。父曰太公，母曰劉媼。其先劉媼嘗息大澤之陂（bēi）[1]，夢與神遇。是時雷電晦冥，太公往視，則見蛟龍於其上。已而有身，遂產高祖。

注釋

1 陂：堤岸。

譯文

高祖，沛縣（江蘇沛縣）豐邑的中陽里人，姓劉，字季（季，排行最後之意。名叫「邦」，史書避諱皇帝名而省略）。父親稱為太公（太公，是對有身份者之父的尊稱），母親稱為劉媼（嫁到劉家的老婦，並非名字）。先前，劉媼曾在大澤堤岸歇息，夢見與天神交合。當時電閃雷鳴，天昏地暗，太公去找她，就見到一條蛟龍在她身上。不久劉媼懷孕，就生了高祖。

高祖為人，隆準而龍顏[1]，美須髯，左股有七十二黑子。仁而愛人，喜施，意豁如也[2]。常有大度，不事家人生產作業。及壯，試為吏，為泗水亭長，廷[3]中吏無所不狎侮。好酒及色。常從王媼、武負貰（shì）酒[4]，醉臥，武負、王媼見其上常有龍，怪之。高祖每酤留飲，酒讎[5]數倍。及見怪，歲竟，此兩家常折券棄責[6]。

高祖常繇咸陽[7]，縱觀[8]，觀秦皇帝，喟然太息曰[9]：「嗟乎，大丈夫當如此也！」

注釋

1 龍顏：突起狀的上額。2 豁如：豁然，闊達。3 廷：縣廷，縣官署。4 媼、負：皆老婦人之稱謂。貰：賒欠。5 讎：售，賣出。6 折券棄責：折毀竹木簡的債券，免除債務。責，同「債」。7 常：同「嘗」，曾。8 縱觀：許可百姓觀看。9 喟然：動心的樣子。

譯文

高祖其人，高鼻樑，額頭突出，漂亮的鬍鬚，左大腿上有七十二顆黑痣。待人寬厚，好施捨，心胸豁達。凡事大度，不肯從事平民百姓的生產勞作。長大後通過考試成為小吏，任泗水亭長，縣衙裏的吏員沒有不被他耍笑和戲弄過的。好喝酒，貪女色，常到王媼和武負的酒店裏賒酒喝。醉臥時，武負和王媼常常看見他的上方呈現龍形，感到很奇怪。每當高祖來酒店喝酒，賣出的酒總是平常的數倍。至見到怪現象之後，每逢年終，這兩家就總是折毀欠條銷賬。

高祖曾到咸陽服傜役，適逢允許百姓夾道觀看秦始皇出巡，看到秦始皇，感慨地說：「啊，大丈夫就應當像這樣啊！」

單父人呂公善沛令，避仇從之客，因家沛焉。沛中豪桀吏聞令有重客，皆往賀。蕭何為主吏[1]，主進[2]，令諸大夫[3]曰：「進不滿千錢，坐之堂下。」高祖為亭長，素易[4]諸吏，乃紿為謁[5]曰「賀錢萬」，實不持一錢。謁入，呂公大驚，起，迎之門。呂公者，好相人，見高祖狀貌，因重敬之，引入坐。蕭何曰：「劉季固多大言，少成事。」高祖因狎侮諸客，遂坐上坐，無所詘[6]。酒闌[7]，呂公因目固留高祖。高祖竟酒，後。呂公曰：「臣少好相人，相人多矣，無如季相，願季自愛。臣有息女[8]，願為季箕帚妾[9]。」酒罷，呂媼怒呂公曰：「公始常欲奇此女，與貴人。沛令善公，求之不與，何自妄許與劉季？」呂公曰：「此非兒女子[10]所知也。」卒與劉季。呂公女乃呂后也，生孝惠帝、魯元公主。

注釋

1 主吏：縣官署的主要吏員。2 進：通「賮」，會面的禮物。3 諸大夫：即指來賀的諸位豪紳縣吏。4 易：輕視。5 紿：欺騙，詐說。謁：名帖。6 詘：同「屈」，局促，客氣。7 酒闌：酒席將盡。8 息女：親生女。息，生也。9 箕帚妾：打掃清潔的使女，妻子的客氣說法。10 兒女子：兒童、婦人。即所謂婦孺之輩。

譯文

單父人呂公與沛縣縣令要好，為躲避仇家而來到沛縣縣令家做客，繼而在沛縣這裏安了家。沛縣的豪紳、官吏聽說縣令家有貴客，都來祝賀。當時蕭何作縣廷主吏，管收賀錢。對客人說：「進賀錢不滿千錢的請坐在堂下。」高祖是亭長，一向輕視這些吏員，於是在名帖上謊報「賀錢一萬」，實際上他一錢未持。名帖遞進去後，呂公大驚，起身到大門口來迎接。呂公善於給人相面，一見高祖相貌，就很敬重他，請他入坐。蕭何說：「劉季一向好說大話，很少辦成事情。」高祖藉此將各位客人戲弄一番後，坐在了上座，毫不客氣。酒宴要結束時，呂公向高祖遞眼色一定要他留下，高祖在酒宴散時，留到最後。呂公說：「我從年輕時就喜歡給人相面，相過的人很多，還沒見過一個像你這樣相貌的，希望你自己珍重。我有個親生女兒，想將她許配給你、侍候你。」酒宴後，呂媼生氣地對呂公說：「你當初總把這個女兒視作與衆不同的珍寶，想嫁給貴人。沛縣縣令跟你要好，求婚你不答應，今天為何胡亂地把她許給了劉季？」呂公說：「這不是你們婦人所能理解的。」最終把女兒嫁給了劉邦，她就是呂后，生了孝惠帝和魯元公主。

高祖以亭長為縣送徒酈山[1]，徒多道亡。自度比至皆亡之，到豐西澤中，止飲，夜乃解縱[2]所送徒。曰：「公等皆去，吾亦從此逝矣！」徒中壯士願從者十餘人。高祖被[3]酒，夜徑澤中，令一人行前。行前者還報曰：「前有大蛇當徑，願還。」高祖醉，曰：「壯士行，何畏！」乃前，拔劍擊斬蛇，蛇遂分為兩，徑開。行數里，醉，因臥。後人來至蛇所，有一老嫗夜哭。人問何哭，嫗曰：「人殺吾子，故哭之。」人曰：「嫗子何為見殺？」嫗曰：「吾子，白帝子也，化為蛇，當道，今為赤帝子斬之，故哭。」人乃以嫗為不誠，欲告[4]之，嫗因忽不見。後人至，高祖覺。後人告高祖，高祖乃心獨喜，自負。諸從者日益畏之。

秦始皇帝常曰「東南有天子氣」，於是因東游以厭之[5]。高祖即自疑，亡匿，隱於芒、碭山澤巖石之間。呂后與人俱求，常得之。高祖怪問之。呂后曰：「季所居上常有雲氣，故從往常得季。」高祖心喜。沛中子弟或聞之，多欲附者矣。

注釋

1 酈山：在今陝西臨潼東南，秦始皇的陵墓所在地。2 解縱：釋放。3 被：同「披」。4 告：告官，當時有「妖言之罪」；一說或為「笞」，擊打。5 厭：同「壓」。

譯文

高祖以亭長的身份為縣裏押送刑徒去酈山，很多刑徒在路上逃跑了。高祖估計到了酈山就都跑光了，走到豐西的澤岸，停下來喝酒，夜裏便解開繩索釋放了所押送的刑徒，他說：「各位都逃吧，我也就此遠去！」刑徒中有十幾個願意跟隨他的壯士。高祖帶着酒氣，夜行穿越沼澤地，讓一人前面開路。那人回來報告說：「前面有條大蛇擋住了去路，還是往回走吧。」高祖醉着說：「壯士走路，怕甚麼！」於是上前，拔劍擊斬大蛇，蛇分為兩段，路開通了。走了幾里，醉倒了。後面的人來到斬蛇的地方，見一老婦人夜裏在那兒哭泣。人問她哭甚麼，老婦人說：「有人殺了我的兒子，所以哭。」人問她：「你兒子為甚麼被殺了？」老婦人說：「我的兒子是白帝的兒子，化為蛇，擋在道上，現在被赤帝的兒子殺了，所以我哭。」那人以為老婦人不誠實，要告官，老婦人忽然不見了。當這人來到高祖這裏，高祖已醒。後面來的這人把此事告訴了高祖，高祖聽了心中暗喜，自負不凡。那些跟隨他的人也日益敬畏他。

秦始皇常說「東南有天子氣」，於是往東方巡遊予以鎮服。高祖乃懷疑與自己有關，逃亡藏匿，隱居於芒、碭（今河南永城東北有芒碭山，芒碭二山相去八里。）山澤的巖石之間。呂后與人一起尋求他時，經常能找到他。高祖覺得奇怪，問其原因。呂后說：「季所在之處上方常有雲氣，所以跟過去常能找得到。」高祖心喜。沛縣子弟有人聽說這事，很多人就想跟隨他。

秦二世元年秋[1]，陳勝等起蘄，至陳而王，號為「張楚」。諸郡縣皆多殺其長吏以應陳涉。沛令恐，欲以沛應涉。掾、主吏蕭何、曹參乃曰：「君為秦吏，今欲背之，率沛子弟，恐不聽。願君召諸亡在外者，可得數百人，因劫衆，衆不敢不聽。」乃令樊噲召劉季，劉季之衆已數十百人矣。

注釋

1 二世：名胡亥。

譯文

秦二世元年（前二〇九年）秋天，陳勝等人在蘄縣（安徽宿州）起兵，到陳縣（河南淮陽）後自立為王，號稱「張楚」。各郡縣的人都紛紛殺死那裏長官響應陳涉。沛縣縣令害怕了，想率領沛縣人響應陳涉。獄掾曹參、大吏蕭何對他說：「您是秦朝的官，現在想背叛秦朝統領沛縣子弟，恐怕人們不會聽從你。希望你召回那些逃亡在外的人，可以得到數百人，由此駕馭衆人，衆人就不敢不從命。」於是派樊噲招回劉季。這時劉季手下已有上百人了。

於是樊噲從劉季來。沛令後悔，恐其有變，乃閉城城守，欲誅蕭、曹。蕭、曹恐，踰城保劉季[1]。劉季乃書帛射城上，謂沛父老曰：「天下苦秦久矣。今父老雖為沛令守，諸侯並起，今屠沛[2]。沛令共誅令，擇子弟可立者立之，以應諸侯，則家室完。不然，父子俱屠，無為[3]也。」父老乃率子弟共殺沛令，開城門迎劉季，欲以為沛令。劉季曰：「天下方擾，諸侯並起，今置將不善，一敗塗地。吾非敢自愛，恐能薄，不能完父兄子弟。此大事，願更相推擇可者。」蕭、曹等皆文吏，自愛，恐事不就，後秦種族[4]其家，盡讓劉季。諸父老皆曰：「平生[5]所聞劉季諸珍怪，當貴，且卜筮之，莫如劉季最吉。」於是劉季數讓，眾莫敢為，乃立季為沛公。祠黃帝，祭蚩尤於沛庭，而釁鼓旗[6]，幟皆赤。由所殺蛇白帝子，殺者赤帝子，故上赤。於是少年豪吏如蕭、曹、樊噲等皆為收沛子弟二三千人，攻胡陵、方與，還守豐。

注釋

1 保：歸附。2 今：即，行將。3 無為：無謂。4 種族：滅及種族。5 平生：平素。6 釁鼓旗：作戰之前以人血或動物血塗在鼓上、旗上，祈禱勝利的血祭。釁，殺生塗血之意。

譯文

於是樊噲跟着劉季回來。沛縣縣令後悔，害怕他們別有用心，就閉門守城，並想殺掉蕭何、曹參。蕭何、曹參害怕，越城而出歸附了劉季。劉季寫了一封帛書射到城上，對沛縣的父老們說：「天下苦於秦朝暴政很久了。現在父老們雖然替沛縣縣令守城，可是諸侯共同起兵，即將屠滅沛邑。你們如果現在一起殺掉沛縣縣令，選擇子弟之中值得信任的人作首領，以響應諸侯的話，那麼可保全家室。不然的話，全城父老、子弟都得被殺，很是無謂。」父老們就率領衆子弟一同殺了縣令，開城門迎接劉季，想讓他做縣令。劉季說：「如今天下爭亂，諸侯紛起，現在將領選擇不當的話，就會一敗塗地。我不是顧惜自己，唯恐能力淺薄，不能保全父兄、子弟。此乃大事，望你們之間互相推選更合適的人。」蕭何、曹參等都是文官，顧惜自己，害怕事不成功，日後被秦朝誅滅種族，一致讓劉季當首領。父老們都說：「平素聽到過劉季的許多稀奇怪事，猜想此人顯貴，姑且對此施行了占卜和占筮，結果沒人可與劉季相比，你最吉利。」於是劉季再三推讓，衆人之中無人敢出頭，就擁立劉季做了沛公。在沛縣官庭裏祭祀黃帝和蚩尤，還殺牲取血塗抹戰鼓和軍旗舉行血祭，旗幟都用紅色。因為從前所殺的那條蛇是白帝子，而殺牠的是赤帝子，所以崇尚紅色。於是像蕭何、曹參、樊噲等豪吏、青年就聚集沛縣子弟二三千人，攻打胡陵、方與，之後返回駐守於豐。

秦二世三年，楚懷王[1]見項梁軍破，恐，徙盱眙都彭城，並呂臣、項羽軍自將之。以沛公為碭郡長，封為武安侯，將碭郡兵。封項羽為長安侯，號為魯公。呂臣為司徒，其父呂青為令尹。

趙數請救，懷王乃以宋義為上將軍，項羽為次將，范增為末將，北救趙。令沛公西略地入關。與諸將約，先入定關中者王之。

注釋

1 楚懷王：此指項梁等所立之楚王熊心，號懷王是為了用以喚起遺民思楚之心。

譯文

秦二世三年（前二〇七年），楚懷王見項梁軍被打垮，很恐慌，從盱眙遷到了彭城，合併呂臣和項羽的軍隊歸自己統領。任命沛公為碭郡長，封為武安侯，統領碭郡的軍隊。封項羽為長安侯，稱為魯公。呂臣為司徒，其父呂青為令尹。趙國數次求救，懷王就任命宋義為上將軍，項羽為次將，范增為末將，北上救趙。令沛公向西攻城掠地，進入關中。與諸將約定，誰先佔領關中誰就做關中王。

當是時，秦兵強，常乘勝逐北，諸將莫利先入關。獨項羽怨秦破項梁軍，奮，願與沛公西入關。懷王諸老將皆曰：「項羽為人僄悍猾賊。項羽嘗攻襄城，襄城無遺類，皆阬之[1]，諸所過無不殘滅。且楚數進取，前陳王、項梁皆敗。不如更遣長者扶義而西，告諭秦父兄。秦父兄苦其主久矣，今誠得長者往，毋侵暴，宜可下。今項羽僄悍，今不可遣。獨沛公素寬大長者，可遣。」卒不許項羽，而遣沛公西略地，收陳王、項梁散卒。乃道碭至成陽，與杠里秦軍夾壁[2]，破秦二軍。楚軍出兵擊王離，大破之。

注釋

1 阬：通「坑」，活埋。2 夾壁：猶言「對壘」。

譯文

當時，秦軍的勢力強大，常乘勝追逐敗北者，諸將領沒有誰認為先入關有利於自己。惟獨項羽怨恨秦軍打敗項梁而奮勇當先，希望能和沛公一道向西入關。而懷王的老將們都說：「項羽驃悍狠毒。他曾攻佔襄城，襄城沒留下一個人，全部被他活埋了，凡是他所經過的地方，沒有一處不被徹底毀滅的。況且此前陳勝、項梁都失敗了，不如改派一個長者以仁義之心率軍西進，向秦地父老講清道理。秦父老兄弟苦於他們君主統治很久了，現在如果真有寬厚長者前去，不施行暴力，關中會順利攻下的。項羽為人兇暴，此時不可派他去，只有沛公是寬厚長者，可以派遣。」懷王最後沒有答應派項羽，而是派沛公率兵西進，並收編陳勝、項梁的散兵。於是經由碭縣，到達成陽，與駐紮杠里的秦軍對壘，擊敗了秦朝的兩支軍隊。楚軍也出兵救趙攻擊王離，大敗秦軍。

沛公引兵西，遇彭越昌邑，因與俱攻秦軍，戰不利。還至栗，遇剛武侯，奪其軍，可[1]四千餘人，并之。與魏將皇欣、魏申徒武蒲之軍并攻昌邑，昌邑未拔。西過高陽，酈食其為監門[2]，曰：「諸將過此者多，吾視沛公大人長者。」乃求見，說沛公。沛公方踞牀[3]，使兩女子洗足。酈生不拜，長揖[4]曰：「足下必欲誅無道秦，不宜踞見長者。」於是沛公起，攝衣謝之[5]，延上坐[6]。食其說沛公襲陳留，得秦積粟。

注釋

1 可：大約。2 監門：閭里之門的門衞。3 踞：蹲坐。牀：坐具。4 長揖：深深地作了一個揖。5 攝衣：整理衣襟。謝：道歉。6 延：引導。

譯文

沛公率軍西進，在昌邑遇見彭越，因此與他一起攻秦軍，戰事不利。返回栗縣，遇到剛武侯，奪取了他的軍隊，大約四千餘人，將其併入自己的隊伍。與魏將皇欣、魏申徒武蒲的軍隊一起進攻昌邑，昌邑未能攻下。向西經過高陽。酈食其這時是個閭里的門衛，他說：「路經於此的將領很多了，我看沛公是位貴人長者。」於是去求見、遊說沛公。沛公正蹲坐於凳子，讓兩個女人給他洗腳。酈生不下拜，深深地作了個揖，說：「足下要是真想誅滅暴秦的話，就不應該蹲坐着接見長者。」於是沛公起立，整理衣服，道歉，請他坐在上座。酈食其勸沛公襲擊陳留，獲取那裏的秦朝儲糧。

當是時，趙別將司馬卬方欲渡河入關，沛公乃北攻平陰，絕河津。南，戰洛陽東，軍不利，還至陽城，收軍中馬騎，與南陽守齮戰犨東，破之。略南陽郡，南陽守齮走，保城守宛。沛公引兵過而西。張良諫曰：「沛公雖欲急入關，秦兵尚眾，距險。今不下宛，宛從後擊，強秦在前，此危道也。」於是沛公乃夜引兵從他道還，更旗幟，黎明，圍宛城三帀。南陽守欲自剄，其舍人[1]陳恢曰：「死未晚也。」乃踰城見沛公，曰：「為足下計，莫若約降，封其守，因使止守，引其甲卒與之西。諸城未下者，聞聲爭開門而待，足下通行無所累[2]。」沛公曰：「善。」

乃以宛守為殷侯，封陳恢千戶。引兵西，無不下者。

注釋　1 舍人：本意為宮內之官；此為親近左右之官吏。2 累：牽扯，掛累。

譯文　這時，趙國別將司馬卬正要渡過黃河入關，沛公便北攻平陰，斷絕了黃河渡口。南下，戰於洛陽城東，沒打勝，退軍陽城（河南登封）。集中軍中的馬、騎兵，與南陽郡守齮（姓呂，名齮）戰於犨縣（河南魯山）城東，獲勝。佔領了南陽郡，南陽郡守齮潰逃，退守宛城（郡治所在城邑）。沛公率軍繞過宛城西進。張良勸他說：「沛公雖希望趕緊入關，但秦兵還很多，佔據險要。現在如不攻下宛城，宛城從後面襲擊，前面又有強大的秦軍，這是很危險的選擇。」於是沛公連夜領兵從另一條道回來，變換了旗幟，天亮時，把宛城圍了三層。南陽郡守想自殺，他的門客陳恢說：「尋死尚早！」於是越牆出城見沛公說：「為足下考慮，不如招降，封賜南陽郡守，並讓他留下守城，率領他的軍隊一道西進。這樣那些還沒有投降的城邑，就會聞風而動爭相打開城門恭候，足下西進就會暢通無阻。」沛公說：「好。」於是以守宛的南陽郡守為殷侯，封給陳恢一千戶。從此率兵西進，所過之處沒有不投降的。

及趙高已殺二世，使人來，欲約分王關中。沛公以為詐，乃用張良計，使酈生、陸賈往說秦將，啗[1]以利，因襲攻武關[2]，破之。又與秦軍戰於藍田[3]南，益張疑兵旗幟，諸所過毋得掠鹵[4]，秦人憙[5]，秦軍解，因大破之。又戰其北，大破之。乘勝，遂破之。

注釋

1 啗：請吃；利誘。2 武關：關名。位於今陝西丹鳳縣東南。3 藍田：秦縣名。陝西藍田。4 掠鹵：同「掠虜」。5 憙：此處通「喜」，高興、歡喜。

譯文

等到趙高殺了秦二世，派人來，想訂盟約在關中分別為王，沛公認為其中有詐，於是採納張良計策，派酈生、陸賈去遊說秦將，以利相誘，趁機襲擊了武關，破關。又在藍田縣南與秦軍會戰，多設疑兵旗幟，令士兵所到之處不得虜掠，秦人欣喜，秦軍瓦解，由此大破秦軍。又在藍田北大破秦軍。乘勝追擊，於是徹底擊潰了秦軍。

漢元年十月[1]，沛公兵遂先諸侯至霸上。秦王子嬰素車白馬，係頸以組[2]，封皇帝璽符節[3]，降軹道旁。諸將或言誅秦王。沛公曰：「始懷王遣我，固以能寬容；且人已服降，又殺之，不祥。」乃以秦王屬吏[4]。遂西入咸陽，欲止宮休舍。樊噲、張良諫，乃封秦重寶財物府庫，還軍霸上。召諸縣父老豪桀曰：「父老苦秦苛法久矣，誹謗者族，偶語者棄市[5]。吾與諸侯約，先入關者王之，吾當王關中。與父老約，法三章耳：殺人者死，傷人及盜抵罪。餘悉除去秦法。諸吏人皆案堵[6]如故。凡吾所以來，為父老除害，非有所侵暴，無恐！且吾所以還軍霸上，待諸侯至而定約束耳。」乃使人與秦吏行縣鄉邑，告諭之。秦人大喜，爭持牛羊酒食獻饗[7]軍士。沛公又讓不受，曰：「倉粟多，非乏，不欲費人。」人又益喜，唯恐沛公不為秦王。

注釋

1 漢元年十月：劉邦於此年被項羽封為「漢王」，故稱「漢元年」。以十月為歲首乃因襲秦制。2 素車白馬，係頸以組：帝王投降時自己表示認罪的樣子。組，絲條。3 璽：天子印。符：發兵符。節：使者所擁，以宣佈皇帝賞罰號令。4 屬：交付，委託。5 偶語：相聚而語。偶，相對，相聚。棄市：指將罪犯處死於街頭。6 案堵：安居，安定有序。案，通「安」。7 獻饗：犒賞；獻酒食款待。

譯文

漢元年（前二〇六年）十月，沛公的軍隊終於先於諸侯來到霸上。秦王子嬰乘着白馬素車，用繩子繫着脖子，封緘皇帝印璽符節，到軹道亭旁投降。將領中有人提議殺掉秦王，沛公說：「當初懷王派我來，就是因為我待人寬厚；而且人家都已經降服了，還殺人家，不祥。」就把秦王交給官吏，帶人向西進入咸陽。沛公想要留宿宮舍，樊噲、張良勸止，於是封存秦的珍寶、財物、倉庫，回到了霸上。沛公召集各縣的父老、豪傑說：「父老們苦於秦朝酷法很久了，批評朝廷的滅族，相聚議論的棄市。我和諸將約定，先入關者在關中稱王，我是應該稱王於關中。與諸父老約法三章：殺人者處死刑，傷人及偷人東西的各自按情節定罪。其餘秦法一概廢除。官吏、百姓一切照常。我們來此是為父老們除害，不是有所侵害的，不要害怕！我之所以回到霸上，是等待諸侯到來商定條約的。」於是派人與秦吏到各縣鄉邑去將政策曉諭人民。秦人聽了都很高興，爭相以牛羊酒飯慰勞軍士。沛公推辭不要，說：「倉裏積粟很多，不缺乏，不想讓大家破費。」人們更高興，唯恐沛公不作秦王。

或說沛公曰：「秦富十倍天下，地形強。今聞章邯降項羽，項羽乃號為雍王，王關中。今則來[1]，沛公恐不得有此。可急使兵守函谷關，無內諸侯軍，稍徵關中兵以自益，距之。」沛公然其計，從之。十一月中，項羽果率諸侯兵西，欲入關，關門閉。聞沛公已定關中，大怒，使黥布等攻破函谷關。十二月中，遂至戲（xī）[2]。沛公左司馬曹無傷聞項王怒，欲攻沛公，使人言項羽曰：「沛公欲王關中，令子嬰為相，珍寶盡有之。」欲以求封。亞父勸項羽擊沛公。方饗士，旦日合戰。是時項羽兵四十萬，號百萬。沛公兵十萬，號二十萬，力不敵。會項伯欲活張良，夜往見良，因以文諭項羽，項羽乃止。沛公從百餘騎，驅之鴻門，見謝項羽。項王曰：「此沛公左司馬曹無傷言之，不然，籍何以至此！」沛公以樊噲、張良故，得解歸。歸，立誅曹無傷。

注釋

1 則：如果。2 戲：戲水，古水名，即今陝西西安市臨潼區東戲河。

譯文

有人勸說沛公：「秦地之富庶是天下其他地方的十倍，地勢險要。現在聽說秦將章邯已投降了項羽，項羽稱他為雍王、稱王關中。現在如果他們來了，沛公恐怕就不能擁有這些了。應該趕緊派兵把守函谷關，不要讓諸侯軍進來，再從關中徵兵加強自己的實力，擋住他們。」沛公採納此建議。十一月中，項羽果然率領着諸侯軍西進，要進關，關已閉。聽說沛公已經平定了關中，項羽大怒，令黥布等攻破函谷關。十二月中，來到戲水。沛公左司馬曹無傷聽說項王發怒，想攻打沛公，派人對項羽說：「沛公想稱王關中，讓子嬰為相，將所有珍寶佔為己有。」想以此求得封賞。亞父范增勸項羽攻打沛公。項羽同意了，就讓士兵們美餐一頓，明日會戰。這時項羽有四十萬人，號稱百萬。沛公有十萬人，號稱二十萬，兵力上沛公不是項羽的對手。正好項伯想救張良，趁夜去見張良，沛公得以對項羽書信解釋，項羽罷兵。沛公又帶着百餘騎兵，趕到鴻門，見項羽謝罪。項王說：「這都是沛公左司馬曹無傷所言，不然，我又何至於此。」沛公由於樊噲、張良的幫助，得以脫身逃回。回到軍中，立即誅殺了曹無傷。

項羽遂西，屠燒咸陽秦宮室，所過無不殘破。秦人大失望，然恐，不敢不服耳。

項羽使人還報懷王。懷王曰：「如約。」項羽怨懷王不肯令與沛公俱西入關，而北救趙，後天下約。乃曰：「懷王者，吾家項梁所立耳，非有功伐[1]，何以得主約！本定天下，諸將及籍也。」乃詳尊懷王為義帝，實不用其命。

注釋

1 功伐：功勞，功勳。

譯文

項羽於是西進，屠殺焚燒咸陽的秦朝宮殿，所過之處一片廢墟。秦地人大失所望，但由於害怕，不得不服從他。

項羽派人東歸報告懷王。懷王說：「按原來的約定辦。」項羽怨恨懷王當初不讓他和沛公一齊西進入關，而讓他北上救趙，使得他失天下之約，進關晚了。於是說：「懷王是我項梁家立的，沒有功勞，憑甚麼來主持協約！本來平定天下的是諸將及我項籍。」於是假意推尊懷王為「義帝」，實際上不聽其令。

正月，項羽自立為西楚霸王，王梁、楚地九郡，都彭城。負約，更立沛公為漢王，王巴、蜀、漢中，都南鄭。三分關中，立秦三將：章邯為雍王，都廢丘；司馬欣為塞王，都櫟陽；董翳為翟王，都高奴。

譯文

正月，項羽自封為西楚霸王，佔有梁、楚一帶的九個郡，建都彭城。背棄盟約，立沛公為漢王，佔有巴、蜀、漢中一帶，建都南鄭。把關中分成三份，分立三位秦降將為王：章邯為雍王，建都廢丘；司馬欣為塞王，建都櫟陽；董翳為翟王，建都高奴。

四月，兵罷戲下，諸侯各就國。漢王之國，項王使卒三萬人從，楚與諸侯之慕從者數萬人，從杜南入蝕中。去輒燒絕棧道[1]，以備諸侯盜兵襲之，亦示項羽無東意。至南鄭，諸將及士卒多道亡歸，士卒皆歌思東歸。韓信說漢王曰：「項羽王諸將之有功者，而王獨居南鄭，是遷[2]也。軍吏士卒皆山東之人也，日夜跂而望歸。及其鋒而用之，可以有大功；天下已定，人皆自寧，不可復用。不如決策東鄉[3]，爭權天下。」

注釋

1 棧道：在險絕處傍山架木構成的懸空道路。2 遷：秦朝的一種流放罪，流放地多在巴、蜀。3 鄉：通「嚮」。

譯文

四月，諸侯軍在戲水邊解散，各自去自己的封地。漢王前往漢中時，項羽派士兵三萬人跟從，楚與諸侯中仰慕而隨從者也有幾萬人，從杜縣南面進入蝕中。他們離開後就燒毀棧道，以防諸侯軍的偷襲，也是向項羽表示沒有東進之意。到南鄭，一路上將領和士兵很多都逃回家了，士兵都唱着思念東歸的歌謠。韓信勸說漢王：「項羽立諸侯中有功將領為王，惟獨把您放到南鄭來，這是貶遷。軍吏、士兵都是山東人，日夜翹首企盼回鄉，趁着這股銳氣而驅使，可以成大功；天下太平之後，人人貪求安樂，就不可再驅使了。不如決策東進，爭奪天下。」

八月，漢王用韓信之計，從故道還[1]，襲雍王章邯。邯迎擊漢陳倉，雍兵敗，還走，止戰好畤；又復敗，走廢丘，漢王遂定雍地。東至咸陽，引兵圍雍王廢丘。而遣諸將略定隴西、北地、上郡。令將軍薛歐、王吸出武關，因王陵兵南陽，以迎太公、呂后於沛。楚聞之，發兵距之陽夏（jiǎ），不得前。

注釋

1 故道：即陳倉道，自漢中入褒谷，而北出陳倉（今陝西寶雞東），是舊有秦蜀通道。棧道是新道，已經燒毀。

譯文

八月，漢王採用韓信的計策，從故道回師，襲擊雍王章邯。章邯在陳倉迎戰，章邯兵敗。退卻，退到好畤（陝西乾縣東）再戰，又被打敗了，逃回廢丘。漢王最終平定了雍地，向東抵達咸陽，率兵包圍雍王的廢丘，一方面派各將領攻佔了隴西、北地、上郡。還派將軍薛歐、王吸出武關，憑藉王陵的軍隊在南陽集結兵力，然後至沛郡迎接太公和呂后。楚王聞訊後，派兵到陽夏（河南太康）抵禦，漢軍不得進。

二年，漢王東略地，塞王欣、翟王翳、河南王申陽皆降。

二月，令除秦社稷，更立漢社稷[1]。

三月，漢王從臨晉渡，魏王豹將兵從。下河內，虜殷王，置河內郡。南渡平陰津，至洛陽。新城三老董公遮說[2]漢王以義帝死故。漢王聞之，袒[3]而大哭。遂為義帝發喪，臨[4]三日。發使者告諸侯曰：「天下共立義帝，北面事之。今項羽放殺義帝於江南，大逆無道。寡人親發喪，諸侯皆縞素。悉發關內兵，收三河[5]士，南浮江、漢以下，願從諸侯王擊楚之殺義帝者。」

注釋　1社稷：帝王、諸侯祭祀的土神、穀神。亦用為國家的象徵。2三老：鄉官名，掌教化。遮說：攔路說。3 袒：脱掉衣袖。4 臨：哭弔。5 三河：指河東、河內、河南的三郡。

譯文

漢二年（前二〇五年），漢王向東進軍奪取地盤，塞王司馬欣、翟王董翳、河南王申陽都投降了。

二月，下令拆掉了秦的社稷壇，改立了漢的社稷壇。

三月，漢王從臨晉（陝西大荔）渡黃河，魏王豹率兵跟從。攻下河內，俘虜了殷王，設置河內郡。南渡平陰津（在今河南孟津東北），至洛陽。新城（河南洛陽南）三老董公攔住漢王，告之義帝已被項羽殺害了。漢王一聽，袒臂膀大哭。於是為義帝發喪，憑弔三天。派使者通告諸侯說：「天下共同擁立義帝，對他北面稱臣。現在項羽把義帝流放到江南殺害，是大逆不道。我親自為義帝發喪，諸侯都穿上喪服。調集關內全部軍隊，徵召三河士兵，向南沿長江、漢水而下，願跟隨諸侯共同討伐那個殺害義帝的人。」

是時項王北擊齊，雖聞漢東，既已連齊兵[1]，欲遂破之而擊漢。漢王以故得

劫[2]五諸侯兵，遂入彭城。項羽聞之，乃引兵去齊，從魯出胡陵，至蕭，與漢大戰彭城靈壁東睢水上，大破漢軍，多殺士卒，睢水為之不流。乃取漢王父母妻子於沛，置之軍中以為質。當是時，諸侯見楚強漢敗，還皆去漢復為楚。

注釋

1 連齊兵：與齊交戰。2 劫：脅迫。

譯文

這時項羽正率兵北擊齊國，雖已聽說漢王東進，但既然已經與齊國開戰，就想打敗齊國再去迎擊漢王。漢王因此挾持着五諸侯軍攻入了彭城。項羽聽說後，立即率兵離開齊國，從魯地經胡陵到達蕭縣，與漢王大戰於彭城靈壁以東的睢水上，大敗漢王，殺死很多士兵，睢水因此堵塞不流。項羽於是到沛縣抓獲漢王的父母妻子兒女，帶在軍中當作人質。這時，許多諸侯見楚強漢敗，遂又紛紛離開了漢王投奔項羽。

呂后兄周呂侯為漢將兵，居下邑，漢王從之。稍收士卒，軍碭。漢王乃西過梁地，至虞，使謁者隨何之九江王布所[1]，曰：「公能令布舉兵叛楚，項羽必留擊

之。得留數月，吾取天下必矣。」隨何往說九江王布，布果背楚。

注釋　1 謁者：官名，主管贊禮與傳達。

譯文　這時呂后的哥哥周呂侯為漢王率兵，駐紮在下邑。漢王到他那裏，逐漸收編士兵，駐紮在碭縣。漢王向西經梁地，到了虞縣。派謁者隨何去九江王黥布那裏，說：「你要能說動黥布叛變楚，項羽就得留下來攻打他。能拖上幾個月，我必奪得天下。」隨何去說服九江王黥布，黥布果然背叛了楚國。

漢王軍滎陽南，築甬道屬（zhǔ）之河[1]，以取敖倉[2]。與項羽相距歲餘。項羽數侵奪漢甬道，漢軍乏食，遂圍漢王。漢王請和，割滎陽以西者為漢。項王不聽。漢王患之，乃用陳平之計，予陳平金四萬斤，以間疏楚君臣。於是項羽乃疑亞父。亞父是時勸項羽遂下滎陽，及其見疑，乃怒，辭老，願賜骸骨歸卒伍[3]，未至彭城而死。

注釋

1屬：連接。2敖倉：秦朝在滎陽西北敖山上的糧倉。3骸骨：大臣請求致仕的婉辭。卒伍：本為軍隊編制，五人為伍，十人為卒。秦朝將人民編為「什伍」。此「卒伍」，即「什伍」，與黔首同意。

譯文

漢王駐軍在滎陽城南，修築甬道直通黃河邊，以取用敖倉的糧食。和項羽對峙了一年多。項羽多次侵奪漢軍甬道，漢軍糧草缺乏，楚軍包圍漢王。漢王求和，要割滎陽以西為漢地盤。項羽不答應。漢王很憂慮，採用陳平之計，給陳平四萬斤黃金，讓他去離間楚軍君臣關係。於是項羽就懷疑亞父范增。亞父這時正勸項羽趕緊攻下滎陽，當他發現項王懷疑自己時，很憤怒地告老還鄉，還沒到彭城就死了。

漢軍絕食，乃夜出女子東門二千餘人，被甲，楚因四面擊之。將軍紀信乃乘王駕，詐為漢王誑楚[1]，楚皆呼萬歲，之城東觀，以故漢王得與數十騎出西門遁。

注釋

1詐為漢王誑楚：紀信裝作劉邦出降，以掩護劉邦從西門逃跑，自己被殺。

譯文

漢軍已經斷糧，於是夜裏讓兩千餘婦人出東門，披着盔甲，楚軍於是從四面攻擊她們。將軍紀信乘漢王的車，扮裝漢王，誆騙楚軍，楚軍都呼萬歲，至東門觀看，因此漢王得以與數十個騎兵從西門出逃。

項羽聞漢王在宛，果引兵南。漢王堅壁不與戰。是時彭越渡睢水，與項聲、薛公戰下邳，彭越大破楚軍。項羽乃引兵東擊彭越，漢王亦引兵北軍成皋。項羽已破走彭越，聞漢王復軍成皋，乃復引兵西，拔滎陽，誅周苛、樅公，而虜韓王信，遂圍成皋。

漢王跳[1]，獨與滕公共車出成皋玉門，北渡河，馳宿修武。自稱使者，晨馳入張耳、韓信壁，而奪之軍。漢王得韓信軍，則復振。

注釋

1 跳：通「逃」。

譯文

項羽聽說漢王在宛縣，果然引兵南下。漢王堅守不與他交戰。這時彭越渡過睢水，與項聲、薛公戰於下邳，彭越大破楚軍。項羽就率軍東伐彭越，漢王亦率兵北上駐紮成皋。項羽打敗趕走了彭越後，聽說漢王又回師成皋，就又引兵西下，攻克滎陽，誅殺周苛、樅公，俘虜了韓王信，終又包圍了成皋。漢王出逃，獨自一人與滕公乘車子出成皋的玉門，向北渡過黃河，到修武（河南獲嘉）住宿。自稱是漢王的使者，一早闖進張耳、韓信的軍營，奪取了他們的軍權。漢王得到韓信的軍隊後，又振作起來。

楚、漢久相持未決，丁壯苦軍旅，老弱罷轉饟。漢王項羽相與臨廣武之間而語。項羽欲與漢王獨身挑戰。漢王數項羽，項羽大怒，伏弩射中漢王。漢王傷匈，乃捫足曰：「虜中吾指！」[1] 漢王病創臥，張良強請漢王起行勞軍，以安士卒，毋令楚乘勝於漢。漢王出行軍[2]，病甚，因馳入成皋。

注釋

1 匈：通「胸」。指：通「趾」。2 行軍：巡視軍隊。

譯文

楚、漢長久相持，未決勝負，壯年人苦於軍旅，老弱疲於運送軍餉。漢王與項羽隔着廣武澗對話，項羽要和漢王單獨挑戰。漢王數落項羽，項羽大怒，令埋伏的弓弩手開弓射箭，一箭射中漢王。漢王胸部中箭，卻摸着腳說：「這賊射中我的腳趾！」漢王受創傷而臥養，張良請漢王一定去巡視勞軍，以此安定軍心，不讓楚軍乘勝進攻漢軍。漢王出來巡視勞軍，病情惡化，因此迅速進入成皋。

當此時，彭越將兵居梁地，往來苦楚兵，絕其糧食。田橫往從之。項羽數擊彭越等，齊王信又進擊楚。項羽恐，乃與漢王約，中分天下，割鴻溝而西者為漢，鴻溝而東者為楚。項王歸漢王父母妻子，軍中皆呼萬歲，乃歸而別去。

譯文

當時，彭越率兵駐紮梁地，反覆騷擾楚兵，斷其糧食。田橫去投奔他。項羽屢屢攻打彭越等，齊王韓信又進攻楚軍。項羽害怕，於是與漢王訂約，平分天下，劃鴻溝以西為漢境，鴻溝以東為楚境。項王歸還了漢王的父母、妻子、兒女，軍中都歡呼萬歲，告別離去。

項羽解而東歸。漢王欲引而西歸，用留侯、陳平計，乃進兵追項羽，至陽夏

南止軍，與齊王信、建成侯彭越期會[1]而擊楚軍。至固陵，不會。楚擊漢軍，大破之。漢王復入壁，深塹而守之。用張良計，於是韓信、彭越皆往。及劉賈入楚地，圍壽春，漢王敗固陵，乃使使者召大司馬周殷舉九江兵而迎武王，行屠城父，隨劉賈、齊梁諸侯皆大會垓下。

注釋　1 期會：約期聚集。

譯文　項羽撤兵東歸，漢王也想撤兵西回，因採納了張良、陳平的計策，於是進兵追擊項羽，至陽夏南面停下來，與齊王韓信、建成侯彭越約定好會合的日期一起進擊楚軍。至固陵（河南太康南），未得會合。楚攻擊漢軍，大敗漢軍。漢王再次躲進營壘，深挖塹壕堅守。採用了張良的計策，於是韓信、彭越都來會合。等到劉賈進入楚地，包圍了壽春（安徽壽縣），漢王在固陵戰敗，派使者召項羽的大司馬周殷，讓他帶着九江的軍隊去迎接武王（黥布），武王進軍屠滅了城父（安徽亳州東南），與劉賈和齊、梁的諸侯一起會師於垓下。

五年，高祖與諸侯兵共擊楚軍，與項羽決勝垓下。淮陰侯將三十萬自當之，孔將軍居左，費將軍居右，皇帝在後，絳侯、柴將軍在皇帝後。項羽之卒可十萬。淮陰先合[1]，不利，卻；孔將軍、費將軍縱[2]，楚兵不利。淮陰侯復乘之，大敗垓下。項羽卒聞漢軍之楚歌，以為漢盡得楚地，項羽乃敗而走，是以兵大敗。使騎將灌嬰追殺項羽東城，斬首八萬，遂略定楚地。魯為楚堅守不下，漢王引諸侯兵北，示魯父老項羽頭，魯乃降。

注釋　1 合：交鋒；交戰。2 縱：發；出擊。

譯文　漢五年（前二〇二年），高祖與諸侯軍共同攻打楚軍，與項羽決戰於垓下。淮陰侯率領着三十萬軍親自與楚軍對陣，孔將軍在左，費將軍在右，皇帝在後面，絳侯、柴將軍在皇帝之後。項羽的軍隊大約十萬人。淮陰侯首先與敵交鋒，不敵，退卻。孔將軍、費將軍進兵，楚軍不敵了。淮陰侯又乘勢進攻，大破楚軍於垓下。項羽的士兵聽到漢軍唱的都是楚地歌謠，以為漢軍完全佔領了楚地，項羽於是潰敗逃走，因此楚軍大敗。派騎將灌嬰追殺項羽於東城，斬首八萬，終於平定楚地。魯地人還在為楚王堅守，不肯投降。漢王率諸侯軍北上，拿着項羽的人頭給魯地父老看，魯人才投降。

正月，諸侯及將相相與共請尊漢王為皇帝。漢王三讓，不得已，曰：「諸君必以為便，便國家。」甲午，乃即皇帝位氾水之陽[1]。

注釋

1 氾水之陽：氾水北岸。

譯文

正月，諸侯與將相一同請求尊漢王為皇帝。漢王再三推讓，不得已，說：「諸位一定認為這樣做有好處，是對國家有好處吧。」甲午那一天，正式於氾水之北（山東曹縣北）即皇帝之位。

高祖置酒洛陽南宮。高祖曰：「列侯諸將無敢隱朕，皆言其情。吾所以有天下者何？項氏之所以失天下者何？」高起、王陵對曰：「陛下慢而侮人，項羽仁而愛人。然陛下使人攻城掠地，所降下者因以予之，與天下同利也。項羽妒賢嫉能，

有功者害之，賢者疑之；戰勝而不予人功，得地而不予人利，此所以失天下也。」高祖曰：「公知其一，未知其二。夫運籌策[1]帷帳之中，決勝於千里之外，吾不如子房。鎮國家，撫百姓，給餽饟[2]，不絕糧道，吾不如蕭何。連百萬之軍，戰必勝，攻必取，吾不如韓信。此三者，皆人傑也，吾能用之，此吾所以取天下也。項羽有一范增而不能用，此其所以為我擒也。」

注釋

1 運籌策：制定策略。2 餽饟：運送糧餉。餽，通「饋」。

譯文

高祖在洛陽南宮設酒宴。高祖說：「各位諸侯將領，對我不得隱瞞，都要說真話。我之所以取得天下是甚麼原因？項氏之所以失掉天下又是甚麼原因？」高起、王陵回答說：「陛下傲慢而輕辱人，項羽仁義而寬厚待人，但陛下派人攻城佔地，誰攻下的地方就授予誰，與天下共享其利。項羽則妒賢嫉能，對有功者加害，對賢能者懷疑；戰勝了不記功，得了土地不賞賜，這就是他丟失天下的原因。」高祖說：「你們只知其一，不知其二。運籌帷幄之中，決勝千里之外，我不如子房（張良）。鎮守國家，安撫百姓，供應給養，不絕糧道，我不如蕭何。統兵百萬，戰必勝，攻必取，我不如韓信。這三個都是人中的豪傑，我能夠重用他們，這就是我得天下的原因。而項羽只有一個范增還不能重用，這就是他被我所擒的原因。」

高祖欲長都洛陽，齊人劉敬[1]說，及留侯勸上入都關中，高祖是日駕，入都關中。六月，大赦天下。

注釋

1 劉敬：本姓「婁」，因勸說劉邦遷都關中有功被賜姓「劉」。

譯文

高祖想永遠定都洛陽，齊人劉敬遊說，張良也勸高祖入關中建都，高祖當日起駕，入關中建都。六月，大赦天下。

（十一年）春，淮陰侯韓信謀反關中，夷三族。夏，梁王彭越謀反，廢遷蜀；復欲反，遂夷三族[1]。立子恢為梁王，子友為淮陽王。

秋七月，淮南王黥布反，東并荊王劉賈地，北渡淮，楚王交走入薛。高祖自

往擊之，立子長為淮南王。

注釋　1 夷三族：誅滅宗族。三族，父母、兄弟、妻子；一說為父、子、孫；一說為父族、母族、妻族。

譯文　（高祖十一年）春天，淮陰侯韓信在關中謀反，被誅滅三族。夏天，梁王彭越謀反，被廢除王位流放蜀地；他又想反，於是被誅滅三族。立皇子劉恢為梁王，劉友為淮陽王。秋七月，淮南王黥布造反，向東併荊王劉賈之地，向北渡淮水，楚王劉交逃入薛地。高祖親自去討伐他。立皇子劉長為淮南王。

高祖還歸，過沛，留。置酒沛宮，悉召故人父老子弟縱酒。發沛中兒得百二十人，教之歌。酒酣，高祖擊筑[1]，自為歌詩曰：「大風起兮雲飛揚，威加海內兮歸故鄉，安得猛士兮守四方！」令兒皆和習之。高祖乃起舞，慷慨傷懷，泣數行下。謂沛父兄曰：「遊子悲故鄉，吾雖都關中，萬歲後吾魂魄猶樂思沛。且朕自沛公以誅暴逆，遂有天下，其以沛為朕湯沐邑[2]，復其民[3]，世世無有所與。」沛父兄諸母故人日樂飲極驩，道舊故為笑樂。十餘日，高祖欲去，沛父兄固請留高祖。高祖曰：「吾人衆多，父兄不能給。」乃去。沛中空縣皆之邑西獻[4]。高祖復留止，張飲[5]三日。沛父兄皆頓首曰：「沛幸得復，豐未復，唯陛下哀憐之。」高祖曰：「豐吾所生長，極不忘耳，吾特[6]為其以雍齒故反我為魏。」沛父兄固請，乃並復豐，比沛。於是拜沛侯劉濞為吳王。

注釋

1 擊筑：筑，一種弦樂器；用撥子擊打演奏。2 湯沐邑：國君、皇室收取賦稅的私邑。3 復其民：免除傜役。4 獻：謂獻牛酒。5 張飲：搭設帳篷，相聚而飲。張，同「帳」。6 特：只不過。

譯文

高祖北歸，路過沛縣，停下來。在沛宮設酒宴，招待所有故交、父老、子弟盡情飲酒，動員沛縣中一百二十名兒童，教給他們唱歌。酒興正濃時，高祖擊筑，自己作歌唱道：「大風起兮雲飛揚，威震海內兮歸故鄉，安得猛士兮守四方！」讓兒童們都跟着唱。高祖又起來跳起舞，慷慨傷感，熱淚湧下。他對沛縣的父兄說：「遊子思故鄉。我雖建都關中，但死後我的魂魄還是會思念沛縣的。況且我從沛縣起家討伐暴逆，奪得天下，我要把沛縣作為我的湯沐邑，免除這裏人們的徭役，世世代代都沒有負擔。」沛縣的男女老少、親朋故舊日日暢飲歡喜，談笑往事。十幾天後，高祖要走，沛縣父兄執意挽留高祖。高祖說：「我部下人多，父兄供應不起。」於是離開。沛縣百姓傾城出動，到城西向他進獻酒食。高祖又停下來，搭起帳篷暢飲了三天。沛縣父兄都叩頭說：「沛縣有幸免除了徭役，但豐邑還未得豁免，願陛下可憐他們吧。」高祖說：「豐邑是我生長的地方，絕忘不了的，我只是恨當年他們跟着雍齒反叛我而投靠魏王。」沛縣的父兄堅決請求，就一併免了豐邑的徭役，與沛縣同樣。於是封沛侯劉濞為吳王。

漢將別擊布軍洮水[1]南北，皆大破之，追得斬布鄱陽。

注釋

1 洮水：一說當為沘水。沘水今作「淠水」。

譯文

漢將分別在洮水南北攻打黥布軍隊，都將其打得大敗，追到鄱陽（江西鄱陽）斬殺了黥布。

高祖擊布時，為流矢所中，行道病。病甚，呂后迎良醫，醫入見。高祖問醫，醫曰：「病可治。」於是高祖嫚罵之曰：「吾以布衣提三尺劍取天下，此非天命乎？命乃在天，雖扁鵲何益！」遂不使治病，賜金五十斤罷之。已而呂后問：「陛下百歲後，蕭相國即死，令誰代之？」上曰：「曹參可。」問其次，上曰：「王陵可。然陵少戇，陳平可以助之。陳平智有餘，然難以獨任。周勃重厚少文，然安劉氏者必勃也，可令為太尉。」呂后復問其次，上曰：「此後亦非而[1]所知也。」

注釋

1 而：你。

譯文

高祖討伐黥布時，被流矢射中，回來的半道上病倒。病重，呂后請來名醫。醫生進來看後，高祖問病情，醫生說：「可以治好。」高祖一聽謾罵起來：「我以平民的身份，提三尺劍取得天下，這難道不是天命嗎？命由天定，即使是神醫扁鵲在世又有何用！」於是就不讓醫生再治，給了五十斤黃金，把他打發走了。不久呂后問高祖：「陛下百年之後，如果蕭相國死了，讓誰接替宰相？」高祖說：「曹參可以。」呂后又問：「曹參以後呢？」高祖說：「王陵可以。但王陵有些憨直，陳平可以幫他。陳平智謀有餘，但難以獨當大任。周勃文才不足，但日後能捍衛劉氏政權的必定是他。可以讓他作太尉。」呂后又問以後是誰，高祖說：「再往後也不是你能知道的了。」

四月甲辰[1]，高祖崩長樂宮。

注釋

1 四月甲辰：漢之十二年，陰曆四月二十五。

譯文

四月甲辰日，高祖崩於長樂宮。

賞析與點評

漢高祖劉邦是中國歷史上第一個「布衣」皇帝，至少在司馬遷那個時代看來沒有人恥笑皇帝的微賤出身，當時也沒有出現高祖乃堯帝末孫的觀點。但是，畢竟一個「布衣」憑甚麼就可以統治天下的「布衣」呢？為了解決這個問題，當時最常用，也是最有效的辦法就是讓「布衣」皇帝具有「天之子」的身份，於是有了「白帝子」化為蛇當道，被「赤帝子」劉邦斬殺的傳說。如同殷、周的始祖一樣，一旦讓漢高祖作為感生帝出世，一切就很容易解釋了。

書

封禪書

本篇導讀——

正如《太史公自序》所說，《書》主要是講制度、文化變遷的體例。從這一點來看，《封禪書》可謂「書」的代表作。正如本篇「贊」中所言：「論次自古以來用事於鬼神者，具見其表裏。後有君子，得以覽焉。若至俎豆珪幣之詳，獻酬之禮，則有司存。」作者在本篇中很巧妙地記述了封禪的「表」和「裏」：以自己對「今上」皇帝的親見親歷，曲折而詳細地揭示了人君痴迷宗教而屢受方士欺騙的歷史。

自古受命帝王，曷嘗不封禪[1]？蓋有無其應而用事者矣，未有睹符瑞見而不臻乎泰山者也。雖受命而功不至，至梁父[2]矣而德不洽，洽矣而日有不暇給，是以即事用希。傳曰：「三年不為禮，禮必廢；三年不為樂，樂必壞。」每世之隆，則封禪答焉，及衰而息。厥曠遠者千有餘載，近者數百載，故其儀闕然堙滅，其詳不可得而記聞云。

注釋

1 封禪：封為「祭天」，禪為「祭地」，古代帝王在太平盛世或天降祥瑞之時的祭祀天地的大型典禮。2 梁父：山名，在泰山下。古代帝王封泰山而禪梁父。因山勢險峻，故孔子曾以登梁父喻推行仁道的艱難。

譯文

自古以來承受天命的帝王，哪有不舉行封禪的呢？有的帝王在上天沒有顯示徵兆就去舉行典禮的，但是沒有見過出現了符瑞而不去泰山的。已承受天命而功績不夠，有的功績夠了而德化不普遍，有的德化普遍了但沒有閑暇，實際上封禪大禮很少舉行。《傳》曰：「三年不為禮，禮必廢；三年不為樂，樂必壞。」每逢盛世興隆，則舉行封禪就是為此，等到世道衰微就停止了。這種做法遠的有千餘年，近的也有數百年了，所以封禪的禮儀已經殘缺、堙滅了，其情況難得其詳，無從記載而流傳後世。

秦始皇既并天下而帝，或曰：「黃帝得土德，黃龍地螾見。夏得木德，青龍止於郊，草木暢茂。殷得金德，銀自山溢。周得火德，有赤烏之符。今秦變周，水德之時。昔秦文公出獵，獲黑龍，此其水德之瑞。」於是秦更命河曰「德水」，以冬十月為年首，色上黑，度以六為名，音上大呂，事統[1]上法。

注釋

1 事統：事务。多指政事、軍務。

譯文

秦始皇統一天下而稱帝之後，有人說：「黃帝得到土德，黃龍、蚯蚓出現。夏得到木德，青龍停在郊外，草木繁榮茂盛。殷得到金德，銀從山間溢出。周得到火德，有了赤烏的符瑞。現在秦取代了周，逢水德之時。以前秦文公出外狩獵，獲得黑龍，這就是水德的祥瑞。」於是秦改稱黃河為「德水」，以冬季十月作為一年的開始，崇尚黑色，長度以六為單位，音律崇尚大呂，政務崇尚法令。

即帝位三年，東巡郡縣，祠騶嶧山，頌秦功業。於是徵從齊魯之儒生博士七十人，至乎泰山下。諸儒生或議曰：「古者封禪為蒲車，惡傷山之土石草木；埽地而祭，席用菹稭[1]，言其易遵也。」始皇聞此議各乖異，難施用，由此絀儒生。而遂除車道，上自泰山陽至巔，立石頌秦始皇帝德，明其得封也。從陰道下，禪於梁父。其禮頗采太祝之祀雍上帝所用，而封藏皆祕之，世不得而記也。

始皇之上泰山，中阪遇暴風雨，休於大樹下。諸儒生既絀，不得與用於封事之禮，聞始皇遇風雨，則譏之。

注釋

1 菹稭：草與禾稭。

譯文

秦始皇即帝位之後三年，向東巡視郡縣，祭祀騶嶧山（位於今山東省鄒城市東南），豎碑頌揚秦的功業。於是徵召齊、魯的儒生、博士七十人，來到泰山下。儒生中有人建議說：「古代封禪時使用蒲草包裹車輪，怕傷害山上的土石草木；掃淨地面來祭祀，用去皮禾稭的草薦，表明儀式容易遵行。」始皇聽到這些建議各自乖異，難以施用，由此罷黜了儒生。於是修築車道，他從泰山南坡至山巔，立石碑頌揚秦始皇帝的功德，表明他到此進行了「封」祀。他從北坡山道下來，於梁父山舉行「禪」禮。祭祀的禮儀大多採用太祝在雍祭祀上帝時所用禮儀，但是由於禮儀的記載都封藏保密，所以世人無法得知而記載。

始皇登泰山時，中途遇暴風雨，於大樹下休息。儒生既已被罷去，不得參與封事之禮，聽說始皇遇風雨，就譏笑他。

於是始皇遂東遊海上，行禮祠名山大川及八神，求僊人羨門之屬[1]。八神將自古而有之，或曰太公[2]以來作之。齊所以為齊，以天齊也。其祀絕，莫知起時。八神：一曰天主，祠天齊。天齊淵水，居臨菑南郊山下者。二曰地主，祠泰山梁父。蓋天好陰，祠之必於高山之下，小山之上，命曰「畤」；地貴陽，祭之必於澤中圜丘云。三曰兵主，祠蚩尤。蚩尤在東平陸監鄉，齊之西境也。四曰陰主，祠三山。五曰陽主，祠之罘。六曰月主，祠之萊山。皆在齊北，並勃海。七曰日主，祠成山。成山斗入海，最居齊東北隅，以迎日出云。八曰四時主，祠琅邪。琅邪在齊東方，蓋歲之所始。皆各用一牢[3]具祠，而巫祝所損益，珪幣雜異焉。

注釋

1 羨門：古代傳說中的神僊。2 太公：姜太公呂尚，西周開國功臣，封於齊，世稱「太公」。3 一牢：古代祭祀用的牲畜稱為「牢」。用一頭牲畜為「一牢」。

譯文

於是始皇又向東在沿海地區巡遊，舉行禮儀祭祀名山大川及八神，訪求僊人、羨門之類。八神自古有之，有人說太公以來才有的。齊之所以稱為「齊」，是因為此地與天的中央相對齊。這些祭祀早已斷絕，沒人知道起於何時。八神：第一位稱「天主」，祭祀天齊。天齊是泉眼（天齊泉據說象徵着天的肚臍），在臨淄南郊山下。第二位稱「地主」，祭祀泰山、梁父。據說因天喜好陰氣，祭祀必於高山之下，小山之上，稱為「時」；地崇尚陽氣，祭祀必於澤中圜丘之上。第三位稱「兵主」，祭祀蚩尤。蚩尤冢在東平陸監鄉，位於齊地西境。第四位稱「陰主」，祭祀三山。第五位稱「陽主」，祭祀之罘山。第六位稱「月主」，祭祀萊山。這些地方都在齊地北部，靠近勃海。第七位稱「日主」，祭祀成山。成山呈斗柄形嵌入海中，在齊的最東北角上，可以最早迎接日出。第八位稱「四時主」，祭祀琅邪。琅邪在齊的東方，是祈禱一年開始的。八神都用一牢供奉祭祀，但主祭者對珪帛等祭品可以有所增減。

自齊威、宣之時，騶子之徒論著終始五德[1]之運，及秦帝而齊人奏之，故始皇采用之。而宋毋忌、正伯僑、充尚、羨門高最後皆燕人，為方僊[2]道，形解銷化，依於鬼神之事。騶衍以陰陽主運顯於諸侯，而燕齊海上之方士傳其術不能通，然則怪迂阿諛苟合之徒自此興，不可勝數也。

注釋

1 終始五德：「五德」是指五行水、火、木、金、土所代表的五種德性。「終始」指「五德」周而復始的循環運轉。2 方僊：春秋、戰國時期專門從事方術、方技等道術的人，亦稱方士。

譯文

自齊威王、齊宣王時起，騶衍等人就著書論述五德終始的運行，到秦稱帝之後齊人奏上這種理論，所以始皇採用了它。而宋毋忌、正伯僑、充尚、羨門高、最後（一說為「冣穀」之誤）都是燕人，宣傳方術之道，探討肉體消亡之後依附於鬼神之事。騶衍靠陰陽主運學說，於諸侯中雖很出名，但燕、齊沿海的方士傳播騶衍學術難以講通，於是怪異、阿諛奉承之徒由此而興，多得不可勝數。

自威、宣、燕昭使人入海求蓬萊、方丈、瀛洲。此三神山者，其傳在勃海中，去人不遠；患且至，則船風引而去。蓋嘗有至者，諸僊人及不死之藥皆在焉。其物禽獸盡白，而黃金銀為宮闕。未至，望之如雲；及到，三神山反居水下。臨之，風輒引去，終莫能至云。世主莫不甘心焉。及至秦始皇并天下，至海上，則方士言之不可勝數。始皇自以為至海上而恐不及矣，使人乃齎童男女入海求之。船交海中，皆以風為解，曰未能至，望見之焉。其明年，始皇復游海上，至琅邪，過恆山，從上黨歸。後三年，游碣石，考[1]入海方士，從上郡歸。後五年，始皇南至湘山，遂登會稽，並海上，冀遇海中三神山之奇藥。不得，還至沙丘崩[2]。

注釋　1 考：考查。懷疑有詐而考查虛實。2 沙丘：沙丘離宮。位於河北省邢臺市郊。

譯文　從齊威王、齊宣王、燕昭王時就派人入海尋求蓬萊、方丈、瀛洲。此三座神山，據說就在勃海中，離人世不遠；只是就要到達時，船被風吹開而去。可能曾有人到過那裏，眾僊人和不死之藥都在那裏。那裏物產、禽獸都是白的，用黃金白銀造宮闕。未到時，望見如同雲朵；等到了那裏，三神山反轉於水下。靠近了，就被風吹開，終究不能到達。世間的君主無不對此念念不忘。等到秦始皇統一了天下，來到海濱，方士們談論此事的人數不勝數。秦始皇本人認為去海上恐怕還是到不了那裏，就派人帶上童男童女入海尋找。船到了海上，都被風吹散了，都說未能到達，只是望見而已。第二年，始皇又巡遊海濱，到了琅邪，經過恆山，從上黨而歸。三年後，巡遊碣石山（河北省昌黎縣），查問入海方士，從上郡（今陝西省榆林市東南）而歸。五年後，始皇去南方到了湘山（一名君山，又名洞庭山。在湖南岳陽縣西洞庭湖中），登會稽山（浙江省紹興市郊），沿海岸北上，希望得到海中三神山的奇藥。沒有得到，歸途至沙丘時逝世。

二世元年，東巡碣石，並海南，歷泰山，至會稽，皆禮祠之，而刻勒始皇所立石書旁，以章始皇之功德。其秋，諸侯畔秦。三年而二世弒死。

始皇封禪之後十二歲，秦亡。諸儒生疾秦焚詩書，誅僇文學[1]，百姓怨其法，天下畔之，皆譌曰：「始皇上泰山，為暴風雨所擊，不得封禪。」此豈所謂無其德而用事者邪？

注釋

1 文學：此指文學之士，即儒生。

譯文

二世元年，向東巡視到了碣石山，沿海南下，經過泰山，到達會稽山，都按照禮儀在那裏舉行了祭祀，並在始皇所立石碑旁加刻文字，以此表彰始皇的功德。這年秋天，諸侯背叛秦。第三年秦二世被殺死。

始皇舉行封禪之後十二年，秦滅亡。儒生們痛恨秦焚《詩》、《書》，誅殺文學之士，百姓怨恨秦的法令，天下人都背叛了它，都謠傳說：「始皇上泰山時，被暴風雨所襲擊，沒能封禪。」這難道就是所謂不具備德行卻要舉行封禪之禮的情況嗎？

漢興，高祖之微時，嘗殺大蛇。有物曰：「蛇，白帝子也，而殺者赤帝子。」高祖初起，禱豐枌榆社[1]。徇沛，為沛公，則祠蚩尤，釁（xìn）[2]鼓旗。遂以十月至灞上[3]，與諸侯平咸陽，立為漢王。因以十月為年首，而色上赤。

二年，東擊項籍而還入關，問：「故秦時上帝祠何帝也？」對曰：「四帝，有白、青、黃、赤帝之祠。」高祖曰：「吾聞天有五帝，而有四，何也？」莫知其說。於是高祖曰：「吾知之矣，乃待我而具五也。」乃立黑帝祠，命曰北畤。有司進祠，上不親往。悉召故秦祝官，復置太祝、太宰，如其故儀禮。因令縣為公社。下詔曰：「吾甚重祠而敬祭。今上帝之祭及山川諸神當祠者，各以其時禮祠之如故。」

注釋

1 枌榆社：漢高祖故鄉豐縣的里社名。「枌」，白榆。一說，枌榆是鄉名。2 釁：用牲畜血塗鐘、鼓等器物的縫隙。3 灞上：地名，同前文「霸上」。

譯文

漢朝興起，高祖微賤時，曾殺過大蛇。有一種說法：「蛇，是白帝之子，而殺牠的是赤帝之子。」高祖開始起兵時，曾在豐邑的枌榆社祈禱。巡行沛縣，成為沛公，於是祭祀蚩尤，血祭鼓旗。最終於十月到了灞上，與諸侯平蕩了咸陽，立為漢王。由此，以十月為一年的開始，而崇尚赤色。

第二年，向東進擊項羽，回師入關中時，問道：「以往秦時所祭祀的上帝是甚麼帝？」回答說：「有四帝，分別祭祀白帝、青帝、黃帝、赤帝。」高祖說：「我聽說上天有五帝，而秦只祭祀四帝，為甚麼？」無人說得出原因，於是高祖說：「我知道了，是等待我來祭祀五帝呢。」就建立了黑帝祠，命名為「北畤」。設專職祭祀，高祖並不親往祭拜。將以往秦朝主祭的祝官都召回來，重新設置太祝、太宰，一如既往地舉行祭祀的儀禮。繼而下令各縣設置公家的祭祀社。下詔曰：「我非常重視神祠而尊敬祭祀。現在上帝之祭以及山川諸神應當拜祀的，都要像以往那樣各自按時予以禮拜。」

魯人公孫臣上書曰：「始秦得水德，今漢受之，推終始傳，則漢當土德，土德之應黃龍見。宜改正朔[1]，易服色，色上黃。」是時丞相張蒼好律曆，以為漢乃水德之始，故河決金隄[2]，其符也。年始冬十月，色外黑內赤，與德相應。如公孫臣言，非也。罷之。後三歲，黃龍見成紀。文帝乃召公孫臣，拜為博士，與諸生草改曆服色事。其夏，下詔曰：「異物之神見於成紀，無害於民，歲以有年。朕祈郊上帝諸神，禮官議，無諱以勞朕。」有司皆曰：「古者天子夏親郊，祀上帝於郊，故曰郊」。於是夏四月，文帝始郊見雍五畤祠，衣皆上赤。

注釋

1 正朔：正和朔分別為一年和一月的開始。2 金隄：位於漢代東郡（今河南東部以及山東西部）境內的黃河河堤。

譯文

魯人公孫臣上書說：「當初秦得水德，現在漢接替了它，按照五德終始的傳承推算，漢當是土德，土德的符應是黃龍出現。應該改變曆法，更換服色，崇尚黃色。」這時丞相張蒼喜好律曆，認為漢是水德的開始，所以黃河在金隄決口，這是水德的符應。一年以冬季十月為開端，十月氣色外黑內赤，與水德相應。像公孫臣所言，是錯的。不採納他的意見。以後三年，黃龍在成紀（星座名）出現。

文帝就召見公孫臣，拜他為博士，與儒生草擬更改曆法、服色事宜。這年夏天，下詔說：「奇異之神現於成紀，對人民沒有傷害，年成豐收。朕想郊祭上帝、諸神，請禮官計議，不要顧忌朕的勞累。」主管官員說：「古代天子夏季親自舉行郊祭，在郊外祭祀上帝，所以稱為『郊』」。於是在夏季四月，文帝開始在雍五畤舉行郊祭，衣服都崇尚赤色。

今天子初即位，尤敬鬼神之祀。

元年，漢興已六十餘歲矣，天下艾安，搢紳之屬皆望天子封禪改正度也，而上鄉儒術，招賢良，趙綰、王臧等以文學為公卿，欲議古立明堂城南，以朝諸侯。草巡狩封禪改曆服色事未就。會竇太后治黃老言，不好儒術，使人微伺得趙綰等姦利事，召案綰、臧，綰、臧自殺，諸所興為皆廢。

後六年，竇太后崩。其明年，徵文學之士公孫弘等。

明年，今上初至雍，郊見五畤。後常三歲一郊[1]。是時上求神君，舍之上林中蹏氏觀。神君者，長陵女子，以子死，見神於先後宛若。宛若祠之其室，民多往祠。平原君往祠，其後子孫以尊顯。及今上即位，則厚禮置祠之內中。聞其言，不見其人云。

注釋

1 三歲一郊：第一年祭天，第二年祭地，第三年祭五畤。三歲一遍，皇帝親自舉行。

譯文

當今天子剛即位，尤其敬重鬼神之祭祀。元年（漢武帝建元元年，前一四〇年），漢朝建立已六十餘年了，天下平安，士大夫們都希望天子舉行封禪，修改制度，而皇上崇尚儒術，招納賢良之士，趙綰、王臧等以文學之士成為公卿，想建議像古時那樣在城南建立明堂，用來朝見諸侯。草擬巡狩、封禪、改曆、易色之事尚未成功。適逢竇太后喜黃老學說，不好儒術，派人私下查出趙綰等人非法謀利的事，查辦趙綰、王臧，趙綰、王臧自殺，他們所興辦的那些事皆做廢了。之後六年，竇太后駕崩。翌年，徵召文學之士公孫弘等人。翌年，當今皇上首次到雍，郊祭五畤。以後通常每三年舉行一次郊祭。此時皇上尋求到一位神君，讓她住宿在上林苑中蹏氏觀。神君是長陵的一位女子，因為孩子而死（一說因難產而死），死後在妯娌宛若身上顯靈。宛若把她供奉在室內，很多百姓前往祭拜。平原君前往祭拜，他的後代子孫因此得以尊貴顯赫。等到當今皇上即位，就以豐厚祭禮在宮中立祠供奉。能聽見她說話，不見其人影。

其明年冬，天子郊雍，議曰：「今上帝朕親郊，而后土無祀，則禮不答也。」有司與太史公、祠官寬舒議：「天地牲角繭（jiǎn）栗。今陛下親祠后土，后土宜於澤中圜丘為五壇，壇一黃犢太牢具，已祠盡瘞（yì）[1]，而從祠衣上黃。」於是天子遂東，始立后土祠汾陰脽（shuí）丘，如寬舒等議。上親望拜，如上帝禮。禮畢，天子遂至滎陽而還。過洛陽，下詔曰：「三代邈絕，遠矣難存。其以三十里地封周後為周子南君，以奉其先祀焉。」是歲，天子始巡郡縣，侵尋於泰山矣。

注釋

1 瘞：埋物祭地。

譯文

翌年冬天，天子到雍郊祭，商議說：「現在上帝由朕親自郊祭，而后土沒有祭祀，這不合禮儀。」主管官員與太史公（或許是司馬遷之父司馬談）、祠官寬舒商議：「祭天地所用牲畜，角像繭、栗一樣。現在陛下親自祭祀后土，后土應在澤中圜丘上設置五壇，每壇用一頭黃牛犢與太牢一具，祭祀完畢全部埋掉，陪祭官員要穿黃衣服。」於是天子又東行，開始在汾陰縣（今山西省萬榮縣）的脽丘建立后土祠（元鼎四年，前一一三年），依照寬舒等人的建議進行。皇上親自行望祭禮以祭拜，與祭祀上帝之禮儀相同。禮畢，天子就到滎陽，而後返回。路過洛陽時，下詔曰：「夏、商、周三代已很久遠，久遠了就難以保存。把方圓三十里之地封給周的後裔作為周子南君，以供奉他們祖先的祭祀。」這一年，天子開始巡行郡縣，逐漸接近泰山了。

上遂郊雍，至隴西，西登崆峒，幸甘泉。令祠官寬舒等具太一祠壇[1]，祠壇放薄忌太一壇，壇三垓。五帝壇環居其下，各如其方，黃帝西南，除八通鬼道。太一，其所用如雍一畤物，而加醴棗脯之屬，殺一貍牛以為俎豆牢具。而五帝獨有俎豆醴進。其下四方地，為餟食羣神從者及北斗云。已祠，胙餘皆燎之。其牛色白，鹿居其中，彘在鹿中，水而洎之。祭日以牛，祭月以羊彘特。太一祝宰則衣紫及繡。五帝各如其色，日赤，月白。

十一月辛巳朔旦冬至，昧爽，天子始郊拜太一。朝朝日，夕夕月，則揖；而見太一如雍郊禮。

注釋

1 太一：也作「泰一」。北極神，即天帝的別名。

譯文

皇上於是到雍舉行郊祭，到隴西，向西登上崆峒山，回來時巡倖了甘泉宮。命祠官寬舒等修建太一祠壇，祠壇仿照薄忌的太一壇樣式，壇分為三層。五帝壇環繞在它下方，各在自己的方位，黃帝在西南，開通八條鬼神通道。祭祀太一神用的祭祀品與雍各畤的相同，另加甜酒、棗、乾肉之類，殺一頭牦牛做為盛於俎豆的犧牲。而五帝只有俎豆和甜酒的供奉。壇下的四方空地上，用酒灑地作為對羣神從者以及北斗的供奉。祭祀完畢，剩餘的祭肉都用火燎。牛是白色的，把鹿放在其中，把豬放在鹿中，用水浸泡。以牛祭日，以羊、豬祭月。主祭太一神的祝宰身穿紫色刺繡衣服。祭祀五帝主持者的衣服各與五帝顏色相同，祭日穿赤色，祭月穿白色。

十一月辛巳初一早晨適逢冬至，拂曉時，天子開始郊祭太一。早晨祭日，傍晚祭月，只是作揖；祭拜太一是按照雍的郊禮。

自得寶鼎，上與公卿諸生議封禪。封禪用希曠絕，莫知其儀禮，而羣儒采封禪尚書、周官、王制之望祀射牛事[1]。齊人丁公年九十餘，曰：「封禪者，合不死之名也。秦皇帝不得上封，陛下必欲上，稍上即無風雨，遂上封矣。」上於是乃令諸儒習射牛，草封禪儀。數年，至且行。天子既聞公孫卿及方士之言，黃帝以上封禪，皆致怪物與神通，欲放黃帝以上接神僊人蓬萊士，高世比德於九皇，而頗采儒術以文之。羣儒既已不能辨明封禪事，又牽拘於詩書古文而不能騁。上為封禪祠器示羣儒，羣儒或曰「不與古同」，徐偃又曰「太常諸生行禮不如魯善」，周霸屬圖封禪事，於是上絀偃、霸，而盡罷諸儒不用。

注釋

1 望祀：祭名，遙祭山川地祇之禮。射牛：帝王、諸侯祭祀天地、宗廟時必親自射牛以示隆重。

譯文

自從得到寶鼎，皇上就與公卿大臣及儒生商議舉行封禪。封禪很少舉行，荒疏已久，沒人知其儀禮，而羣儒主張封禪應採用《尚書》、《周官》、《王制》所載的望祀和射牛之禮。齊人丁公九十餘歲，說：「封禪，應該與不死之名相符合。秦皇帝未能登高實行封祭，陛下如果一定要登泰山的話，稍稍攀登如果沒有風雨的話，就可以登頂封禪了。」皇上於是命令儒生練習射牛，草擬封禪的儀式。數年之後，到了要去泰山的時候了。天子曾經聽公孫卿及方士說過，黃帝以前的封禪，都招致怪物，與神相通，想要仿照黃帝以前接待神僊之人與蓬萊方士，超脫於世而模仿九皇之德，而且頗採用儒術加以修飾。羣儒既已不能辨明封禪事宜，又拘泥於《詩》、《書》古文而不能變通。皇上製作封禪祭器給羣儒看，羣儒中有人說「與古代的不同」，徐偃又說「太常所屬的儒生行禮不如魯國做得好」，周霸負責召集議論封禪事宜，於是皇上斥退徐偃、周霸，並將儒生全都罷黜不用。

三月，遂東幸緱氏，禮登中嶽太室。從官在山下聞若有言「萬歲」云。問上，上不言；問下，下不言。於是以三百戶封太室奉祠，命曰崇高邑。東上泰山，泰山之草木葉未生，乃令人上石立之泰山巔。

上遂東巡海上，行禮祠八神。齊人之上疏言神怪奇方者以萬數，然無驗者。乃益發船，令言海中神山者數千人求蓬萊神人。公孫卿持節常先行候名山，至東萊，言夜見大人，長數丈，就之則不見，見其跡甚大，類禽獸云。羣臣有言見一老父牽狗，言「吾欲見巨公[1]」，已忽不見。上即見大跡，未信，及羣臣有言老父，則大以為僊人也。宿留海上，予方士傳車及間使求僊人以千數。

注釋

1 巨公：皇帝的別稱。

譯文

三月，向東行幸緱氏（在今河南偃師東南），按禮登上中嶽太室山（位於河南省登封縣北，嵩山之東峰）。隨行官在山下聽到彷彿有人喊「萬歲」。問山上，山上人說沒喊；問山下，山下說沒喊。於是將三百戶人家封給太室山供奉祭祀，命名曰崇高邑。向東登上泰山，泰山的草木尚未生葉，命令人搬石上山，將其立於泰山之巔。

皇上於是東巡海上，行禮祭祀八神。齊人上疏談論神怪奇方的數以萬計，然而沒有應驗的。就增派船隻，命令談論海中神山的數千人去尋求蓬萊神人。公孫卿帶着符節經常先行到名山等候，到了東萊（今山東省龍口市），說夜裏見到巨人，身高數丈，接近他就不見了，見到他足跡甚大，與禽獸的足跡類似。羣臣中有說見到一老父牽狗，老父說「我要見巨公（武帝）」，已而忽然不見了。皇上就去看大足跡，尚不相信，等到羣臣中有人說到老父時，就堅信這是僊人。於是留宿海邊，給予方士傳車，並悄悄派了數千人尋求僊人。

天子既已封泰山，無風雨災，而方士更言蓬萊諸神若將可得，於是上欣然庶幾遇之，乃復東至海上望，冀遇蓬萊焉。奉車子侯暴病，一日死。上乃遂去，並海上，北至碣石，巡自遼西，歷北邊至九原。五月，反至甘泉。有司言寶鼎出為元鼎，以今年為元封元年。

注釋

1 子侯暴病，一日死：一說道士都認為子侯是成僊而去。

譯文

天子已經在泰山舉行封禮祭天，沒有遇到風雨災害，而方士又言蓬萊諸神即將找到，於是皇上欣然，認為或許能夠遇到，就又向東至海上眺望，希望遇到蓬萊僊人。奉車都尉子侯暴病，只一日就死了。皇上於是離去，沿海而上，向北到達碣石，從遼西開始巡行，經過北部邊郡直至九原（今內蒙古自治區包頭市）。五月，回到甘泉宮。主管官員說寶鼎出現那年改稱「元鼎」，今年封禪，應該為「元封」元年。

是時既滅兩越，越人勇之乃言「越人俗鬼，而其祠皆見鬼，數有效。昔東甌王[1]敬鬼，壽百六十歲。後世怠慢，故衰耗」。乃令越巫立越祝祠，安臺無壇，亦祠天神上帝百鬼，而以雞卜。上信之，越祠雞卜始用。

注釋

1 東甌王：東甌國（前四七二—前一三八年）王，越王句踐的後裔。封地位於今浙江東南的温州市和臺州温嶺一帶。

譯文

此時既已消滅了兩越，越人勇之説「越人習俗信鬼，而且他們祭祀都能見到鬼，往往有效驗。以前東甌王敬鬼，壽命長達一百六十歲。後代怠慢了鬼神，所以衰敗了。」於是命令越巫建立越式祭祀鬼神的祠廟，祠中設置臺而不設壇，也祠天神、上帝、百鬼，但是用雞占卜。皇上相信此法，越式祠廟、雞卜（又稱雞骨卜）開始採用。

其明年，伐朝鮮。夏，旱。公孫卿曰：「黃帝時封則天旱，乾封三年。」上乃下詔曰：「天旱，意乾封乎？其令天下尊祠靈星[1]焉。」

其明年，上郊雍，通回中道，巡之。春，至鳴澤，從西河歸。

其明年冬，上巡南郡，至江陵而東。登禮灊（qián）之天柱山，號曰南嶽。浮江，自尋陽出樅陽，過彭蠡，禮其名山川。北至琅邪，並海上。四月中，至奉高修封焉。

夏，漢改曆，以正月為歲首，而色上黃，官名更印章以五字，為太初元年。是歲，西伐大宛。蝗大起。丁夫人、洛陽虞初等以方祠詛匈奴、大宛焉。

注釋

1 靈星：星名。亦稱天田星、龍星。主農事。

譯文

翌年，攻伐朝鮮。夏天，乾旱。公孫卿說：「黃帝的時候，一旦封禪就遇天旱，為的是讓封土乾燥三年。」皇上於是下詔說：「天旱，是為了曬乾封土吧？下令天下尊祠靈星。」

翌年，皇上到雍郊祭，開通回中道（重修關中至回中的道路），巡視了那裏。春天，來到鳴澤（今北京市房山縣上方山雲水洞附近），從西河返回。

翌年（元封五年，前一〇六年）冬天，皇上巡行南郡，至江陵（今湖北省江陵市）又向東行。登上灊（今安徽霍山縣東北）的天柱山舉行禮祭，稱它為「南嶽」。順長江而下，從尋陽（今湖北黃梅）前往樅陽（安徽桐城東南），經過彭蠡（鄱陽湖），禮祭那裏的名山大川。向北到了琅邪，沿海北上。四月中，來到奉高（今山東泰安東）舉行封禪。

夏天，漢朝更改曆法，以正月為一年的開始，崇尚黃色，官名印章改用五個字，年號改為「太初」元年。這一年，向西討伐大宛。蝗蟲大起。丁夫人、洛陽虞初等人用方術求鬼神詛咒匈奴、大宛。

今天子所興祠，太一、后土，三年親郊祠，建漢家封禪，五年一修封。薄忌太一及三一、冥羊、馬行、赤星[1]，五，寬舒之祠官以歲時致禮。凡六祠，皆太祝領之。至如八神諸神，明年、凡山他名祠，行過則祠，行去則已。方士所興祠，各自主，其人終則已，祠官不主。他祠皆如其故。今上封禪，其後十二歲而還，偏於五嶽、四瀆[2]矣。而方士之候祠神人，入海求蓬萊，終無有驗。而公孫卿之候神者，猶以大人之跡為解，無有效。天子益怠厭方士之怪迂語矣，然羈縻不絕，冀遇其真。自此之後，方士言神祠者彌眾，然其效可睹矣。

注釋

1 太一、三一、冥羊、馬行、赤星：均為星座名。2 五嶽、四瀆：一般指南嶽衡山、中嶽嵩山、北嶽恆山、東嶽泰山、西嶽華山；長江、黃河、淮河、濟河。

譯文

當今天子所興建的祠廟，有太一祠、后土祠，每三年親自郊祭一次，建立了漢朝的封禪制，每五年舉行一次。薄忌的太一壇及三一祠、冥羊祠、馬行祠、赤星祠共五祠，以及寬舒之祠，每年按時行祭禮。總共六祠，都由太祝統領。至於八神等眾神，以及明年、凡山等著名祠廟，天子巡行經過時就舉行祠禮，離開後就作罷。方士所興建的祠廟，由他們各自主持，本人死後則作罷，不由祠官管理。其他祠廟都照舊。當今皇上舉行了封禪，在此後的十二年中，遍祭於五嶽、四瀆。而方士立祠迎候神人，入海尋求蓬萊，始終沒有效驗。而公孫卿迎候神人，僅以見到巨人足跡為證據，也沒有效驗。天子逐漸厭倦了方士的奇談怪論，然而仍與他們關係不斷，希望最終真能遇到神僊。自此之後，方士談論神僊、祭祀者更多，然而其效驗可謂有目共睹。

太史公曰：余從巡祭天地諸神名山川而封禪焉。入壽宮侍祠神語，究觀方士祠官之意，於是退而論次自古以來用事於鬼神者，具見其表裏。後有君子，得以覽焉。若至俎豆珪幣之詳，獻酬之禮，則有司存。

譯文

太史公說：我跟隨皇上出巡，祭祀天地、諸神、名山、大川，參加了封禪典禮。在壽宮陪伴傾聽祭神的祝語，得以仔細觀察方士、祠官的意圖，於是退身而論述、編訂自古以來祭祀鬼神的沿革，詳細地記載其形式與內容。後世君子，得以閱覽。至於俎豆禮器、珪幣極品的詳細規定，以及獻享酬神之禮儀形式，則有主管官員所保存的資料可查。

賞析與評點

司馬遷寫「書」的一個重要方針是不着重記述有司記錄中已存在的內容，而是重点描述促成實際變遷之原因的真相。如果說「列傳」中司馬遷突出描寫了自春秋末直至漢代，那種憑藉個人能力自由競爭的時代特徵的話，在「書」中他則是從另一個側面，針對大一統時代的天子應當如何進行統治的問題，通過考察古今制度，提出了君主不應以個人好惡改變制度的犀利觀點。而這一點在後世效仿他的史家來說基本都沒有做到，後世的正史多數僅是將有司的記錄原封不動地予以抄錄而已。

世家

「世家」又稱「系家」，是司馬遷創作的一種記述諸侯本系的體例，為的是記錄諸侯子孫相傳常有封國的歷史。如孟子曰「陳仲子，齊之系家」。又如董仲舒曰「王者封諸侯，非官之也，得以代為家也」。由於後來的正史中基本沒有襲用「世家」這一體例，所以有人曾非難《史記》設置「世家」是無用的，但畢竟漢代實行的是郡、國並行的國家體制，仍在延續先秦以來的諸侯分封建國制。司馬遷寫「世家」正是對當時以及先秦歷史的真實寫照。關於「世家」，《太史公自序》認為就整體而言，寫的是那些輔佐天子的人物，以世家的體例記述他們如何作為諸侯而使家族長遠存續的。司馬遷還指出，家族之所以長久存續，其前代曾經為人民立有功績是一個重要原因。

陳杞世家

本篇導讀——

司馬遷在《陳杞世家》中表述了自己設立「世家」的目的。他說：唐虞之際陳氏其家對人民有功德者十一人，其中五人的後代成為了帝王，其餘的皆顯貴為諸侯。司馬遷認為對這樣的家族要為他們立「本紀」或「世家」。他認為作為舜之後代的陳雖然滅亡了，但陳氏的末孫成為了齊的田氏；杞雖然滅亡，夏之禹的末孫卻成為了越王句踐。總之，這些人物都是前代有功德者的後裔，所以才得以長續久存。

陳胡公滿者，虞帝舜之後也。昔舜為庶人時，堯妻之二女，居於嬀汭，其後因為氏姓，姓嬀氏。舜已崩，傳禹天下，而舜子商均為封國。夏后[1]之時，或失或續。至於周武王克殷紂，乃復求舜後，得嬀滿，封之於陳，以奉帝舜祀，是為胡公。

注釋

1 夏后：即夏后氏，夏朝的氏稱。夏朝王族以國為氏，所以稱夏后氏，簡稱「夏」。中華民族最早的稱呼——華夏，即起源於夏后。

譯文

陳的胡公滿，是虞帝舜的後代。從前舜還是庶民時，堯將兩個女兒嫁給舜，居住於嬀汭，其後代就用地名作為氏姓，姓嬀氏了。舜去世後，將天下傳給禹，而舜的兒子商均受封為諸侯國。夏朝之時，舜的後人或失去、或繼續封國。至周武王征服殷紂王，乃重新尋求舜的後代，找到嬀滿，將其封於陳地，以尊奉帝舜的祭祀，此人就是胡公。

胡公卒，子申公犀侯立。申公卒，弟相公皋羊立。相公卒，立申公子突，是為孝公。孝公卒，子慎公圉戎立。慎公當周厲王時。慎公卒，子幽公寧立。

幽公十二年，周厲王奔於彘。

二十三年，幽公卒，子釐公孝立。釐公六年，周宣王即位。三十六年，釐公卒，子武公靈立。武公十五年卒，子夷公說立。是歲，周幽王即位。夷公三年卒，弟平公燮立。平公七年，周幽王為犬戎[1]所殺，周東徙。秦始列為諸侯。

注釋

1 犬戎：古族名。即獫狁，也稱西戎，活動於今陝、甘一帶。

譯文

胡公去世，兒子申公犀侯即位。申公去世，弟弟相公皋羊即位。相公去世，擁立申公之子突，這就是孝公。孝公去世，兒子慎公圉戎即位。慎公正當周厲王之時。慎公去世，兒子幽公寧即位。

幽公十二年，周厲王逃到了彘。

二十三年，幽公去世，兒子釐公孝即位。釐公六年，周宣王即位。三十六年，釐公去世，兒子武公靈即位。武公十五年去世，子夷公說即位。這一年，周幽王即位。夷公三年去世，弟平公燮即位。平公七年，周幽王被犬戎所殺，周朝向東遷徙。秦國開始列為諸侯。

厲公二年，生子敬仲完。周太史過陳，陳厲公使以《周易》筮[1]之，卦得《觀》之《否》：「是為觀國之光，利用賓于王。此其代陳有國乎？不在此，其在異國？非此其身，在其子孫。若在異國，必姜姓。姜姓，太嶽[2]之後。物莫能兩大，陳衰，此其昌乎？」

注釋

1 筮：用蓍草占卦。2 太嶽：堯帝時的四嶽。

譯文

厲公二年，生兒子敬仲完。周太史路過陳，陳厲公讓他以《周易》為兒子占卦筮，得到《觀》卦變為《否》卦的結果：「這是觀測到了國家之光，有利作為王的賓客。這顯示他將代陳而擁有國家嗎？不在此處，應該是在其他國嗎？不在他本身，而在其子孫。如果在他國，必在姜姓。姜姓是太嶽的後裔。事物沒有兩者都盛大的，陳衰微了，會在他這裏昌盛嗎？」

厲公取蔡女，蔡女與蔡人亂，厲公數如蔡淫。七年，厲公所殺桓公太子免之三弟，長曰躍，中曰林，少曰杵臼，共令蔡人誘厲公以好女，與蔡人共殺厲公而立躍，是為利公。利公者，桓公子也。利公立五月卒，立中弟林，是為莊公。莊公七年卒，少弟杵臼立，是為宣公。

譯文

厲公娶了蔡國的女子，蔡國女子與蔡國人亂倫，厲公多次去蔡國淫樂。七年，厲公所殺的桓公太子免的三位弟弟，大的名躍，中的名林，小的名杵臼，共謀讓蔡國人以美女誘惑厲公，與蔡國人一起殺死厲公而擁立躍為國君，這是利公。利公，就是桓公的兒子。利公即位五個月去世，擁立了中間的弟弟林，就是莊公。莊公七年去世，小弟杵臼即位，就是宣公。

宣公三年，楚武王卒，楚始強。十七年，周惠王娶陳女為后。

二十一年，宣公後有嬖姬生子款，欲立之，乃殺其太子禦寇。禦寇素愛厲公子完，完懼禍及己，乃奔齊。齊桓公欲使陳完為卿，完曰：「羈旅[1]之臣，幸得免負檐，君之惠也，不敢當高位。」桓公使為工正[2]。齊懿仲欲妻陳敬仲，卜之，占曰：「是謂鳳皇于飛[3]，和鳴鏘鏘。有嬀之後，將育于姜[4]。五世其昌，並于正卿。八世之後，莫之與京[5]。」

注釋

1 羇：寄；旅：客。2 工正：主持製作器械的官職。3 雄曰鳳，雌曰皇。雄雌雙飛，相和而鳴。比喻敬仲夫妻將有声譽。4 嬀：陳國之姓。姜：齊國之姓。5 京：大的意思。

譯文

宣公三年，楚武王去世，楚國開始強盛。十七年，周惠王娶陳國女子為王后。二十一年，宣公有後出的嬖姬所生兒子款，想要立他為繼承人，就殺了太子禦寇。禦寇一向喜歡厲公的兒子完，完害怕災禍殃及自身，就逃到齊國。齊桓公想拜陳完為卿，陳完說：「我是個客居貴處之人，僥倖免除徭役負擔，已經是承蒙您的恩惠了，不敢充當高官。」桓公讓他做了工正。齊國的懿仲想把女兒嫁給陳敬仲，為此進行占卜，占卜結果：「此可謂鳳凰雙飛，共相和鳴，鏘鏘有聲。嬀姓的後代，將孕育於姜姓。他的五世後代將要昌盛，能夠與正卿並列。八世之後，沒有比他更強大的了。」

靈公元年，楚莊王即位。六年，楚伐陳。十年，陳及楚平。

十四年，靈公與其大夫孔寧、儀行父皆通於夏姬[1]，衷[2]其衣以戲於朝。泄冶諫曰：「君臣淫亂，民何效焉？」靈公以告二子，二子請殺泄冶，公弗禁，遂殺泄冶。十五年，靈公與二子飲於夏氏。公戲二子曰：「徵舒似汝。」二子曰：「亦似公。」徵舒怒。靈公罷酒出，徵舒伏弩廄門射殺靈公。孔寧、儀行父皆奔楚，靈公太子午奔晉。徵舒自立為陳侯。徵舒，故陳大夫也。夏姬，御叔之妻，舒之母也。

注釋　1 夏姬：鄭穆公女，陳大夫御叔之妻。2 衷：內衣。

譯文　陳靈公元年，楚莊王即位。六年，楚攻打陳。十年，陳與楚講和。十四年，靈公與他的大夫孔寧、儀行父都與夏姬私通，內穿夏姬的衣服而戲鬧於朝廷。泄冶進諫：「君臣淫亂，人民由此能夠效仿甚麼呢？」靈公將此事告訴了孔寧、儀行父，二人請求殺掉泄冶，靈公沒有阻止，於是殺害了泄冶。十五年，靈公與二人在夏氏那裏飲酒。靈公與二人戲笑說：「徵舒很像你們。」二人說：「也很像主公。」徵舒發怒。靈公飲罷酒出來時，徵舒在馬廄門埋伏弩手，射殺了靈公。孔寧、儀行父都逃到楚國，靈公的太子午逃到晉國。徵舒自立為陳侯。徵舒，本是陳國的大夫。夏姬，是御叔的妻子、徵舒的母親。

成公元年冬，楚莊王為夏徵舒殺靈公，率諸侯伐陳。謂陳曰：「無驚，吾誅徵舒而已。」已誅徵舒，因縣陳而有之，羣臣畢賀。申叔時使於齊來還，獨不賀。莊王問其故，對曰：「鄙語有之，牽牛徑[1]人田，田主奪之牛。徑則有罪矣，奪之牛，不亦甚乎？今王以徵舒為賊弒君，故徵兵諸侯，以義伐之，已而取之，以利其地，則後何以令於天下！是以不賀。」莊王曰：「善。」乃迎陳靈公太子午於晉而立之，復君陳如故，是為成公。孔子讀史記至楚復陳，曰：「賢哉楚莊王！輕千乘之國而重一言。」

注釋

1 徑：通過。

譯文

成公元年冬天，楚莊王因為夏徵舒殺害靈公，而率領諸侯攻打陳國。對陳國人說：「不用怕，我僅僅誅殺徵舒而已。」誅殺徵舒之後，把陳國改為縣，並且佔領了它，羣臣都來慶賀。申叔當時正從出使的齊國歸來，只有他不前來祝賀。莊王問他原因，回答說：「有句俗話說，牽牛通過人家的田，田主奪走了牛。通過人家田即有罪了，奪人家的牛，不是更過分嗎？現在大王因為徵舒賊弒國君，所以徵集諸侯軍，根據義理討伐他，之後就奪取陳國，為的是貪圖其領土之利，那以後又用甚麼來號令天下呢！所以我不表示慶賀。」莊王說：「好。」就從晉國迎回陳靈公的太子午，擁立為國君，讓他像以往那樣統治陳國，這就是成公。孔子讀史書讀到楚王恢復陳國一段時說：「賢明呀，楚莊王！不在乎千乘之國的領土，而更重視一句忠言。」

賞析與點評

自古而今，各國之間無時無刻不存在着領土的爭端，而且多數的侵略者都強調自己是正義之師。聯合國幾乎每天都在爭論、裁決這類紛爭，但又總是公說公有理，婆說婆有理，莫衷一是。問題真有那麼複雜嗎？如果拿這個問題去問一問老百姓的態度，他們的回答很簡單：自己的牛跑到人家的田裏固然違反了田地管理法，可是沒收農民的牛就是剝奪了人的財產權，罪過更大。道理很簡單，可為甚麼現代領土紛爭總無休止呢？只因現代人不喜讀史書，所以難得賢君、忠臣！

招之殺悼太子也，太子之子名吳，出奔晉。晉平公問太史趙曰：「陳遂亡

乎？」對曰：「陳，顓頊之族。陳氏得政於齊，乃卒亡[1]。自幕至於瞽瞍，無違命。舜重[2]之以明德。至於遂，世世守之。及胡公，周賜之姓，使祀虞帝。且盛德之後，必百世祀[3]。虞之世未[4]也，其在齊乎？」

注釋

1 此句是說凡物沒有兩邊昌盛的，陳氏不可能既在陳又在齊昌盛。2 重：深深地。3 祀：祖祀。此指傳承祖業。4 未：繼續。

譯文

招殺害太子時，太子的兒子名叫吳，他出逃至晉國。晉平公問太史趙說：「陳國就要滅亡了嗎？」太史趙回答說：「陳，是顓頊之族。陳氏在齊國得到政權，就將最終滅亡。自幕至於瞽瞍，沒有違背天命；到了舜又深深地建立了明德。再至於遂，世世代代守住了政權。到了胡公，周王賜姓給他，讓他祭祀虞帝。況且，盛德之後，必有百世的祖祀。虞之世仍在繼續，將在齊國延續吧？」

杞東樓公[1]者，夏后禹之後苗裔也。殷時或封或絕。周武王克殷紂，求禹之後，得東樓公，封之於杞，以奉夏后氏祀。

楚惠王之四十四年，滅杞。杞後陳亡三十四年。

杞小微，其事不足稱述。

注釋

1 杞：國名，一說位於今河南杞縣，一說在今山東省新泰市；東樓公：謚號。

譯文

杞國東樓公，是夏禹的後裔。殷商時他們有的受封，有的絕滅。周武王滅亡殷紂時，尋求禹之後代，找到東樓公，將其封在杞，讓他侍奉夏后氏的祭祀。楚惠王四十四年，滅亡杞國。杞國比陳國晚滅亡三十四年。杞國既小又弱，它的事跡不足以稱述。

舜之後，周武王封之陳，至楚惠王滅之，有世家言。禹之後，周武王封之杞，楚惠王滅之，有世家言。契之後為殷，殷有本紀言。殷破，周封其後於宋，齊湣王滅之，有世家言。后稷之後為周，秦昭王滅之，有本紀言。皋陶之後，或封英、六[1]，楚穆王滅之，無譜。伯夷之後，至周武王復封於齊，曰太公望，陳氏滅之，有世家言。伯翳之後，至周平王時封為秦，項羽滅之，有本紀言。垂、益、夔、龍，其後不知所封，不見也。右十一人者，皆唐虞之際名有功德臣也；其五人之後皆至帝王[2]，餘乃為顯諸侯。滕、薛、騶，夏、殷、周之間封也，小，不足齒列，弗論也。

周武王時，侯伯尚千餘人。及幽、厲之後，諸侯力攻相并。江、黃、胡、沈之屬，不可勝數，故弗采著於傳云。

注釋

1 英、六：又作「蓼、六」。都是咎繇的後裔。二國皆為偃姓。2 舜、禹身為帝王，稷、契及翳的後代皆為帝王。

譯文

舜的後裔，周武王將其封在陳國，至楚惠王滅亡了它，有世家記載。禹的後裔，周武王將其封在杞國，楚惠王滅亡了杞國，有世家記載。契的後裔即是殷商，殷商有本紀記載。殷商滅亡之後，周朝將其後裔封於宋國，齊湣王滅亡了宋國，有世家記載。后稷的後裔成立周朝，秦昭王滅周朝，有本紀記載。皋陶的後裔，有的封在英地、六地，楚穆王滅亡他們，沒有譜系記載。伯夷的後裔，至周武王又封在了齊國，叫做太公望，陳氏滅亡了他，有世家記載。伯翳的後裔，至周平王時封為秦國，項羽滅亡了秦國，有本紀記載。垂、益、夔、龍，他們的後裔不知封在何處，不見記載。以上十一人，都是唐虞之際著名的功德名臣；其中五人的後裔成為了帝王，其餘的都是顯赫的諸侯。滕國、薛國、騶國，都是在夏、殷、周之間的受封國，弱小，不足以與諸侯並列，不加論述。周武王的時候，封為侯伯的尚有千餘人。等到幽王、厲王之後，諸侯盡力相互攻伐。江、黃、胡、沈之類的國家，不可勝數，所以未集錄於史傳。

太史公曰：舜之德可謂至矣！禪位於夏，而後世血食者歷三代[1]。及楚滅陳，而田常得政於齊，卒為建國，百世不絕，苗裔茲茲，有土者不乏焉。至禹，於周則杞，微甚，不足數也。楚惠王滅杞，其後越王句踐興。

注釋

1 血食：享受祭品。指世代相傳。

譯文

太史公曰：舜的德行可謂達到了極致！禪讓帝位給夏禹，而後裔世世相傳，歷經夏、商、周三代。等到楚國滅亡陳國，而田常在齊國掌握政權，終於建立國家，百世不絕，後裔繁衍，不乏享有封土之輩。至於禹的後裔，在周朝則封於杞國，甚是微弱，不足以論述。楚惠王雖滅亡了杞國，但作為後裔的越王句踐又興盛了。

賞析與點評

司馬遷通過《世家》告訴我們：在血緣宗法制社會的先秦時期，宗族的力量是維繫國家長治久安的重要因素；秦漢豪族的存在，不妨視為此種勢力的演變。

孔子世家

本篇導讀——

按照《太史公自序》的觀點，《世家》的主人公是那些輔弼天子的人物。司馬遷主張凡能成為天子、諸侯而使家世長遠存續者，自有其緣由。他認為這樣的家族之所以長久延續，其祖先曾經對人民有功勞是一個重要原因；而另一方面，有功德的人也自然地因此被承認具有可以成為世家的資格。孔子雖然並非諸侯而僅僅是個士大夫，但從孔子為天下制法、傳六藝於後世的意義上，司馬遷撰寫了《孔子世家》。

《孔子世家》記述了孔子從幼年家貧、入仕由得志到不遇，周遊列國宣傳主張，歸而教學、整理經典等幾個階段，勾勒了孔子七十二歲的一生。

司馬遷在《太史公自序》中寫道：「父親曾說過：『周公死後五百年出了孔子，孔子死後至今又有五百年了，該有能繼承清明之世，訂正《易傳》，續寫《春秋》，追溯《詩》、《書》、

《禮》、《樂》關係的人了吧？』家父的願望正在於此吧！正在於此吧！我怎敢對此推讓呢。」可見他撰寫《史記》是有繼承「聖人」孔子遺業大志的。

孔子生魯昌平鄉陬邑。其先宋人也，曰孔防叔。防叔生伯夏，伯夏生叔梁紇。紇與顏氏女野合而生孔子[1]，禱於尼丘得孔子。魯襄公二十二年而孔子生。生而首上圩（yú）頂[2]，故因名曰「丘」云。字仲尼，姓孔氏。

丘生而叔梁紇死，葬於防山。防山在魯東，由是孔子疑其父墓處，母諱之也。孔子為兒嬉戲，常陳俎豆[3]，設禮容。孔子母死，乃殯五父之衢[4]，蓋其慎也。郰人輓父之母誨孔子父墓[5]，然後往合葬於防焉。

注釋

1 野合：不合禮儀的婚配。2 圩頂：頭頂凹陷。3 俎豆：古代祭祀、宴饗時盛食物的兩種禮器。泛指禮器。4 殯：死者入殮後停柩待葬。五父之衢：曲阜城裏的街道名。5 誨：教導，告知。

譯文

孔子生於魯國昌平鄉的陬邑（山東曲阜東南）。他的祖先是宋國人，叫孔防叔。防叔生伯夏，伯夏生叔梁紇。叔梁紇與顏家的女兒野合而生孔子。在尼丘山祈禱之後而得孔子。魯襄公二十二年孔子降生，由於一出生頭部呈中間凹四面高形狀，因而取名叫丘，字仲尼，姓孔。

孔丘出生不久叔梁紇死了，埋葬在防山。防山在魯的東部，孔子之所以不知道父親的墳墓在哪兒，是因為母親諱言此事。孔子幼年做遊戲，常常陳列各種祭器，設立禮制儀容。孔子的母親死時，孔子就把她的靈柩停放在五父之衢，大概出於謹慎的緣故吧。郰邑人輓父的母親告訴了孔子父親的墓地，然後孔子才把母親的靈柩運往防山合葬。

孔子要絰（dié）[1]，季氏饗士，孔子與往。陽虎絀（chù）[2]曰：「季氏饗士，非敢饗子也。」孔子由是退。

孔子年十七，魯大夫孟釐子病且死，誡其嗣懿子曰：「孔丘，聖人之後，滅於宋。其祖弗父何始有宋而嗣讓厲公。及正考父佐戴、武、宣公，三命茲益恭[3]，故鼎銘云：『一命而僂，再命而傴，三命而俯[4]，循牆而走[5]，亦莫敢余侮。饘（zhān）[6]於是，粥於是，以餬余口。』其恭如是。吾聞聖人之後，雖不當世，必

有達者。今孔丘年少好禮，其達者歟？吾即沒，若必師之。」及釐子卒，懿子與魯人南宮敬叔往學禮焉。是歲，季武子卒，平子代立。

注釋

1要：通「腰」。絰：古代喪服所用的麻帶，紮在頭上的稱首絰，纏在腰上的稱腰絰。2絀：通「黜」，排斥。3三命：一命為士，再命為大夫，三命為卿。茲益：越發。茲，通「滋」，更加。4僂：躬身。傴：彎腰。俯：低頭。均為曲身以示謙恭的樣子。5循牆而走：言不敢行於路中，謹慎的樣子。6饘：稠粥；煮稠粥。

譯文

孔子腰繫喪服的麻帶，季氏設宴款待士人，孔子前往參加。陽虎排斥說：「季氏宴請士人，可沒敢請你。」孔子因此退出。

孔子十七歲的時候，魯國大夫孟釐子病重得快要死了，告誡他的兒子孟懿子說：「孔丘是聖人的後代，他的先祖在宋國滅敗。他的祖先弗父何開始享有宋國，卻讓給了宋厲公。到了正考父這一代，輔佐戴公、武公、宣公，三次接受命令，一次比一次謙恭，所以鼎上刻的銘文說：『第一次受命時曲身而受，第二次受命時彎腰而受，第三次受命時俯首而受。走路順着牆根走，也沒人敢辱慢我。用這個鼎煮稠粥，用這個鼎煮稀飯，我們可以餬口度日。』他如此謙恭。我聽說聖人的後代，雖不當政，也必有顯達之人。難道他不是顯達之人嗎？我死了，你一定要去拜他為師。」孟釐子死後，孟懿子和魯國人南宮敬叔前往孔子處學禮。這一年，季武子死了，平子接替即位為卿。

孔子貧且賤。及長，嘗為季氏史[1]，料量平[2]；嘗為司職吏而畜蕃息。由是為司空。已而去魯，斥乎齊，逐乎宋、衛，困於陳蔡之間，於是反[3]魯。孔子長九尺有六寸[4]，人皆謂之「長人」而異之。魯復善待，由是反魯。

魯南宮敬叔言魯君曰：「請與孔子適周。」魯君與之一乘車，兩馬，一豎子[5]俱適周問禮，蓋見老子云。辭去，而老子送之曰：「吾聞富貴者送人以財，仁人者送人以言。吾不能富貴，竊仁人之號，送子以言，曰：『聰明深察而近於死者，好議人者也。博辯廣大危其身者，發人之惡者也。為人子者毋以有己，為人臣者毋以有己。』」孔子自周反於魯，弟子稍益進[6]焉。

注釋

1 史：小吏。2 料量：稱量。平：平允，公正。3 反：返回。4 長九尺有六寸：關於春秋尺的長度目前學界尚無定論，但根據已出土的商尺長 15.78cm，戰國尺長

23.1cm，若以當時一尺長約 20cm 推算，孔子身高在 190cm 上下。5 豎子：童僕。6 進：進仕。

譯文

孔子家貧而且身份低賤。長大之後，曾經當過季氏的小吏，出納公平；也曾任司職（掌管畜牧）之吏，使畜產繁殖。由是做了司空。後來離開魯，在齊受到排斥，在宋、衞受到驅逐，受困於陳、蔡之間，於是返回魯。孔子身高九尺六寸，人們都稱他為「長人」，並感到奇異。魯又很好地對待他，由是返回魯。

魯國南宮敬叔對魯君說：「請讓我與孔子到周去。」魯君給他一乘車、兩匹馬、一名童僕一起到達周請教禮儀，大約此時見到老子。告辭離開時，老子為他送行說：「我聽說富貴的人送別時贈財物，仁德的人送別時贈言語。我無能為富貴者，權且藉仁人之號，送你幾句話吧，說：『聰明深察的人接近於死亡，因為他好議論別人。博學善辯、見多識廣的人危害自身，因為他揭發他人之惡。作兒子不要考慮自己，作臣子也不要考慮自己。』」孔子自周返回魯，從此弟子中做官的逐漸多了起來。

桓子嬖臣曰仲梁懷，與陽虎有隙。陽虎欲逐懷，公山不狃止之。其秋，懷益驕，陽虎執懷。桓子怒，陽虎因囚桓子，與盟而醳（shì）[1]之。陽虎由此益輕季氏。季氏亦僭[2]於公室，陪臣[3]執國政，是以魯自大夫以下皆僭離於正道。故孔子不仕，退而修《詩》、《書》、《禮》、《樂》，弟子彌衆，至自遠方，莫不受業焉。

定公八年，公山不狃不得意於季氏，因陽虎為亂，欲廢三桓之適[4]，更立其庶孽[5]陽虎素所善者，遂執季桓子。桓子詐之，得脫。定公九年，陽虎不勝，奔於齊。是時孔子年五十。

注釋

1 醳：通「釋」，釋放。2 僭：超越本分。3 陪臣：重臣。此指季大夫的家臣陽虎。4 三桓：桓公子孫之孟孫、叔孫、季孫。適：通「嫡」。5 庶孽：妃妾所生之子。

譯文

桓子的寵臣叫仲梁懷，與陽虎有嫌隙。陽虎欲驅逐仲梁懷，公山不狃（姓公山，名不狃）制止了他。那年秋天，仲梁懷越發驕橫，陽虎抓捕了仲梁懷。桓子發怒，陽虎因此囚禁了桓子，與他訂盟約而後釋放了他。陽虎由此更加輕視季氏。季氏也僭越公室，陪臣（陽虎）執掌國政。如此，魯國自大夫以下都僭越職守，偏離正道。所以孔子不做官了，隱退而整理《詩》、《書》、《禮》、《樂》，弟子衆多，也有來自遠方的，都來這裏求學。

定公八年，公山不狃失寵於季氏，憑藉陽虎勢力作亂，欲廢除三桓的嫡子，改立陽虎平素關係密切的三桓庶子為繼承人，就逮捕了季桓子。桓子騙過他，得以逃脱。定公九年，陽虎沒有取勝，逃奔齊國。這時孔子年五十歲。

公山不狃以費[1]畔季氏，使人召孔子。孔子循道彌久，温温[2]無所試，莫能己用，曰：「蓋周文武起豐鎬而王，今費雖小，儻庶幾[3]乎！」欲往。子路不説，止孔子。孔子曰：「夫召我者豈徒[4]哉？如用我，其為東周乎！」然亦卒不行。

其後定公以孔子為中都宰，一年，四方皆則之。由中都宰為司空，由司空為大司寇。

注釋

1 費：費城，今山東。2 温温：潤澤。3 儻庶幾：或許。4 徒：空。

譯文

公山不狃憑藉費（山東費城）背叛季氏，派人召請孔子。孔子修道已久，修養潤澤而無處施展，因為沒有人起用自己，說：「周文王、武王起於豐、鎬而成王業，今費城雖小，或許我的志向可以實現！」意欲前往。子路不高興，阻止孔子。孔子說：「人家之所以招我去，難道沒有任何理由嗎？如果能夠用我，周之道將會在東方得以實現！」然而，最終未能成行。

後來定公叫孔子作中都（山東汶上）宰，一年之後四方諸侯都以他為榜樣。孔子由中都宰升到司空，又由司空晉升為大司寇。

定公十年春，及齊平[1]。夏，齊大夫黎鉏言於景公曰：「魯用孔丘，其勢危齊。」乃使使告魯為好會，會於夾谷。魯定公且以乘車好往[2]。孔子攝相事[3]，曰：「臣聞有文事者必有武備，有武事者必有文備。古者諸侯出疆，必具官以從，請具左右司馬。」定公曰：「諾。」具左右司馬。會齊侯夾谷，為壇位，土階三等，以會遇之禮[4]相見，揖讓而登。獻酬之禮畢，齊有司趨而進曰：「請奏四方之樂。」景公曰：「諾。」於是旍旄羽袚矛戟劍撥鼓譟而至[5]。孔子趨而進，歷階[6]而登，不盡一等[7]，舉袂而言曰：「吾兩君為好會，夷狄之樂何為於此！請命有司！」有司卻之，不去，則左右視晏子與景公[8]。景公心怍[9]，麾而去之。有頃，齊有司趨而進曰：「請奏宮中之樂。」景公曰：「諾。」優倡侏儒為戲而前。孔子趨而進，歷階而登，不盡一等，曰：「匹夫而營惑[10]諸侯者罪當誅！請命有司！」有司加法焉，手足異處。景公懼而動，知義不若，歸而大恐，告其羣臣曰：「魯以君子之道輔其君，而子獨以夷狄之道教寡人，使得罪於魯君，為之奈何？」有司進對曰：「君子有過則謝以質，小人有過則謝以文。君若悼之，則謝以質。」於是齊侯乃歸所侵魯之鄆、汶陽、龜陰之田以謝過。

注釋

1 及：與。平：成。意為與齊和平友好。2 乘車：日用的車駕。好：無戒備。3 相事：代理相禮之「儐相」。4 會遇之禮：相會的禮節，指簡略的禮節。5 鼓噪而至：一說欲劫持魯君。6 歷階：一步一級。古禮登階應每登一階並一下腳，此時因事態緊急，沒有並腳。7 不盡一等：還有一層臺階沒有上完，就發言，極言情勢緊急。8「則左右」的主語為舞者，一說為孔子。9 怍：慚愧。10 營惑：迷惑。

譯文

定公十年（前五〇〇年）春，魯國同齊國和好。夏天，齊國的大夫黎鉏對齊景公說：「魯國重用孔丘，勢必危及齊國。」於是派人告知魯國，舉行友好會見，地點在齊國的夾谷（山東萊蕪）。魯定公姑且乘日常的車輛前往。孔子這時代理相的職務（掌會晤之職），說：「我聽說辦文事必有武的準備，辦武事須有文的準備。古代諸侯出國境，必須帶齊必要的文武官員，請您讓左、右司馬同往。」定公說：「好。」左、右司馬都帶上了。與齊侯相會於夾谷，會場修築了壇位，有三層土階。雙方以會晤禮節相見，拱手揖讓登壇。獻酬之禮完畢，齊國的有司快步進前說：「請求演奏四方的樂舞。」景公說：「好。」於是一羣手持旍旄（裝飾長羽毛的大旗）、羽袚（以雉羽裝飾的舞具）、矛、戟、劍、撥（長盾）的舞者鼓噪而來。孔子快步進前，一步一磴地登臺，未登最一層臺階，便舉衣袖道：「我們兩國君主在進行友好會見，怎麼在此演奏夷狄的樂舞呢！請有司讓他們回去！」有司讓他們退下，未果，就左右環顧晏子和景公，齊景公自己也覺得理虧，揮手讓那些人退出。過了一會兒，齊國的有司又快步進前說：「請求演奏宮中樂舞。」景公說：「好。」歌舞藝人和侏儒嬉鬧前來。孔子快步進前，一步一磴地登臺，未登最一層臺階，便說：「匹夫惑亂諸侯視聽，論罪當殺，請讓有司執法！」有司當即施刑，斬其手足。齊景公一看，大為震恐，知道自己的道義不足。回去後非常害怕，對羣臣們說：「魯國是用君子之道輔佐國君，而你們只會用夷狄之道教於寡人，讓我得罪了魯君，如何是好？」有司上前說：「君子有了過錯就用實際行動表示悔改；小人有了過錯就用粉飾來謝罪。您如果心裏真過意不去，那就用具體行動來表示道歉吧。」於是齊侯把從前侵佔的魯國的鄆、汶陽、龜陰的田地還給了魯國以表示認錯。

定公十四年，孔子年五十六，由大司寇行攝相事，有喜色。門人曰：「聞君子禍至不懼，福至不喜。」孔子曰：「有是言也，不曰『樂其以貴下人[1]』乎？」於是誅魯大夫亂政者少正卯。與聞國政三月，粥（yù）羔豚者弗飾賈[2]，男女行者別於塗[3]，塗不拾遺。四方之客至乎邑者不求有司，皆予之以歸。

注釋

1貴下人：尊重下人。2粥：通「鬻」，賣。飾：虛假。賈：通「價」。3塗：通「途」。

譯文

魯定公十四年（前四九六年），孔子五十六歲，由大司寇代行相職，喜形於色。門人說：「聽說君子見禍事來臨不畏懼，有了福事不喜悅。」孔子說：「確有此一說，但不是還說『以居高位卻能尊重下人為樂』嗎？」於是誅殺了擾亂魯國政務的少正卯。孔子參與國政三個月，魯國那些販賣羊羔、豬的人不虛設價格，走路時男女各行其道，路不拾遺。四方來客，不去求有司，也能各取所需而歸。

齊人聞而懼，曰：「孔子為政必霸，霸則吾地近焉，我之為先并矣。盍致地焉？」黎鉏曰：「請先嘗沮[1]之；沮之而不可則致地，庸[2]遲乎！」於是選齊國中女子好者八十人，皆衣文衣[3]而舞《康樂》[4]，文馬[5]三十駟，遺魯君。陳女樂[6]文馬於魯城南高門外，季桓子微服往觀再三，將受，乃語魯君為周道[7]游，往觀終日，怠於政事。子路曰：「夫子可以行[8]矣。」孔子曰：「魯今[9]且郊，如致膰[10]乎大夫，則吾猶可以止。」桓子卒受齊女樂，三日不聽政；郊，又不致膰俎[11]於大夫。孔子遂行，宿乎屯。而師己送，曰：「夫子則非罪。」孔子曰：「吾歌可夫？」歌曰：「彼婦之口，可以出走；彼婦之謁[12]，可以死敗。蓋優哉游哉，維以卒歲！」師己反，桓子曰：「孔子亦何言？」師己以實告。桓子喟然歎曰：「夫子罪我以羣婢故也夫！」

注釋

1 沮：阻止。2 庸：豈，難道。3 文：彩色交錯。文衣：華麗的衣服 4 康樂：舞曲名。5 文馬：毛色有文采的馬。6 女樂：歌舞伎。7 周道：遍於道路，繞城道路。8 行：離去。9 今：即將。10 膰：祭祀用的熟肉。11 膰俎：盛膰肉的祭器。12 謁：請求。

譯文

齊人聞此而恐懼，說：「孔子繼續為政的話魯國必成霸業，稱霸則我國領地離得最近，我們將最先被兼併。何不現在就獻地給他們？」黎鉏說：「請先嘗試着阻止孔子；阻止無效再獻地，難道還晚嗎！」於是選齊國美女八十人，都穿上華麗的衣服而讓她們跳《康樂》舞，又選了毛色有文采的馬三十駟（一駟為四匹），贈送給魯國君主。齊人將女樂、文馬排列於魯城南的高門之外，季桓子身着便服去看了兩三次，將要接受，就請魯君去繞城的道路巡遊，終日去觀賞女樂、駿馬，怠慢了政事。子路說：「先生可以離去了。」孔子說：「魯將要舉行郊祀了，如果把祭肉分給大夫的話，那麼我還可以留下。」桓子最終接受了齊的女樂，連續三日不理政務；郊祀時又未將祭肉及俎器分給大夫。孔子於是離去，住宿於屯（魯南的地名）邑。師己為他送行，說：「先生沒有罪過。」孔子說：「我詠唱一歌可以嗎？」歌唱道：「那婦人之口，可以讓人出走；那婦人之請，可以使人死亡。也許我會優哉遊哉地度過終生！」師己返回，桓子說：「孔子留下甚麼話嗎？」師己如實稟告。桓子喟然歎說：「先生是因為羣婢的原因才怪罪我的！」

孔子遂適衞，主於子路妻兄顏濁鄒家。

將適陳，過匡，顏刻為僕，以其策指之曰：「昔吾入此，由彼缺也。」匡人

聞之，以為魯之陽虎。陽虎嘗暴匡人，匡人於是遂止孔子。孔子狀類陽虎，拘焉五日。

去即過蒲。月餘，反乎衛，主蘧伯玉家。居衛月餘，靈公與夫人同車，宦者雍渠參乘[1]，出，使孔子為次乘[2]，招搖[3]市過之。孔子曰：「吾未見好德如好色者也。」於是醜之，去衛，過曹。是歲，魯定公卒[4]。

注釋

1 參乘：同車陪乘。2 次乘：第二輛車。3 招搖：炫耀，張揚。4 魯定公卒：前四九五年，是年孔子五十七歲。

譯文

孔子於是到了衛國（都城即今河南濮陽），以子路妻子的兄長顏濁鄒為主人，寄宿於他家裏。

孔子將要到陳國去，經過衛國的匡邑（在今河南長垣），顏刻作為僕從，用鞭子指點着說：「從前，我進城時，就是從那個缺口進去的。」匡邑人聽見此話，以為是魯國的陽虎。陽虎曾對匡邑人施暴，於是匡人就把孔子圍困起來。孔子的相貌很像陽虎，一連被圍困了五天。

離開匡邑就到了蒲（在今河南長垣）。一個多月後，返回衛國，寄宿蘧伯玉家。過了一個月有餘，衞靈公外出，他和南子夫人同坐一輛車，讓宦官雍渠同乘，而讓孔子坐在第二輛車子上，招搖過市。孔子說：「我沒見過誰能愛好德行像喜愛美色的。」於是他感到羞恥，就離開了衞國，到曹國（都於陶丘，即今山東省定陶西北）去了。這一年，魯定公去世了。

孔子去曹適宋，與弟子習禮大樹下。宋司馬桓魋欲殺孔子，拔[1]其樹。孔子去。弟子曰：「可以速矣。」孔子曰：「天生德於予，桓魋其如予何！」

孔子適鄭，與弟子相失，孔子獨立郭東門。鄭人或謂子貢曰：「東門有人，其顙（sǎng）[2]似堯，其項類皋陶，其肩類子產，然自要以下不及禹三寸，纍纍[3]若喪家[4]之狗。」子貢以實告孔子。孔子欣然笑曰：「形狀，末[5]也；而謂似喪家之狗，然哉！然哉！」

注釋

1 拔：通「跋」，踐踏。2 顙：上額。3 纍纍：不得志的樣子。4 喪家：一說無家；一說逢喪事之家。5 末：末節，不重要。

譯文

孔子離開曹國到了宋國，在大樹下與弟子們演習禮儀。宋國的司馬桓魋想殺孔子，派人毀壞了那棵樹。孔子只好離去。弟子說：「快點走吧。」孔子說：「上天賦予我德行，桓魋又能把我怎麼樣呢？」

孔子到達鄭國（此時都於新鄭，即今河南新鄭），與弟子們走散了，孔子獨自站在外城的東門。有鄭國人對子貢（姓端木，名賜，字子貢）說：「東門有個人，他的前額像堯帝，他的脖子像皋陶（舜的臣下），他的肩膀像子產（鄭的大夫），然而自腰以下比禹矮三寸，萎靡不振的樣子像一條喪家狗。」子貢如實把這話告訴了孔子。孔子欣然笑起來，說：「他所形容我的相貌並不重要，但他說我像喪家狗，可真對極了！對極了！」

孔子遂至陳，主於司城貞子家。

孔子居陳三歲，会晉楚爭強，更伐陳，及吳侵陳，陳常被寇。孔子曰：「歸與歸與！吾黨之小子狂簡[1]，進取不忘其初。」於是孔子去陳。

孔子遂適衛。

靈公老，怠於政，不用孔子。孔子喟然歎曰：「苟有用我者，期月[2]而已，三年有成。」孔子行。

夏，衞靈公卒，立孫輒，是為衞出公。六月，趙鞅內[3]太子蒯聵於戚。陽虎使太子絻[4]，八人衰絰[5]，偽自衞迎者，哭而入，遂居焉。冬，蔡遷於州來。是歲魯哀公三年，而孔子年六十矣。

注釋

1 狂簡：志向高遠而處事疏闊。2 期月：一年。期：一周期；一年十二個月為一周期。3 內：通「納」。4 絻：喪服。去冠，以麻布裹頭髮。5 衰絰：即縗絰，亦即喪服。

譯文

孔子就來到陳國，寄宿於司城貞子家。

孔子在陳國住了三年，逢晉與楚爭強，更相伐陳，吳也侵陳，陳國經常遭到侵略。孔子說：「回去吧，回去吧！我的這些弟子雖志向遠大，處事疏略，但積極進取，不忘其初。」於是孔子離開了陳國。

孔子就到了衞國。

衞靈公老了，疏於政務，不任用孔子。孔子喟然歎息說：「如有人用我，一年見效，三年成功。」孔子離去了。

夏天，衛靈公去世，擁立其孫輒，就是衛出公。六月，趙鞅將太子蒯聵接入戚邑（衛國的地名）。陽虎讓太子穿上喪服，派八人穿喪服，假裝從衛都來迎接太子，哭着進入戚邑，就在那裏住下了。冬天，蔡國遷都到了州來（即下蔡，在今安徽鳳臺）。這一年是魯哀公三年，孔子時年六十。

秋，季桓子病，輦而見魯城，喟然歎曰：「昔此國幾興矣，以吾獲罪於孔子，故不興也。」顧謂其嗣康子曰：「我即死，若必相魯；相魯，必召仲尼。」後數日，桓子卒，康子代立。已葬，欲召仲尼。公之魚曰：「昔吾先君用之不終，終為諸侯笑。今又用之，不能終，是再為諸侯笑。」康子曰：「則誰召而可？」曰：「必召冉求[1]。」於是使使召冉求。冉求將行，孔子曰：「魯人召求，非小用之，將大用之也。」是日，孔子曰：「歸乎歸乎！吾黨之小子狂簡，斐然[2]成章，吾不知所以裁之。」子贛知孔子思歸，送冉求，因誡曰「即用，以孔子為招」云。

注釋

1 冉求：字子有，孔子的弟子。2 斐然：很有文采的樣子。

譯文

秋天，季桓子病重，乘輦車望見魯都的城牆，喟然哀歎說：「過去這個國家幾乎興旺起來，因為我得罪了孔子，所以未能振興。」他回頭對繼承人康子說：「我死了，你一定會做魯國的相國，你做了相國之後，一定要召回仲尼。」幾天後，桓子去世了，康子接替了他。葬禮完畢，就要召回孔子。公之魚說：「當初我們先君因為任用他沒能善始善終，所以才遭到了諸侯的譏笑。如今又要用他，如果再不能善始善終，又要惹得諸侯譏笑。」康子說：「那召誰來好呢？」公之魚說：「一定召請冉求。」於是康子派使者去召請冉求。冉求準備前往，孔子說：「魯國人召請冉求，不會小用，將要大用的。」這天，孔子說：「回去吧，回去吧！我的這些弟子雖志向遠大，處事疏略，都能下筆成章，我都不知道該怎麼引導他們才好了。」子贛知道孔子想回魯國，送冉求時，就告誡說：「你受到重用了，一定要把孔子接回去。」

孔子遷於蔡三歲，吳伐陳。楚救陳，軍於城父。聞孔子在陳、蔡之間，楚使人聘孔子。孔子將往拜禮，陳、蔡大夫謀曰：「孔子賢者，所刺譏皆中諸侯之疾。今者久留陳、蔡之間，諸大夫所設行[1]皆非仲尼之意。今楚，大國也，來聘孔子。孔子用於楚，則陳、蔡用事大夫危矣。」於是乃相與發徒役圍孔子於野。不得行，絕糧。從者病，莫能興[2]。孔子講誦弦歌不衰。子路慍（yùn）[3]見曰：「君子亦有窮乎？」孔子曰：「君子固窮，小人窮斯濫[4]矣。」

於是使子貢至楚。楚昭王興師迎孔子，然後得免。

注釋

1 設行：施行。2 興：起，立。3 慍：含怒，怨恨。4 濫：亂。

譯文

孔子遷居到蔡國三年（哀公六年，前四八九年，孔子六十四歲），吳國攻打陳。楚國救陳，駐兵於城父（在今安徽亳州東南）。聽說孔子這時在陳、蔡兩國之間，楚國派人去請孔子。孔子準備前去拜見。陳、蔡兩國的大夫商量說：「孔子是賢人，他所針砭的都能切中諸侯弊病。至今久居我們陳、蔡之間，諸大夫所為都不合乎仲尼的主張。現在楚國是大國，來請孔子。如果孔子在楚國被重用，那陳、蔡兩國主事的大夫就危險了。」於是就串通起來發役徒把孔子圍困在野外，使其不得離去，斷絕了糧食。隨從病倒，站不起來。孔子卻講誦、彈唱不已。子路怨怒地說：「君子也有窮困的時候嗎？」孔子說：「君子固然也有窮困之時，但不會像小人那樣遇到窮困就亂來。」

於是孔子派子貢到楚國去。楚昭王派兵來迎接孔子，孔子才倖免於難。

其明年，冉有為季氏將師，與齊戰於郎，克之。季康子曰：「子之於軍旅，學之乎？性[1]之乎？」冉有曰：「學之於孔子。」季康子曰：「孔子何如人哉？」對曰：「用之有名；播之百姓，質諸鬼神而無憾[2]。求之至於此道，雖累千社[3]，夫子不利[4]也。」康子曰：「我欲召之，可乎？」對曰：「欲召之，則毋以小人固[5]之，則可矣。」而衛孔文子將攻太叔，問策於仲尼。仲尼辭不知，退而命載[6]而行，曰：「鳥能擇木，木豈能擇鳥乎！」文子固止。會季康子逐公華、公賓、公林，以幣迎孔子[7]，孔子歸魯。

孔子之去魯凡十四歲而反乎魯。

注釋

1 性：生。2 用：施行。播：施行。質：對質，驗證。3 累：重疊。社：地區單位。一說方六里為一社，一說二十五家為一社。4 利：貪愛，喜好。5 固：嫉妒。6 載：車，此用為登車。7 逐：依次；一個挨着一個。幣：贄也，聘迎之禮品。

譯文

第二年（時孔子年六十八歲），冉有為季氏統領軍隊，在郎邑（魯的郊外）與齊國作戰，取勝。季康子說：「您的軍事指揮才能，是學來的呢，還是天生的呢？」冉有說：「是跟着孔子學的。」季康子說：「孔子是甚麼樣的人呢？」冉有說：「凡事，要施行的話必須符合名分；要讓百姓施行的話，則須驗證於鬼神而無遺憾。像我冉求所做的這些事情，您即使拿出數千社的封地，孔子也不會喜歡的。」季康子說：「我想召請他，可以嗎？」回答說：「您要召請他，不要以小人之心嫉妒，就可以了。」衞國的孔文子準備攻擊太叔疾，向仲尼請教策略。仲尼推說自己不知道，退出後叫大家登車離開，他說：「鳥能夠選擇樹木，樹木豈能選擇鳥！」文子堅決請他留下。適逢季康子依次讓公華、公賓、公林帶着禮物來迎接孔子，孔子便返回了魯國。

孔子離開魯國共計十四年，終於返回魯國。

魯哀公問政，對曰：「政在選臣。」季康子問政，曰：「舉直錯諸枉[1]，則枉者直。」康子患盜，孔子曰：「苟子之不欲，雖賞之不竊。」然魯終不能用孔子，孔子亦不求仕。

孔子之時，周室微而禮樂廢，《詩》、《書》缺。追跡三代之禮，序[2]《書傳》，上紀唐虞之際，下至秦繆（mù）[3]，編次其事。故《書傳》、《禮記》自孔氏。

注釋

1 舉：取。錯：通「措」，放置。諸：兼詞，「之於」的合音。枉：邪曲。2 序：編次。3 繆：通「穆」，恭敬。

譯文

魯哀公請教政務，孔子答曰：「為政重在選好臣下。」季康子請教政務，回答說：「舉用正直的人，將其置於不正直的人之上，那麼不正直者也會變為正直了。」康子擔心盜賊，孔子說：「如果您不貪，其他的人就是給他們獎賞，也不會行竊的。」然而魯國最終未能任用孔子，孔子也不謀求做官。

孔子的那個年代，周王室衰微，禮樂廢壞，《詩》、《書》殘缺。孔子追究夏、商、西周三代的禮樂制度，依次編訂《書傳》的篇章，上起唐堯、虞舜之際，下至秦穆公，按照時代編輯了歷史事件。所以《書傳》、《禮記》都是孔子編定的。

孔子語魯大師[1]：「樂其可知也。始作翕如[2]，縱[3]之純如，皦如，繹如[4]

也，以成[5]。」「吾自衛反魯，然後樂正，《雅》、《頌》各得其所[6]。」

注釋

1 大師：魯國的樂官。大，同「太」。2 翕如：收斂貌。一說盛大貌。3 縱：發，放。4 純如：和諧貌。皦如：清晰貌。繹如：連續不絕貌。5 成：奏完一曲。6《雅》、《頌》既是《詩經》內容的分類，也是樂曲的分類。

譯文

孔子告訴魯國樂官太師說：「樂律是可以知曉的，演奏開始時收斂，音響發放之後和諧、明快、清晰，一首樂曲由此完成。」又說：「我從衛國返回魯國，而後開始審訂樂曲，使《雅》、《頌》各得到其原有的曲調。」

古者《詩》三千餘篇，及至孔子，去其重，取可施於禮義[1]，上采契、后稷，中述殷、周之盛，至幽、厲之缺，始於衽席[2]，故曰「《關雎》之亂[3]以為《風》始，《鹿鳴》為《小雅》始，《文王》為《大雅》始，《清廟》為《頌》始」。三百五篇[4]孔子皆弦歌[5]之，以求合《韶》、《武》、《雅》、《頌》之音。禮樂自此可得而述，以備王道，成六藝[6]。

注釋

1 禮義：即禮儀，指典禮儀式等。2 衽席：即牀蓆，代指男女情愛。3 亂：樂曲末後之總章。《關雎》是《詩經．國風》的第一篇，描寫了青年男女的相互求愛。4 三百五篇：《詩經》作品的總數。5 弦歌：依琴瑟而詠歌。弦：琴瑟；歌：依詠詩。6 六藝：指禮、樂、射、御、書、數；一說指《詩》、《書》、《易》、《禮》、《樂》、《春秋》。

譯文

古代傳下來的《詩》有三千多篇，到孔子時，刪去重複的，選取那些可以用於禮儀的，上古採自殷契（商人遠祖）、后稷（周人遠祖），中期述及殷、周的興盛，直至周幽王、周厲王禮樂的殘缺。還以男女情色的詩作為首篇，所以說「以《關雎》的總章為《國風》之始，《鹿鳴》為《小雅》之始，《文王》為《大雅》之始，《清廟》為《頌》之始」。三百零五篇詩孔子都能把它們依琴瑟而詠歌，以求配合《韶》（舜時代的音樂）、《武》（武王時代的音樂）、《雅》、《頌》的音調。禮樂由此可以知曉而被稱述，以此完備了王道，完成了六藝。

孔子晚而喜《易》，序《彖（tuàn）》、《繫》、《象》、《說卦》、《文言》[1]。讀《易》，韋編[2]三絕。曰：「假我數年，若是，我於《易》則彬彬[3]矣。」

孔子以《詩》、《書》、《禮》、《樂》教，弟子蓋三千焉，身通六藝者七十有二人。如顏濁鄒之徒，頗受業者甚衆。

孔子年七十三，以魯哀公十六年四月己丑卒。

注釋

1《易》：占卜書。《彖》、《繫》、《象》、《說卦》、《文言》都是對《易》的注釋。2 韋編：穿聯簡冊的皮條。3 彬彬：文質兼備貌。

譯文

孔子晚年喜讀《易》，為《彖》、《繫》、《象》、《說卦》、《文言》作序。他反覆閱讀《易》，以致三次弄斷竹簡的皮編繩。他說：「給我數年時間，如此，我對於《易》從文辭到義理會有全面的領會。」

孔子以《詩》、《書》、《禮》、《樂》為教材進行教授，弟子大概有三千人，精通「六藝」的有七十二人。像顏濁鄒那樣，一定程度受過孔子教誨的人就更多了。

孔子享年七十三歲，是在魯哀公十六年（前四七九年）四月己丑這一天去世的。

太史公曰：《詩》有之：「高山仰止[1]，景行（háng）[2]行止。」雖不能至，

然心鄉往之。余讀孔氏書，想見其為人。適魯，觀仲尼廟堂車服禮器，諸生以時習禮其家，余祗[3]迴留之不能去云。天下君王至於賢人衆矣，當時則榮，沒則已焉。孔子布衣[4]，傳十餘世，學者宗之。自天子王侯，中國言六藝者折中[5]於夫子，可謂至聖矣！

注釋

1 止：語氣助詞，用於句末，表確定語氣。2 景行：大道。比喻高尚的德行。景，大；行，道。3 祗：敬也。4 布衣：布製的衣服，借指平民。5 折中：亦作「折衷」，即取正，用為判斷事物的標準。折：判斷；中：正。

譯文

太史公曰：《詩經》有言：「高山讓人仰望，大道讓人行走。」（《小雅．車舝》）是說即使不能到達，也讓人從內心嚮往着前進。我讀孔子的書時，想見到他的為人。我到過魯國，參觀過仲尼的廟堂、車子、衣帽、禮器等，儒生定時到孔子家中演習禮儀，我懷着敬意徘徊忘返。天下的君主以及賢人衆多，在世時則榮耀，死後則銷聲匿跡。孔子是一位平民，至今已傳十幾代了，學者都宗仰他。自天子王侯起，中原各地講《六藝》的人都以孔子的言論為標準，可稱得上是位聖人了！

賞析與點評

「魯哀公問政，對曰：『政在選臣。』季康子問政，曰：『舉直錯諸枉，則枉者直。』康子患盜，孔子曰：『苟子之不欲，雖賞之不竊。』然魯終不能用孔子，孔子亦不求仕。」

執政者向文士請教政務是中國自古以來的傳統，孔子對魯國公卿的這段回答犀利地告誡他們：執政的關鍵在端正君、臣、民的關係，而三者之間的關鍵又在於君，執政者任用邪惡則正直受排斥，執政者貪慾旺盛則民為盜賊。忠言逆耳，聽不進逆耳之言的執政者，自然「不能用」進忠言者；歷代如此，史有明鑒！

陳涉世家

本篇導讀——

陳涉之所以被列入世家，是由於他在秦亂之時首開反秦契機，由此諸侯才得以起事滅秦。《太史公自序》曰：「天下之端，自涉發難。」司馬遷還特別將其與前代作了對比，認為「桀、紂失其道而湯、武作，周失其道而春秋作」，相比之下「秦失其政，而陳涉發跡」。《陳涉世家》記載曰：陳涉雖然起事僅僅六個月而亡，但漢不絕其祀，續其血祭。在司馬遷看來，將孔子列入「世家」和把陳涉立為「世家」具有同等的意義，都是意在記載那些在歷史上對人民有功德的人物，所以即便陳涉並無後世存續者，他也應當與後繼有人者受到同等對待。

陳勝者，陽城人也，字涉。吳廣者，陽夏人也，字叔。陳涉少時，嘗與人傭耕，輟耕[1]之壟上，悵恨久之，曰：「苟富貴，無相忘。」傭者笑而應曰：「若[2]為庸耕，何富貴也？」陳涉太息曰：「嗟乎，燕雀安知鴻鵠[3]之志哉！」

注釋　1 輟耕：停止耕作。2 若：爾，你。3 燕雀：泛指小鳥，比喻庸俗淺薄的人。鴻鵠：天鵝，比喻志向遠大的人。

譯文　陳勝是陽城（河南登封）人，字涉。吳廣是陽夏（河南太康）人，字叔。陳涉年輕時，曾經與人一起被僱傭耕地，耕作間隙歇於田埂上時，惆悵怨恨了很久，說：「如果將來誰富貴了，不要彼此相忘呀。」受僱傭的同伙笑着答道：「你受僱傭耕地，能有甚麼富貴呢？」陳涉歎息說：「唉！燕雀小鳥哪能知道鴻鵠的大志向啊！」

二世元年七月，發閭左適（zhé）戍[1]漁陽，九百人屯大澤鄉。陳勝、吳廣皆次當行，為屯長[2]。會天大雨，道不通，度已失期[3]。失期，法皆斬。陳勝、吳廣

乃謀曰：「今亡亦死，舉大計亦死，等死，死國可乎？」陳勝曰：「天下苦秦久矣。吾聞二世少子也，不當立，當立者乃公子扶蘇。扶蘇以數諫故，上使外將兵。今或聞無罪，二世殺之。百姓多聞其賢，未知其死也。項燕為楚將，數有功，愛士卒，楚人憐之。或以為死，或以為亡。今誠以吾衆詐自稱公子扶蘇、項燕，為天下唱[4]，宜多應者。」吳廣以為然，乃行卜。卜者知其指意[5]，曰：「足下事皆成，有功。然足下卜之鬼乎！」陳勝、吳廣喜，念鬼，曰：「此教我先威衆耳。」乃丹書帛曰「陳勝王」，置人所罾（zēng）魚腹中[6]。卒買魚烹食，得魚腹中書，固以怪之矣；又間令吳廣之次所旁叢祠中，夜篝火[7]，狐鳴呼曰「大楚興，陳勝王」。卒皆夜驚恐。旦日，卒中往往語，皆指目[8]陳勝。

注釋

1 閭左：居住於閭巷左側的人民。閭：里門。適戍：發配戍守。適，同「謫」。2 皆次當行：都按次序應該前去服役。屯長：下級軍吏。3 會：值，正趕上。度：估計。4 誠：假如。唱：倡導，發起。5 指意：心思。指，同「旨」。6 罾：漁網。這裏用作動詞，即「捕撈」之意。7 間：私下，暗中。之：往。次：宿處。叢祠：草樹叢中的祠社。篝火：用竹籠罩着火。8 指目：手指而目視之。

譯文

秦二世元年（前二〇九年）七月，徵發閭左的平民去守衞漁陽（北京密雲），一行九百人駐紮在大澤鄉（安徽宿縣）。陳勝、吳廣都按次序應該前去服役，擔任屯長。趕上天降大雨，道路不通，估算已經不能按時到達。誤期，按照法律都要處斬。陳勝、吳廣就商量說：「如今逃亡也是死，舉事造反也是死，同樣都是死，為國而犧牲可以嗎？」陳勝說：「天下人受苦於秦暴政很久了。我聽說二世是始皇的小兒子，不應當即位，應該即位的是長子扶蘇。扶蘇由於多次勸諫，皇上打發他去外地帶兵了。現在有人聽說他無辜被秦二世殺害了。百姓大都聽說扶蘇賢明，還不知道他已經死了。項燕是楚國的將軍，多次立戰功，愛護士卒，楚國人都很愛戴他。現在有人認為他死了，有人認為他已逃亡。如今我們假如冒充公子扶蘇和項燕，成為天下的首倡者，一定有很多人響應我們。」吳廣認為很對。於是實行占卜。占卜的人知道他們的心思，說：「你們的事情都能辦成，而且有功績。然而，你們問卜過鬼神嗎？」陳勝、吳廣欣喜，考慮着鬼神的事，說：「這是教導我們先於衆人之間樹立威信。」於是用朱砂在白綢上寫了「陳勝王」三個字，塞進別人用漁網逮來的魚肚子裏。戍卒們買魚煮食時，得到魚肚子裏的帛書，因而覺得此事怪異。陳勝私下讓吳廣到營地旁的叢祠中，夜裏用竹籠罩着火，模仿狐狸叫聲，說：「大楚興，陳勝王。」戍卒們夜裏都感到驚恐。第二天，戍卒們常常談起此事，都看着陳勝指點。

吳廣素愛人，士卒多為用者。將尉[1]醉，廣故數言欲亡，忿恚（huì）[2]尉，令辱之，以激怒其衆。尉果笞廣，尉劍挺[3]，廣起，奪而殺尉。陳勝佐之，並殺兩尉。召令徒屬[4]曰：「公[5]等遇雨，皆已失期，失期當斬。藉弟令[6]毋斬，而戍死者固十六七。且壯士不死即[7]已，死即舉大名耳，王侯將相寧有種乎！」徒屬皆曰：「敬受命。」乃詐稱公子扶蘇、項燕，從民欲也。袒右，稱大楚，為壇而盟，祭以尉首。陳勝自立為將軍，吳廣為都尉。攻大澤鄉，收[8]而攻蘄。蘄下，乃令符離人葛嬰將兵徇[9]蘄以東。攻銍、酇（cuó）、苦、柘、譙，皆下之。行收兵。比[10]至陳，車六七百乘，騎千餘，卒數萬人。攻陳，陳守令皆不在，獨守丞與戰譙門中。弗勝，守丞死，乃入據陳。數日，號令召三老、豪傑[11]與皆來會計事。三老、豪傑皆曰：「將軍身被堅執銳，伐無道，誅暴秦，復立楚國之社稷，功宜為王。」陳涉乃立為王，號為張楚。

當此時，諸郡縣苦秦吏者，皆刑其長吏，殺之以應陳涉。乃以吳叔為假王[12]，監諸將以西擊滎陽。令陳人武臣、張耳、陳餘徇趙地，令汝陰人鄧宗徇九江郡。

當此時，楚兵數千人為聚者，不可勝數。

注釋

1 將尉：尉之長。將，統領，率領。2 忿恚：惱怒，使惱怒。3 挺：拔，劍挺，即拔劍。4 徒屬：部屬。5 公：對平輩的敬稱。6 藉弟：假使。令：使。7 即：同「則」。8 收：聚集。9 徇：略取，招撫。10 比：及，至。11 三老：鄉官，職掌教化。豪傑：當地有名望、有勢力的人物。12 假王：暫署的王。

譯文

吳廣平素愛護人，士卒多願為他出力。將尉喝醉了，吳廣故意再三說要逃跑，來激怒將尉，惹他侮辱自己，以便激怒衆人。將尉果然鞭打吳廣。將尉拔劍，吳廣奮起奪劍殺死將尉。陳勝幫忙，一並殺了兩個尉官。他們召集並號令部屬說：「諸位遇此大雨，都已誤了期限，誤期依法應當處斬。即使不被殺，為守邊而死的人，十個裏也有六七個。況且壯士不死則罷，要死那就得揚名於世。王侯將相難道都是特殊的種族嗎？」部屬們都說：「恭敬地聽從命令。」於是冒充公子扶蘇、項燕名義舉事，以順從人民的願望。他們袒露右臂作為標誌，號稱「大楚」，築壇盟誓，用尉官的頭舉行血祭。陳勝自立為將軍，吳廣作都尉。先攻打大澤鄉，攻克並收編那裏的士卒去攻蘄縣（安徽宿州）。攻下蘄縣，就派符離（安徽宿州）人葛嬰帶兵去略取招撫蘄縣以東的地方。進攻銍、酇、苦、柘、譙，全都攻下。沿途收編各地士卒，等到了陳縣（河南淮陽），已擁有戰車六七百輛，騎兵一千多，步兵數萬人了。進攻陳縣，陳縣的郡守和縣令都不在城中，只有郡丞帶兵在譙門（陳城城門）內應戰。戰敗，守丞死，陳勝軍入城佔領陳縣。過了幾天，陳勝下令召集三老、豪傑都來集會議事。三老、豪傑們都說：「將軍身披鎧甲，手執銳器，討伐無道，誅滅暴秦，重新建立了楚國的社稷，論功應當稱王。」陳涉於是自立為王，國號「張楚」（張，即擴張）。

就在此時，各郡縣受秦朝官吏之苦的人，都起來殺當地長官以響應陳涉。於是就以吳廣作假王，監督、統領衆將西攻滎陽。令陳縣人武臣、張耳、陳餘略取招撫趙地，令汝陰（安徽阜陽）人鄧宗略取招撫九江郡。就在此時，楚地幾千人成伙起義的，多得不可勝數。

陳勝王凡六月，已為王，王陳。其故人嘗與傭耕者聞之，之陳，扣宮門曰：「吾欲見涉。」宮門令欲縛之，自辯數（shuò）[1]，乃置，不肯為通。陳王出，遮道[2]而呼涉。陳王聞之，乃召見，載與俱歸。入宮，見殿屋帷帳，客曰：「夥頤[3]！涉

之為王沈沈者[4]！」楚人謂多為夥，故天下傳之「夥涉為王」，由陳涉始。客出入愈益發舒[5]，言陳王故情。或說陳王曰：「客愚無知，顓[6]妄言，輕威。」陳王斬之。諸陳王故人皆自引去，由是無親陳王者。陳王以朱房為中正，胡武為司過，主司羣臣。諸將徇地，至，令之不是者，繫而罪之，以苛察為忠。其所不善者，弗下吏，輒自治之。陳王信用之。諸將以其故不親附，此其所以敗也。

注釋

1 辯數：辯說親密關係。數：親密。2 遮道：攔路。遮，攔截。3 夥頤：驚訝詫異的歎詞。4 沈沈者：富麗深邃的樣子。5 發舒：放縱。6 顓：通「專」，一味地。

譯文

陳勝稱王共六個月。他剛稱王時，稱王於陳縣。一位舊日一起受僱耕地的人聽說了，來到陳縣，扣宮門說：「我要見陳涉！」宮門令要捆綁他，因他辯說與陳勝的親密關係，才放了他，但不給他通報。陳王出來，他攔路呼叫「陳涉」。陳王聽見，召見他，一同乘車回宮。入宮見到殿堂帷帳，客人說：「夥頤！陳涉作了王，宮苑深深啊！」楚地人稱「多」為「夥」，因此天下流傳那句「夥涉為王」的話，就是從陳涉開始的。客人進出越來越隨便，還講一些陳王的過去。於是有人勸陳王說：「客人愚昧無知，專門胡說八道，有損您的威嚴。」陳王殺掉了他。陳王的其他舊友也都自行離去，從此沒有再來親近陳王的。陳王用朱房做中正，用胡武為司過，負責管束羣臣。將領們攻城略地回來，凡是不聽從命令的，就逮捕治罪，他們以苛求羣臣作為對陳王的忠誠。凡是他們不喜歡的人，不通過其他官吏，而自行處治。陳王很信任他們。諸將領因此不親附陳王。這就是陳王所以失敗的原因。

陳勝雖已死，其所置遣侯王將相竟亡秦，由涉首事也。高祖時為陳涉置守冢三十家碭，至今血食。

譯文

陳王雖然已經死了，但是由他封置、派遣的侯王將相終於滅亡了秦朝，這是由陳涉首先起義的結果。漢高祖時，在碭縣安置了三十戶人家為陳涉守墓，至今仍受享祭品。

賞析與點評

「嗟乎，燕雀安知鴻鵠之志哉！」「王侯將相寧有種乎！」時勢締造了英雄人物。戰國至秦朝之間是血緣貴族世襲制崩潰，平民階層抬頭的時代。傭農陳勝位卑而有鴻鵠大志，不愧為時代的代表。王侯將相憑藉種族血統而永遠富貴的時代已經過去，載入史冊的機會留給了那些審時度勢、銳意進取的人！

列傳

春秋、戰國時期，隨着世卿世祿之家的逐漸瓦解，君權得以擴大，促進了平民社會的發達。特別是到了戰國時期，正如顧炎武所說，士無定主，任何人都能發揮才能，立身之道大開，迎來了天下的統一。《史記》設立「列傳」正是出於這一背景，與「本紀」記述天子，「世家」載錄家族不同，「列傳」重點著述了個人的成功。本來，在古代實行的是世祿世官制，僅憑一人的才力幾乎不可能有甚麼特別舉動，相反單憑世族家庭的出身就能謀求到理想的社會地位。可是，在春秋、戰國以後出現了憑藉個人能力也可以建立功名的現象。司馬遷正是注意到了這一點，才寫出了七十列傳。如果單從史書體例而言，似乎沒有必要為一人之事做詳細的記載，但是《史記》的體例卻是歷史記述與傳記兼顧的，司馬遷認為二者都是必要的。

伯夷列傳

本篇導讀——

列於「列傳」第一篇的《伯夷列傳》其實是一篇序文，文中告訴讀者設立「列傳」的目的，即為個人行為立傳，就是要讓後人記住那些在歷史上建功立德之人物的英名。司馬遷指出：那些沒有天子或諸侯的家世，僅僅憑藉匹夫之身向世人顯示一己之力而立有功德的人物，無論他們多麼偉大，若無人為其立傳的話，其事跡也無法流傳於後世。所以，即便是對於那些公認的古代名人如許由、卞隨、務光等，雖然自己到過他們活動的地方，聽到過他們的事跡，看來這些人物實際上也確實存在過，但是由於孔子未提到他們，所以他們的事跡也都湮沒了。而像伯夷、叔齊，則由於孔子曾經予以讚揚，其事跡至今仍在流傳，所以自己作「七十列傳」的目的就是為了讓傳主的事跡能夠流傳於後世。

夫[1]學[2]者載籍極博，猶考信於六藝。《詩》、《書》雖缺，然虞夏之文可知也。堯將遜位，讓於虞舜，舜禹之間，岳牧[3]咸薦，乃試之於位，典職數十年，功用既興，然後授政。示天下重器[4]，王者大統，傳天下若斯之難也。而說者曰堯讓天下於許由，許由不受，恥之逃隱。及夏之時，有卞隨、務光者。此何以稱焉？太史公曰：余登箕山，其上蓋有許由冢云。孔子序列[5]古之仁聖賢人，如吳太伯、伯夷之倫[6]詳矣。余以所聞由、光義至高，其文辭不少概見，何哉？

注釋

1 夫：句首語氣詞，用以提示下文。2 學：學問。3 岳牧：官名。四岳、十二牧，相當於後代的公卿諸侯。4 重器：寶器。比喻政權。5 序列：序，即敍；列，排列。6 倫：輩；類。

譯文

就學問而言，雖然典籍極多，但還是應該從「六藝」中考察真實可信的記載。《詩經》、《尚書》雖然殘缺不全，然而還是可以從中得知虞、夏時期的文獻。堯將要辭位，把帝位讓給了虞舜，舜也讓位予禹，都是由岳牧推薦，才把他們放在帝位上考察試用，執政數十年，已經有了成效，然後授予政權。表示天下是重器，王者是大統，傳承天下是如此的不易。然而也有一種說法：堯把天下讓給許由，許由不接受，並以此為恥，而逃亡隱居。到了夏朝，又有卞隨、務光等人，也像許由一樣逃亡了。這到底是以怎樣的根據做出的稱述呢？太史公說：我曾登箕山（河南登封市東南），據說山上有許由的墳冢。孔子依次論述了古之仁人、聖人、賢人，如吳太伯、伯夷等人，都很詳細。至於我所聽說的許由、務光之義行高潔，在《詩》、《書》的文辭中卻不見稍稍的梗概，這是為甚麼呢？

孔子曰：「伯夷、叔齊，不念舊惡，怨是用希[1]。」「求仁得仁，又何怨乎？」余悲伯夷之意，睹軼詩可異焉。其傳曰：

伯夷、叔齊，孤竹君之二子也。父欲立叔齊，及父卒，叔齊讓伯夷。伯夷曰：「父命也。」遂逃去。叔齊亦不肯立而逃之。國人立其中子。於是伯夷、叔齊聞西伯昌[2]善養老，盍[3]往歸焉。及至，西伯卒，武王載木主，號為文王，東伐紂。伯夷、叔齊叩馬[4]而諫曰：「父死不葬，爰[5]及干戈，可謂孝乎？以臣弒君，可謂仁乎？」左右欲兵之。太公曰：「此義人也。」扶而去之。武王已平殷亂，天下宗周，而伯夷、叔齊恥之，義不食周粟，隱於首陽山，采薇而食之。及餓且死，作歌。其辭曰：「登彼西山兮，采其薇矣。以暴易暴兮，不知其非矣。神農、

虞、夏忽焉沒兮，我安適[6]歸矣？于嗟徂[7]兮，命之衰矣！」遂餓死於首陽山。

由此觀之，怨邪非邪？

注釋

1 怨是用希：動賓倒置詞組，「是」，助詞，用在前置賓語「怨」之後。動詞「用」，需要之意。「希」，少。2 西伯昌：周文王，名「昌」。西伯：西方諸侯之意。3 盍：通「蓋」，表推測。4 叩馬：勒住馬。「叩」通「扣」，勒住。5 爰：連詞。於是，就。6 安適：到哪兒去。7 于嗟：歎詞。此表悲歎。徂：通「殂」，死亡。

譯文

孔子說：「伯夷、叔齊，不記舊仇，怨恨就少。」「他們尋求仁，並得到了仁，又有何怨恨呢？」我懷想伯夷之意境，見到逸詩（即未選入《詩經》的詩，此指《采薇》），又感到與孔子之語有異。《詩》傳上說：

伯夷、叔齊，是孤竹（國名）國君的兩個兒子。父親想要立叔齊為國君，等到父親死後，叔齊將君位讓給伯夷。伯夷說：「這是父命。」於是逃離。叔齊也不肯即位而逃走。國人只好擁立次子。伯夷、叔齊聽說西伯昌很能贍養老人，就要前往周，歸附西伯。等到了那裏，西伯已死，繼位的武王把他的木製神位載於兵车，尊號為文王，向東方討伐殷紂王。伯夷、叔齊勒住武王的馬而進諫說：「父親死了尚未安葬，就動干戈，能說是孝嗎？以臣之位弒殺君主，能說是仁嗎？」武王兩旁的人要殺他們。太公（武王的軍師太公望）說：「這是義人。」攙扶而讓他們離開。武王已平定殷的禍亂，天下以周為宗主，而伯夷、叔齊卻以此為恥，守信義而不食周之糧食，隱居於首陽山（一說在山西省永濟市），採食薇菜（豆科野菜）度日。將要餓死時，作歌一首。歌辭是：「登上那西山（首陽山）啊，採摘那兒的薇菜。以殘暴改變殘暴啊，卻不知其錯。神農、虞、夏轉瞬辭世啊，我將歸去何處？唉！去死啊，這是命之衰微吧！」於是餓死在首陽山。

由此來看，他們是怨恨，還是不怨恨呢？

或曰：「天道無親，常與善人[1]。」若伯夷、叔齊，可謂善人者非邪？積仁絜行如此而餓死！且七十子之徒，仲尼獨薦顏淵為好學。然回也屢空[2]，糟糠不厭，而卒蚤夭。天之報施[3]善人，其何如哉？盜蹠（zhí）[4]日殺不辜，肝人之肉，暴戾恣睢[5]，聚黨數千人橫行天下，竟以壽終。是遵何德哉？此其尤大彰明較著者也。若至近世，操行不軌，專犯忌諱，而終身逸樂，富厚累世不絕。或擇地而蹈[6]之，時[7]然後出言，行不由徑[8]，非公正不發憤，而遇禍災者，不可勝數也。余甚惑焉，儻所謂天道，是邪非邪？

注釋

1親：親近之人。與：親附。2屢空：一無所有。3報施：賞賜。4盜蹠：原名展雄，又名柳下跖。相傳是賢臣柳下惠的弟弟，為魯孝公的兒子公子展的後裔，因以展為姓。係春秋、戰國之際農民起事領袖。5恣睢：放縱自得的樣子。6蹈：踏步。7時：按時，合於時宜。8徑：小路，捷徑。

譯文

有人說：「天道無私親，總是親附善人。」像伯夷、叔齊，可以說是善人，或非善人呢？積累仁德而舉止高潔，如此卻餓死了！此外，在七十個學生中，仲尼（孔子）獨推崇顏淵好學。可是，顏回（字「子淵」，即顏淵）一無所有，就連糟糠也不能飽肚，早夭身亡。天對善人的賞賜，是怎樣的呢？盜蹠每日殺害無辜，膾食人肝，兇暴放縱，聚集徒黨數千人橫行天下，卻能以壽終正寢結束一生。這是遵循了甚麼道德呢？這些都是特大而且明顯的例子。如果說到了近世，操行不軌，專門觸犯別人的忌諱，卻終身安逸享樂，富貴豐厚，累世不絕。有人每踏出一步，都要選擇地方；認為適時，然後發言；行路不取捷徑，不是公正之事不發洩憤懣，可是他們之中遇到禍災者，不可勝數。對此我甚感困惑，倘若如此，所謂天道，果然是正確的呢，還是不正確呢？

子曰「道不同不相為謀」，亦各從其志也。故曰「富貴如可求，雖執鞭之士[1]，吾亦為之。如不可求，從吾所好」。「歲寒，然後知松柏之後凋」。舉世混濁，清士乃見。豈以其重若彼，其輕若此哉？

注釋

1 執鞭之士：馭者。此指低賤之職。

譯文

孔子說「主張不同的話，不能相互為對方謀議」，也就各自遵從自己的意志了。所以說「富貴如果可以求得，雖說是執鞭駕車之職，我也去做。如不可求，就依照我所喜好的去做」。「一年的嚴寒季節到了，然後才知道松柏是最後凋謝的」。全世界都混濁了，清白高潔之士就顯現出來。難道不是此輕彼重之間的強烈對比所造成的嗎？

「君子疾沒世而名不稱[1]焉。」賈子曰：「貪夫徇[2]財，烈士徇名，夸者死權，眾庶馮（píng）[3]生。」「同明相照，同類相求。」「雲從龍，風從虎，聖人作[4]而萬物覩（dǔ）[5]。」伯夷、叔齊雖賢，得夫子而名益彰。顏淵雖篤學，附驥尾[6]而行益顯。巖穴之士，趣舍[7]有時若此，類名堙滅而不稱，悲夫！閭巷[8]之人，欲砥行立名者，非附青雲之士，惡[9]能施於後世哉？

注釋

1 稱：稱道。2 徇：通「殉」，有所求而不惜身。3 馮生：恃矜其生，貪生。4 作：起。5 覩：即「睹」，看見。6 驥尾：駿馬之尾。比喻追隨名人之後。7 趣舍：即取捨。8 閭巷：里巷；鄉里。借指平民。9 惡：疑問代詞。怎麼，如何，何。

譯文

「君子厭惡死後名聲不被稱道。」賈子（賈誼）說：「貪婪的人為財而殉死，烈士為名而殉死，誇耀權勢的人死於權勢，普通民眾則貪圖生存。」（《鵩鳥賦》）「同樣明亮的事物相互映照，同類的事物相追求。」「雲隨龍行而出現，風隨虎嘯而生成，聖人起而著述，萬物得以睹見。」伯夷、叔齊雖然賢德，得到孔子稱讚而名聲更加彰顯。顏淵雖然專心好學，附於孔子的驥尾而行為更加揚名。隱居山野之士，根據時機的取捨、去留也是如此，名聲湮滅而不得稱道，多麼可悲！普通百姓，想要砥礪德行確立名聲的話，除非依附青雲之士（有盛名者），否則怎能名揚後世呢？

賞析與點評

「歲寒，然後知松柏之後凋」一句，語出《論語・子罕》。孔子以物喻人，說只有經過艱難困苦的考驗，才能識別哪些人堅強不屈。司馬遷引用此語，意在說明越是在渾濁之世，越是能看清誰是清亮高潔的君子，誰是唯利是圖的小人。歷史是君子們創造的，他們的功德即便在生前不為人所認識，其芳名也會萬古流傳！

管晏列傳

本篇導讀——

司馬遷編輯史料時用到很多方法，鈎沉逸事是重要的方法之一。《管晏列傳》的贊言中就指出：世上許多容易見到的事情，就不記載於此了，這裏僅僅記述那些逸事而已。所以，讀者一旦了解了司馬遷的這一方法，將《史記》參閱以其他古籍的話，必有事半功倍的收穫！

管仲夷吾者，潁上人也。少時常與鮑叔牙游，鮑叔知其賢。管仲貧困，常欺鮑叔[1]，鮑叔終善遇之，不以為言。已而鮑叔事齊公子小白，管仲事公子糾。及小白立，為桓公，公子糾死，管仲囚焉。鮑叔遂進管仲。管仲既用，任政於齊，齊桓公以霸，九合[2]諸侯，一匡[3]天下，管仲之謀也。

釋文

1 管仲貧困，常欺鮑叔：二人一同經商時，管仲曾靠欺騙而多佔利益，鮑叔因管仲貧困，而不以為貪。2 九合：多次會合。3 匡：匡正。

譯文

管仲，名夷吾，是潁上人。年輕時常與鮑叔牙交往，鮑叔知其有賢才。管仲貧困，經常欺騙鮑叔，鮑叔始終友善地對他，並不因此有怨言。不久，鮑叔侍奉齊公子小白，管仲則為公子糾做事。等到小白即位為桓公，公子糾死了，管仲被囚禁。鮑叔就推薦管仲。管仲被起用之後，在齊國擔任政務，齊桓公因此稱霸，多次會盟諸侯，稱霸天下，憑藉的是管仲的謀略。

管仲曰：「吾始困時，嘗與鮑叔賈，分財利多自與，鮑叔不以我為貪，知我貧也。吾嘗為鮑叔謀事而更窮困，鮑叔不以我為愚，知時有利不利也。吾嘗三仕三見逐於君，鮑叔不以我為不肖，知我不遭時也。吾嘗三戰三走，鮑叔不以我怯，知我有老母也。公子糾敗，召忽死之，吾幽囚受辱，鮑叔不以我為無恥，知我不羞小節而恥功名不顯於天下也。生我者父母，知我者鮑子也。」

鮑叔既進管仲，以身下之。子孫世祿於齊，有封邑者十餘世，常為名大夫。天下不多[1]管仲之賢而多鮑叔能知人也。

注釋

1 多：讚譽。

譯文

管仲說：「我當初貧困時，曾與鮑叔一道經商，分錢財利益時我多給自己，鮑叔不以為我貪婪，因為他知道我貧困。我曾經為鮑叔謀劃事情，而更加陷入窮困，鮑叔不認為我愚蠢，因為他知道時勢的有利與不利。我曾數次為官又數次被君主驅逐，鮑叔不認為我無能，因為他知道我沒遇上好時機。我曾數戰而數次敗逃，鮑叔不認為我怯弱，因為他知道我牽掛老母。公子糾失敗，召忽為此自殺，我被囚禁受辱，鮑叔不認為我無恥，因為他知道我不以小節為羞恥，而以功名不顯於天下為羞恥。生我的是父母，了解我的是鮑子啊。」

鮑叔舉薦管仲之後，自己位居其下。子孫世代在齊國做官，受封邑的有十幾代，常成為名大夫。天下不讚譽管仲之賢，而讚譽鮑叔能識人才也。

管仲既任政相齊，以區區之齊在海濱，通貨積財，富國強兵，與俗同好惡。故其稱曰：「倉廩實而知禮節，衣食足而知榮辱，上服度則六親[1]固。四維不張，國乃滅亡。下令如流水之原，令順民心。」故論卑而易行。俗之所欲，因而予之；俗之所否，因而去之。

注釋

1 六親：指父、母、兄、弟、妻、子。

譯文

管仲任齊國相執政之後，以地處海濱的小小齊國，流通貨幣，積累財產，富國強兵，與百姓同好惡。所以他說：「倉廩充實了，百姓才知道禮節；衣食豐足了，百姓才知道榮辱；國君遵守法度了，上下左右才團結一致。禮儀廉恥不張顯，國家就會滅亡。下達政令猶如流水之源頭，政令要順從民心。」所以他的政論淺顯而易執行。百姓所要求的，就順其所求而給予；百姓所反對的，就尊其意志而取消。

其為政也，善因禍而為福，轉敗而為功。貴輕重，慎權衡。桓公實[1]怒少姬，南襲蔡，管仲因而伐楚，責包茅[2]不入貢於周室。桓公實北征山戎，而管仲因而令燕修召公之政。於柯之會，桓公欲背曹沫之約，管仲因而信之，諸侯由是歸齊。故曰：「知與之為取，政之寶也。」[3]

注釋

1 實：實事，實際上。2 包茅：包，動詞裹束；茅，菁茅。祭祀時用來濾酒的材料。

3 此語出自《老子》：「將欲取之，必固與之。」

譯文

管仲執政，善於變禍為福，轉敗為勝。他能夠把握輕重緩急，謹慎權衡利弊。桓公原本因對少姬發怒，而向南襲擊蔡國，管仲則乘勢去攻伐楚國，譴責楚國不向周室進貢包茅。桓公本來是北征山戎，而管仲卻能使燕國實行召公的政教。在柯地會盟時，桓公想要背棄與曹沫的盟約，管仲卻因勢利導讓桓公守約，諸侯因此歸心於齊國。所以說：「懂得給予就是取得，才是執政的法寶。」

管仲富擬於公室，有三歸、反坫（diàn）[1]，齊人不以為侈。管仲卒，齊國遵其政，常強於諸侯。後百餘年而有晏子焉。

注釋

1 三歸：三姓女子。歸，即「嫁」。反坫：宴會時放禮器和酒具的土臺。

譯文

管仲之富有可與諸侯相比，有三姓夫人和盛宴的設施，齊國人不認為這是奢侈。管仲去世後，齊國遵循他的政策，總是比諸侯強大。百餘年後這裏又出現了晏子。

晏平仲嬰者，萊之夷維人也。事齊靈公、莊公、景公，以節儉力行重於齊。既相齊，食不重肉，妾不衣帛。其在朝，君語及之，即危[1]言；語不及之，即危行。國有道，即順命；無道，即衡命。以此三世顯名於諸侯。

注釋

1 危：嚴厲。

譯文

晏平，字仲，名嬰，是萊地夷維（山東高密）人。任職於齊靈公、莊公、景公時期，因為節儉、努力而在齊國受到重視。他當上齊相國之後，用餐不用兩樣肉食，妾不穿錦帛。他在朝廷，國君所言之事，他即直言以對；國君所未言之事，他亦堅決實行。國家有道，他即順從命令；國家無道，他就權衡而行。由此他任職三朝，顯名於諸侯。

越石父賢，在縲紲[1]中。晏子出，遭之塗，解左驂贖之，載歸。弗謝，入閨[2]。久[3]之，越石父請絕。晏子懼然，攝衣冠謝曰：「嬰雖不仁，免子於厄，何子求絕之速也？」石父曰：「不然。吾聞君子詘於不知己而信於知己者。方吾在縲紲中，彼不知我也。夫子既已感寤而贖我，是知己；知己而無禮，固不如在縲紲之中。」晏子於是延入為上客。

注釋

1縲紲：縲，黑索；紲，繫。此指監獄。2謝：打招呼。閨：內門。3久：滯留。

譯文

越石父有賢德，在囚禁之中。晏子出行，在途中遇到了他，解下馬車左外側馬為其贖身，用車載他回府。不打招呼，就進入內門去了。晏子要留下他，越石父請求絕交。晏子很吃驚，整理衣冠道歉說：「晏嬰雖不仁，但也使你避免了災禍，為何你這麼快就要求絕交呢？」石父說：「不對。我聽說君子屈服於不知己者，而受信賴於知己者。當初我被囚禁，是因為他們不了解我。夫子既然已經感悟而為我贖身，是知我者；知我者不以禮相待，還不如在囚禁之中。」晏子於是將石父引入上堂尊為賓客。

晏子為齊相，出，其御之妻從門閒而闚其夫。其夫為相御，擁[1]大蓋，策駟馬，意氣揚揚甚自得也。既而歸，其妻請去。夫問其故。妻曰：「晏子長不滿六尺，身相齊國，名顯諸侯。今者妾觀其出，志念深矣，常有以自下者。今子長八尺，乃為人僕御，然子之意自以為足，妾是以求去也。」其後夫自抑損。晏子怪而問之，御以實對。晏子薦以為大夫。

注釋

1 擁：遮蓋。

譯文

晏子為齊國的相國，外出時他的車夫的妻子從門縫窺視丈夫。她丈夫為相國駕車，遮蓋在大傘蓋之下，鞭策四匹大馬，意氣揚揚，非常自得。歸來時，妻子請求離去。丈夫問其原因。妻子說：「晏子身高不足六尺，卻位居齊國相，名聲顯赫於諸侯。今天我見他外出，氣質深沉，總是自謙的樣子。現在你身高八尺，只是人家的車夫，可是你卻自以為滿足，所以我要求離去。」那以後，這個丈夫開始自我鞭策。晏子奇怪而問他原因，車夫據實作了回答。晏子舉薦他做了大夫。

賞析與點評

自古以來中國人除了財產、地位、相貌之外，有着以「君子」、「小人」劃分人羣的道德標準。君子不以自己的地位、相貌而傲慢，堅守着道德、人望的標準，所以能夠「坦蕩蕩」；小人處順境則沾沾自喜，逢逆境就自暴自棄，所以「常慼慼」。如果有了道德至上的人生準則，小人也可以轉化為君子。

太史公曰：吾讀管氏《牧民》、《山高》、《乘馬》、《輕重》、《九府》，及《晏

子春秋》[1]，詳哉其言之也。既見其著書，欲觀其行事，故次其傳。至其書，世多有之，是以不論，論其軼事。

管仲，世所謂賢臣，然孔子小之。豈以為周道衰微，桓公既賢，而不勉之至王，乃稱霸哉？語曰「將順其美，匡救其惡，故上下能相親也」。豈管仲之謂乎？

方晏子伏莊公尸哭之，成禮然後去，豈所謂「見義不為無勇」者邪？至其諫說，犯君之顏，此所謂「進思盡忠，退思補過」者哉！假令晏子而在，余雖為之執鞭，所忻慕焉。

注釋

1《管子》一書有八十六篇，今存七十六篇，屬法家；《晏子春秋》有七篇，是儒家著作。

譯文

太史公曰：我讀管氏的《牧民》、《山高》、《乘馬》、《輕重》、《九府》等文，以及《晏子春秋》一書，講述得很詳細了。讀了他們的著書，就想觀察他們的行事，所以編輯了他們的列傳。至於他們的著書，世上有很多了，所以不予評論，僅述其軼事遺聞。

管仲，是世人所謂的賢臣，然而孔子瞧不起他。難道認為周道衰微，桓公既然賢明，卻不勸他成為至王，而要稱霸的緣故嗎？有言道：「要順應國君的美德，匡正拯救國君的惡行，由此君臣上下才能夠相互和睦」。難道說的就是管仲嗎？當晏子伏於莊公屍體哭他，行禮之後離去，難道這就是所謂的「見義而不為的沒有勇氣」者嗎？然而他進諫遊說時，敢於觸犯君主顏面，這正是所謂的「進朝考慮盡忠，退朝想的是補過」之人啊！假令晏子還活着，就是為他駕車，也是我所仰慕的。

賞析與點評

管仲（約前七二三—前六四五年）、晏嬰（約前五七八—前五〇〇年）同為春秋時期的齊國名相，所以司馬遷將二人並列於此傳。前有管仲以法制輔佐齊桓公成為春秋第一霸主，後有晏嬰以儒術捍衛了齊國在諸侯間的地位。前者站在法家立場主張「霸道」，後者根據儒家學說提倡「王道」。司馬遷生活於「霸王道雜之」的西漢時期，從他的巧妙編排和發問之中，讀者可以領悟到：對「霸道」、「王道」、「霸王道雜之」的認識不能只停留於孰是孰非的判斷，而應該考慮其中時勢的需求與歷史的原因。

商君列傳

本篇導讀——

沒有法律是不可能的，但法律絕不是萬能的。這就是商鞅變法成功的經驗與失敗的教訓。《商君列傳》記載了商鞅幫助秦孝公實行變法，令秦國富國強兵，以及後來秦國發生政變，商鞅慘遭殺害的全過程。司馬遷站在儒家的立場，指出法家之所以有「少恩」之行為，所依據的是其所謂帝王術之「浮說」，而這一切又出自其「刻薄」之天性。他的見解體現了戰國、秦漢以來強調人性決定人的思想、行為，否認了傳統的血統論。

商君者，衞之諸庶孽公子也，名鞅，姓公孫氏，其祖本姬姓也。鞅少好刑名之學[1]，事魏相公叔座為中庶子[2]。公叔座知其賢，未及進。會座病，魏惠王親往問病，曰：「公叔病，有如不可諱，將奈社稷何？」公叔曰：「座之中庶子公孫鞅，年雖少，有奇才，願王舉國而聽之。」王嘿然。王且去，座屏人言曰：「王即不聽用鞅，必殺之，無令出境。」王許諾而去。公叔座召鞅謝曰：「今者王問可以為相者，我言若，王色不許我。我方先君後臣，因謂王即弗用鞅，當殺之。王許我。汝可疾去矣，且見禽。」鞅曰：「彼王不能用君之言任臣，又安能用君之言殺臣乎？」卒不去。惠王既去，而謂左右曰：「公叔病甚，悲乎，欲令寡人以國聽公孫鞅也，豈不悖哉！」

注釋

1 刑名之學：即形名之學，辨析事物及其概念之間關係的學問。戰國時期發展為以申不害為代表的、主張「循名責實」，以刑法治國的法家學說。2 中庶子：官名，戰國時貴族、高官身邊的近侍之臣。

譯文

商君是衞國君妾所生的兒子，名鞅，姓公孫，他的祖先本姓姬。商鞅年輕時喜好刑名之學，供事於魏國相公叔座，做了中庶子。公叔座了解他的賢才，尚未來得及進薦給魏王。適逢公叔座患病，魏惠王親自前往探病，說：「公叔患病，如有不測，國家怎麼辦？」公叔說：「我的中庶子公孫鞅，雖年少，但有奇才，願大王把全國事務委任於他。」魏惠王默然。惠王將要離開，公叔座摒退旁人後說：「大王若不任用商鞅，一定殺了他，不要讓他出國境。」惠王許諾之後離開。公叔座召來商鞅道歉說：「今日大王問我誰可以擔任國相，我說你可以，看大王的表情是不應許我。我當先君後臣，因而對大王說如果不能用你，就把你殺掉。大王答應了。你快走吧，就要被抓了。」商鞅說：「大王不能聽你的話任用我，又怎能用你的話殺我呢？」最終沒有離開。惠王離開後，對左右說：「公叔病得很厲害，可悲啊，他要寡人將國事聽命於公孫鞅，豈不是糊塗！」

公叔既死，公孫鞅聞秦孝公下令國中求賢者，將修繆公之業，東復侵地。乃遂西入秦，因孝公寵臣景監以求見孝公。孝公既見衛鞅，語事良久，孝公時時睡，弗聽。罷而孝公怒景監曰：「子之客妄人耳，安足用邪！」景監以讓衛鞅。衛鞅曰：「吾說公以帝道，其志不開悟矣。」後五日，復求見鞅。鞅復見孝公，益愈，然而未中旨。罷而孝公復讓景監，景監亦讓鞅。鞅曰：「吾說公以王道而未入也。請復見鞅。」鞅復見孝公，孝公善之而未用也。罷而去，孝公謂景監曰：「汝客善，可與語矣。」鞅曰：「吾說公以霸道，其意欲用之矣。誠復見我，我知之矣。」衛鞅復見孝公。公與語，不自知厀之前於席也。語數日不厭。景監曰：「子何以中吾君？吾君之歡甚也。」鞅曰：「吾說君以帝王之道比三代，而君曰：『久遠，吾不能待。且賢君者，各及其身顯名天下，安能邑邑[1]待數十百年以成帝王乎？』故吾以強國之術說君，君大說之耳。然亦難以比德於殷周矣。」

注釋

1 邑邑：同「悒（yì）悒」，憂鬱不樂的樣子。

譯文

公叔座死後，商鞅聽説秦孝公下令全國求賢，想要復興秦穆公霸業，向東收復失地，於是向西入秦，通過秦孝公的寵臣景監要求見孝公。孝公會見了商鞅，談了很久，孝公卻時時打瞌睡，不聽他的。會見結束後孝公生氣地對景監説：「你的客人無知狂妄，怎能任用呢！」景監因此埋怨商鞅。商鞅説：「我以帝道説服主公，以主公的意向未能領悟。」過了五日，景監再次請求會見商鞅。商鞅又見到孝公，稍好一些，然而仍未中孝公心意。結束後孝公又責備景監，景監也埋怨商鞅。商鞅説：「我以王道説服主公，而未打動他。請求再一次會見我。」商鞅又見到孝公，孝公認為談得很好，而未採用。結束而讓他退出，孝公對景監說：「你的客人不錯，可以與他交談了。」商鞅說：「我以霸道說服主公，其意向是要採用我的觀點。真誠希望他再會見我，我知道他的志向了。」商鞅又一次見到孝公。孝公與他談話時，不知不覺地膝蓋移到了座席的前邊。談了數日也不厭倦。景監說：「你談甚麼打動了我的君主？我君主非常高興。」商鞅說：「我以帝王道說服主公，要他效法三代，可他說：『太久遠了，我不能等待。況且賢能君主，都想在有生之年顯名天下，怎能鬱悶地等待數十上百年以成帝王呢？』所以我以強國之術說服他，他大喜過望。然而，這樣的話則難以達到殷周的功德。」

孝公既用衛鞅，鞅欲變法，恐天下議己。衛鞅曰：「疑行無名，疑事無功。且夫有高人之行者，固見非於世；有獨知之慮者，必見敖[1]於民。愚者闇[2]於成事，知者見於未萌。民不可與慮始而可與樂成。論至德者不和於俗，成大功者不謀於眾。是以聖人苟可以強國，不法其故；苟可以利民，不循其禮。」孝公曰：「善。」甘龍曰：「不然。聖人不易民而教，知者不變法而治。因民而教，不勞而成功；緣[3]法而治者，吏習而民安之。」衛鞅曰：「龍之所言，世俗之言也。常人安於故俗，學者溺於所聞。以此兩者居官守法可也，非所與論於法之外也。三代不同禮而王，五伯不同法而霸。智者作法，愚者制焉；賢者更禮，不肖者拘焉。」杜摯曰：「利不百，不變法；功不十，不易器。法古無過，循禮無邪。」衞鞅曰：「治世不一道，便國不法古。故湯武不循古而王，夏殷不易禮而亡。反古者不可非，而循禮者不足多。」孝公曰：「善。」以衞鞅為左庶長，卒定變法之令。

注釋

1 敖：同「謷（áo）」，詆譭。2 闇：同「暗」。愚昧；不明白。3 緣：沿襲。

譯文

孝公用商鞅之後，商鞅想要變法，孝公恐天下人議論自己。商鞅說：「行動猶豫不決則無以成名，事業猶豫不決則無以成功。況且，有超人舉動者，本來會受世俗的非難；有獨到見解者，必會遭到常人的詆譭。愚者對既成的事實也弄不明白，智者卻能對事情預見於未然。對於老百姓，不可與他們考慮創始，只能與他們享受成功。談論大事的人不淪落於世俗，成就大功業者不囿於眾人的意見。所以聖人若可以強國，就不必效法以往；若可以利民，就不必遵循禮制。」孝公說：「好。」甘龍說：「不對。聖人不改變民俗而教化，智者不變更法制而實行統治。順應民俗而教化，不勞苦而能成功；沿襲常法而統治，官吏習慣而百姓相安。」商鞅說：「甘龍所說的，都是世俗之言。凡人安於舊俗，學者拘泥於所聞。用此兩種人居官守法是可以的，不可與他們討論常規之外的事情。三代的禮制不同，而各自成就了王業；五伯的法治不同，而相繼稱霸。智者制訂法律，愚者受制於此；賢者更新禮制，不肖者拘泥於此。」杜摯說：「無百倍之利，不改變法度；無十倍之功，不更換舊器。效法古制沒有過錯，遵循禮制不會出偏差。」商鞅說：「治理國家不是只有一種途徑，利國之事不必效法古代。所以湯武不循古制而成王業，夏殷不改變禮儀而亡國。違反古制的不必非難，而遵循禮制的不足讚揚。」孝公說：「好。」任商鞅為左庶長，最終制定了變法之令。

令民為什伍，而相牧司[1]連坐。不告姦者腰斬，告姦者與斬敵首同賞，匿姦者與降敵同罰。民有二男以上不分異者，倍其賦。有軍功者，各以率（lǜ）[2]受上爵；為私鬥者，各以輕重被刑大小。僇力本業[3]，耕織致粟帛多者復其身[4]。事末利及怠而貧者，舉以為收孥[5]。宗室非有軍功論，不得為屬籍。明尊卑爵秩等級，各以差次名[6]田宅，臣妾[7]衣服以家次。有功者顯榮，無功者雖富無所芬華。

注釋

1 牧司：相互監督、窺伺。2 率：標準，規定。3 僇力：並力，盡力。僇，同「戮」。本業：指農業。4 復其身：免除其自身的徭役。復，免除。5 舉：盡，全部。收孥：收為奴隸。孥，此處同「奴」。6 差次：差別次序，即指等級。名：命名，佔有。7 臣：奴。妾：婢。

譯文

令中規定：百姓按什、伍編制，相互監督，一人有罪，相關者連坐。不告發奸惡的處以腰斬，告發奸惡的與斬敵人首級同樣領賞，藏匿奸惡的與投降敵人同樣受罰。百姓之家有二名男子以上而不分居的，加倍納賦。立有軍功的，各自按照標準受封升爵；私下鬥毆的人，各依輕重程度相應判刑。努力務農，通過耕織使粟米豐收、布帛多產的，免除其自身的徭役。靠經營工商牟利以及因怠惰而貧困的，全都沒入官府為奴隸。王室人員未經過軍功評價，也不得列入宗室譜籍。如此，明確尊卑爵秩的等級，各自按照不同等級佔有田、宅，奴婢穿衣服要按照家庭的等級。使得有功者顯貴、光榮，無功者雖富裕而無顯貴的身份。

賞析與點評

秦國實行的單一法治並非理想的國家制度，這一點厲行新法的商鞅本人也是很清楚的，所以他說：這樣做「難以達到殷周的功德」。法家是中國古代現實主義學派的典型，所以頗得國家管理者的青睞。戰國末年的秦國是發展中國家，它面臨着如何富國強兵以便對抗東方發達國家的挑戰，而不是如何建立理想王國的時代課題。為此，它選擇了變法圖強的道路，堅定執行一切以「耕」與「戰」為核心的方針，並由此提出了「功勞」至上的原則。其結果是：以「無功不受祿」摧毀了「世卿世祿」的血緣宗法制；以「有功者顯榮」樹立了勞動光榮、不勞而獲可恥的榮辱觀。對於這些，作為後代人是不能也不應忘記的。

令既具，未布，恐民之不信己，乃立三丈之木於國都市南門，募民有能徙置北門者予十金。民怪之，莫敢徙。復曰：「能徙者予五十金。」有一人徙之，輒予五十金，以明不欺。卒下令。

譯文　令已經制訂出來，尚未公佈，擔心百姓不信任自己，商鞅就在首都市場的南門樹立一根三丈長的木桿，招募百姓如有能把它移至北門的，賞十金。百姓奇怪，沒人敢移。又說：「能搬移的賞五十金。」有一人搬移了木桿，就給了他五十金，以此表明決不欺騙。最終頒佈變法之令。

令行於民朞年，秦民之國都言初令[1]之不便者以千數。於是太子犯法。衞鞅曰：「法之不行，自上犯之。」將法太子。太子，君嗣也，不可施刑，刑其傅公子虔，黥其師公孫賈。明日，秦人皆趨令。行之十年，秦民大說，道不拾遺，山無盜賊，家給人足。民勇於公戰，怯於私鬥，鄉邑大治。秦民初言令不便者有來言令便者，衞鞅曰：「此皆亂化[2]之民也。」盡遷之於邊城。其後民莫敢議令。

注釋

1 初令：新定的法令。2 化：風俗，風氣。這裏即秩序、治安的意思。

譯文

法令在百姓中實行了一年，秦人到首都來投訴新法不好的數以千計。此時，太子觸犯了法令。商鞅說：「法律不得推行，原因在於上面有人先犯法。」要依法處置太子。太子，是君主的繼承人，不可以對他施刑，就處罰了太傅公子虔，將太子的老師公孫賈處以黥刑。次日，秦人都趨附於法令了。法令實行了十年，秦人大喜，道不拾遺，山無盜賊，家給人足。百姓勇於為國作戰，不敢私鬥，鄉邑非常安定。秦人當初訴說法令不好的人中，也有來說法令好處的，商鞅說：「這些都是擾亂教化的人。」將他們都遷徙到邊城去了。此後百姓無人再敢議論法令。

於是以鞅為大良造，將兵圍魏安邑，降之。居三年，作為築冀闕[1]宮庭於咸陽，秦自雍徙都之。而令民父子兄弟同室內息者為禁。而集小鄉邑聚為縣，置令、丞，凡三十一縣。為田開阡陌封疆[2]，而賦稅平。平斗桶權衡丈尺[3]。行之四年，公子虔復犯約，劓（yì）[4]之。居五年，秦人富強，天子致胙（zuò）[5]於孝公，諸侯畢賀。

注釋

1 作為築：建造。三字同義而連用。冀闕：即魏闕。古時宮廷外的門闕。2 阡陌：兼為地界用的田間小路，南北向的曰阡，東西向的曰陌。封疆：亦指地界。3 平：劃一。斗桶：皆量器，六斗為一桶。桶與斛同。權衡：即指秤。權，秤錘。衡，秤桿。4 劓：古代刑罰的一種，即割掉鼻子。5 胙：古時天子祭祀用的祭肉。

譯文

於是任命商鞅為大良造，率兵圍攻魏國的安邑，安邑降服。過了三年，秦在咸陽建造魏闕宮庭，首都自雍城徙至這裏。下令禁止百姓父子兄弟同居生活。將小的鄉、邑、聚合併為縣，設置令、丞，共計三十一縣。拆除了以往的田埂地界，公平賦稅。統一斗桶權衡丈尺。新法實行了四年，公子虔再次違犯約定，處以劓刑。過了五年，秦國富強，天子將胙肉賜於秦孝公，諸侯都來祝賀。

其明年，齊敗魏兵於馬陵，虜其太子申，殺將軍龐涓。其明年，衞鞅說孝公曰：「秦之與魏，譬若人之有腹心疾[1]，非魏并秦，秦即并魏。何者？魏居領阨之西，都安邑，與秦界河而獨擅山東之利。利則西侵秦，病則東收地。今以君之賢聖，國賴以盛。而魏往年大破於齊，諸侯畔之，可因此時伐魏。魏不支秦，必東徙。東徙，秦據河山之固，東鄉以制諸侯，此帝王之業也。」孝公以為然，使衞鞅將而伐魏。魏使公子卬將而擊之。軍既相距，衞鞅遺魏將公子卬書曰：「吾始與公子歡，今俱為兩國將，不忍相攻。可與公子面相見，盟，樂飲而罷兵，以安秦、魏。」魏公子卬以為然。會盟已，飲，而衞鞅伏甲士而襲虜魏公子卬，因攻其軍，盡破之以歸秦。魏惠王兵數破於齊、秦，國內空，日以削，恐，乃使使割河西之地獻於秦以和。而魏遂去安邑，徙都大梁。梁惠王曰：「寡人恨不用公叔座之言也。」衛鞅既破魏還，秦封之於、商十五邑，號為商君。商君相秦十年，宗室貴戚多怨望者。

注釋

1 腹心疾：比喻兩國相鄰，不能兩立。

譯文

翌年，齊國在馬陵擊敗魏軍，俘虜魏太子申，殺死魏將軍龐涓。下一年，商鞅勸孝公說：「秦與魏，如同一個人的腹心疾病，不是魏吞併秦，就是秦吞併魏。為甚麼？魏國處於山勢險要的西部，建都於安邑，與秦國以黃河為界而獨自佔有山東之利。得利則向西犯秦，不利則向東略地。現在以您的賢聖，國家得以昌盛。而魏去年大敗於齊，諸侯反叛他，可以藉此時機攻伐魏。魏不敵秦，必向東遷徙。魏向東遷徙，秦可佔據黃河、崤山之險，向東控制諸侯，這是帝王之大業。」孝公以為很對，派商鞅率軍伐魏。魏派公子卬率軍迎擊。兩軍相持，商鞅給魏將公子卬送信說：「我從前與公子交好，現在為兩國將領，不忍相互攻擊。可與公子會面，結盟，樂飲而後罷兵，以求秦、魏的安寧。」魏公子卬以為可靠。會盟已畢，宴飲時商鞅埋伏的士兵襲擊並俘虜了魏公子卬，進而進攻，大勝魏軍後回國。魏惠王的軍隊屢次戰敗於齊、秦，國內空虛，日漸削弱，大感恐慌，就遣使割讓河西之地獻給秦，以此求和。而魏也離開安邑，遷都大梁。梁惠王說：「寡人悔恨沒聽公叔座的勸告。」商鞅破魏而還，秦將於、商的十五個邑分封給他，號稱商君。

商君任秦相十年，很多宗室貴戚怨恨他。

秦孝公卒，太子立。公子虔之徒告商君欲反，發吏捕商君。商君亡至關下，欲舍客舍。客人不知其是商君也，曰：「商君之法，舍人無驗者坐之。」商君喟然歎曰：「嗟乎，為法之敝一至此哉！」去之魏。魏人怨其欺公子卬而破魏師，弗受。商君欲之他國。魏人曰：「商君，秦之賊。秦強而賊入魏，弗歸，不可。」遂內[1]秦。商君既復入秦，走商邑，與其徒屬發邑兵北出擊鄭。秦發兵攻商君，殺之於鄭黽池。秦惠王車裂商君以徇，曰：「莫如商鞅反者！」遂滅商君之家。

注釋

1 內：同「納」。

譯文

秦孝公去世，太子即位。公子虔的手下告發商君謀反，派遣官吏逮捕商君。商君逃至關下，要投宿旅店。店主不知他是商君，說：「商君制定法令，留舍無證件者要判刑。」商君慨歎：「唉！法治的弊端竟至於此！」逃至魏國。魏人怨恨他欺騙公子卬而擊潰魏軍，不收留他。商君想到其他國。魏人說：「商君，是秦國的盜賊。秦國強大，從那裏來的盜賊到了我魏國，不可不送還。」於是把他送回秦國。商君又回到秦，逃至商邑，與他的部下發動邑兵，向北出擊鄭國。秦發兵攻打商君，在鄭國的黽池殺了他。秦惠王將商君車裂分屍以示眾，說：「不要像商鞅這樣造反！」於是殺了商君全家。

太史公曰：商君，其天資刻薄人也。跡其欲干[1]孝公以帝王術，挾持浮說，非其質矣。且所因由嬖臣，及得用，刑公子虔，欺魏將卬，不師趙良之言，亦足發明商君之少恩矣。余嘗讀商君《開塞》、《耕戰》[2]書，與其人行事相類。卒受惡名於秦，有以也夫！

注釋　1 跡：循跡追究。干：求取。2《開塞》、《耕戰》：皆為《商君書》的篇目名。

譯文

太史公曰：商君是個天性刻薄的人。考察他為取得孝公注目而遊說帝王之術，不過是說空話而已，不反映其內心本質。況且他請託得寵近臣，被採用之後，刑罰公子虔，欺騙魏將印，不聽趙良勸告，也足以證明商君刻薄少恩。我曾讀過商君的《開塞》、《耕戰》書，書中所言與其人行事相類似。最終在秦國落下惡名，是有其原因的啊！

賞析與點評

「天資」，即與生俱來的資質。人是否天生具有刻薄與溫柔的分別，至今仍是科學家不斷訴諸努力的重要課題。看來司馬遷對此是寧信其有，而不信其無的。無論如何「太史公曰」在指出商鞅有「刻薄」天資的同時，作為史家更注重了根據事跡對傳主所作所為的探究。換言之，比較天性而言，作為一個人，最重要的是要對自己的行為負責。

孟子荀卿列傳

本篇導讀——

本篇的篇名雖是孟子與荀卿的合傳，但內容卻包括了戰國時期陰陽、道、法、墨各家代表人物十餘人，實際上是一篇戰國諸子的類傳。從不長的篇幅中，讀者不僅可以掌握當時所謂「百家爭鳴」之各學派的基本觀點，還能簡單明了地了解那個時代思想家的經歷與性格。那些記載當時遊說之士如何著述、並推行自己思想的內容，更是有着特別重要的史料價值。

太史公曰：余讀《孟子》書，至梁惠王問「何以利吾國」，未嘗不廢書而歎也。曰：嗟乎，利誠亂之始也！夫子罕言利者，常防其原也。故曰「放於利而行，多怨」。自天子至於庶人，好利之弊何以異哉！

譯文

太史公曰：我讀《孟子》一書，讀到梁惠王問「怎麼有利於我國」的時候，未嘗不放下書而感歎：哎呀，利益實在是禍亂之始啊！孔子很少提到利，是因為時常要防備亂的禍根。所以說「放縱利益而行事，怨恨就多」。自天子至於庶人，好利的毛病有甚麼不同呢！

孟軻，鄒人也。受業子思之門人。道既通，游事齊宣王，宣王不能用。適梁，梁惠王不果[1]所言，則見以為迂遠而闊[2]於事情。當是之時，秦用商君，富國強兵；楚、魏用吳起，戰勝弱敵；齊威王、宣王用孫子、田忌之徒，而諸侯東面朝齊。天下方務於合從連衡[3]，以攻伐為賢，而孟軻乃述唐、虞、三代之德，是以所如[4]者不合。退而與萬章之徒序《詩》《書》，述仲尼之意，作《孟子》七篇。其後有騶子之屬。

注釋

1果：實現。2闊：離別。3合從連衡：從：通「縱」；衡：通「橫」。指聯合抗敵。4如：往。

譯文

孟軻，鄒國（山東省鄒城市）人。求學於子思的門生。通曉大道之後，出遊，為齊宣王做事，未得宣王重用。到了梁國，梁惠王未能聽從他的主張，認為他的主張迂闊而不近情理。當時，秦起用商君，富國強兵；楚、魏起用吳起，總打勝仗而削弱敵人；齊威王、宣王起用孫子、田忌等人，諸侯都來東方朝見齊王。天下正致力於合從連衡，把攻伐當作能力，而孟軻卻講述唐、虞、三代的德政，因此所到之處與人主張不合。引退而與萬章等人編撰《詩》、《書》，闡述孔子之意，作《孟子》七篇。他之後有騶子等人。

齊有三騶子。其前騶忌，以鼓琴干威王，因及國政，封為成侯而受相印，先孟子。

其次騶衍，後孟子。騶衍睹有國者益淫侈，不能尚德，若《大雅》整之於身，施及黎庶矣。乃深觀陰陽消息[1]而作怪迂之變，《終始》、《大聖》之篇十餘萬言。

其語閎大不經，必先驗小物，推而大之，至於無垠。先序[2]今以上至黃帝，學者所共術，大並世盛衰，因載其機祥度制，推而遠之，至天地未生，窈冥不可考而原也。先列中國名山大川，通谷禽獸，水土所殖，物類所珍，因而推之，及海外人之所不能睹。稱引[3]天地剖判以來，五德[4]轉移，治各有宜，而符應[5]若茲。以為儒者所謂中國者，於天下乃八十一分居其一分耳。中國名曰赤縣神州。赤縣神州內自有九州，禹之序九州是也，不得為州數。中國外如赤縣神州者九，乃所謂九州也。於是有裨海環之，人民禽獸莫能相通者，如一區中者，乃為一州。如此者九，乃有大瀛海環其外，天地之際焉。其術皆此類也。然要其歸，必止乎仁義節儉，君臣上下六親之施始也濫耳。王公大人初見其術，懼然顧化，其後不能行之。

注釋

1 消息：消長，增減，盛衰。2 序：排序。與下句「列」同義。3 稱引：援引，稱述。4 五德：指五行的屬性，即土德、木德、金德、水德、火德。5 符應：上天顯示的與人事相應的徵兆。

譯文

齊國有三個鄒子。在孟子之前的是鄒忌，以善鼓琴取得威王信任，由此參與國政，封為成侯而被授予相印，時間在孟子之前。

其次是鄒衍，後於孟子。鄒衍目睹掌握國家者越發淫侈，而不能崇尚道德，像《大雅》那樣修整自身，進而施行於百姓。就深入觀察陰陽的盛衰以及由此發生的怪異之變，有《終始》、《大聖》十餘萬言的著作。他的話不着邊際，近乎荒誕，凡事必先驗證於小物，而後向大處推演，至於無窮。首先從現在上溯至黃帝進行排序，敍述了學者所共同使用的方法之後，大體隨世代盛衰，而記載其吉祥與法度規制，然後將此推演，直至天地未生成、深遠不可考證而溯源之處。首先列舉中國的名山大川、峽谷的禽獸、水土所繁殖的、物類所珍貴的，然後由此推演，直至海外那些人之所不能目睹之處。引述天地開闢以來，五德的轉移，各有其適宜的治理方法，符應也如此。認為儒者所謂的中國，僅僅佔天下的八十一分之一而已。中國名叫赤縣神州。赤縣神州之內有九州，夏禹之列舉的九州即此，但也不得以此為州數。中國之外像赤縣神州的還有九處，才是所謂的九州。九州各有小海環繞，相互之間人與禽獸沒有能交通的，像一區中央的地方，就是一州。這樣的州有九個，有大瀛海環繞在外側，那裏就是天地的邊際。他的學術都是此類內容。然而歸納其要旨，必限於仁義節儉，以此為施行君臣上下六親的開始，漫無邊際。王公大人初見其學術時，由於驚奇而予以重視並希望施行，之後終不能施行。

賞析與點評

抱着「我們來自何方」、「我們為何在此」的疑問，數千年來人類從未放棄過對宇宙生成的探索。我們的祖先自古就知道宇宙生成論既是一門宏大「至於無垠」、久遠「不可考而原」的學問，又是一門「君臣上下六親之施始」的現實學問。由於時空的限制，這門學問始終有着推理多於實證的特色。司馬遷所言「其語閎大不經」的感受，至今難有根本的改變。不僅如此，兩千年前人們那種「懼然」、「顧化」、「不能行」的驚奇、嚮往、無奈的心情，作為二十一世紀的我們也是完全可以理解的。感謝《史記》保存了古人的宇宙學以及當時人對這門學說所作反響的重要史料。

淳于髡，齊人也。博聞強記，學無所主。其諫說，慕晏嬰之為人也，然而承意觀色為務。客有見髡於梁惠王，惠王屏左右，獨坐而再見之，終無言也。惠王怪之，以讓客曰：「子之稱淳于先生，管、晏不及，及見寡人，寡人未有得也。豈寡人不足為言邪？何故哉？」客以謂髡。髡曰：「固也。吾前見王，王志在驅逐；後復見王，王志在音聲：吾是以默然。」客具以報王，王大駭，曰：「嗟乎，淳于先生誠聖人也！前淳于先生之來，人有獻善馬者，寡人未及視，會先生至。後先生之來，人有獻謳者，未及試，亦會先生來。寡人雖屏人，然私心在彼，有之。」後淳于髡見，壹語連三日三夜無倦。惠王欲以卿相位待之，髡因謝去。於是送以安車駕駟，束帛加璧，黃金百鎰。終身不仕。

譯文

淳于髡，是齊國人。博聞強記，治學不以哪一家為主。他的進諫勸說，看來是仰慕晏嬰的為人，然而又致力於承受旨意、察言觀色。有賓客引他拜見梁惠王，惠王讓左右退下，與他單獨會見了兩次，但他始終不言語。惠王感到奇怪，責備賓客：「你稱讚淳于先生之才，即便管仲、晏嬰也不如他，等寡人接見他，卻沒有收穫。難道是寡人不足以和他談話嗎？甚麼原因呢？」賓客把這些話說給淳于髡。淳于髡說：「本來嘛。我前一次見大王時，大王的心思在策馬奔馳；後來又見到王，王的心思在音聲，所以我沉默無語。」賓客具實稟報給惠王，惠王大驚，說：「哎呀，淳于先生真是聖人呀！前一次淳于先生來時，有人獻上好馬，寡人未來得及看馬，趕上先生來了。後一次先生來時，有人來獻歌，沒來得及試聽，又趕上先生來。寡人雖讓旁人迴避，然而自己卻心不在焉，確有其事。」後來淳于髡來見，連續談了三日三夜也不疲倦。惠王想以卿相地位對待他，他卻謝絕而去。於是送給他駟馬安車、絲綢加璧、黃金一百鎰。他終身沒有做官。

慎到，趙人。田駢、接子，齊人。環淵，楚人。皆學黃老道德之術，因發明序其指意。故慎到著十二論，環淵著上下篇，而田駢、接子皆有所論焉。

騶奭者，齊諸騶子，亦頗采騶衍之術以紀文。

於是齊王嘉之，自如淳于髡以下，皆命曰列大夫，為開第康莊之衢，高門大屋，尊寵之。覽天下諸侯賓客，言齊能致天下賢士也。

譯文

慎到，是趙國人。田駢、接子，是齊國人。環淵，是楚國人。都學習黃老道德之術，所以能夠闡明敍述其旨意。因而慎到著有十二論，環淵著有上、下篇，而田駢、接子對此都有所論述。

騶奭者，是齊國各騶子之一，也頗能吸收騶衍學術，並據此著述。

於是齊王嘉獎他們，自淳于髡以下都任命為列大夫，為他們建造宅第，開通寬闊平坦的道路，高門大屋，尊敬寵信他們。招攬天下諸侯的賓客，聲言齊國能招致天下賢士。

荀卿[1]，趙人。年五十始來游學於齊。鄒衍之術迂大而閎辯；奭也文具難施；淳于髡久與處，時有得善言。故齊人頌曰：「談天衍，雕龍奭，炙轂過髡。」田駢之屬皆已死。齊襄王時，而荀卿最為老師。齊尚修列大夫之缺，而荀卿三為祭酒焉。齊人或讒荀卿，荀卿乃適楚，而春申君以為蘭陵令。春申君死而荀卿廢，因家蘭陵。李斯嘗為弟子，已而相秦。荀卿嫉濁世之政，亡國亂君相屬，不遂大道而營於巫祝，信禨祥，鄙儒小拘，如莊周等又猾稽亂俗，於是推儒、墨、道德之行事興壞，序列[2]著數萬言而卒。因葬蘭陵。

注釋

1 荀卿：名況。卿：尊號。後代也稱為孫卿，是因為迴避漢宣帝劉詢的名諱而改。

2 序列：按照次序排列。

譯文

荀卿，是趙國人。五十歲開始來齊國遊學。鄒衍的學術迂迴誇大而雄辯；鄒奭文辭完備而難以實施；與淳于髡相處長久了，時常會獲得有益之言。所以齊人稱頌說：「能談天的是鄒衍，會雕飾的是鄒奭，思維敏捷的是淳于髡。」田駢等人都已死去。齊襄王時，荀卿最是年老輩尊的授業學者。齊國重視補充列大夫的缺位，而荀卿曾三次擔任祭酒。齊國有人讒害荀卿，荀卿就到了楚國，春申君讓他擔任了蘭陵令。春申君死後荀卿棄職，由此在蘭陵安居。李斯曾經是他的弟子，後來成為秦國相。荀卿痛恨亂世之政，亡國之亂君相繼不斷，他們不遵循大道而迷惑於巫祝，信任吉祥；鄙陋的儒生拘泥小節；像莊周等人又以能言善辯擾亂民俗，於是荀卿推求儒、墨、道各家的成敗利害，分門別類地著述數萬言而後去世。就葬在蘭陵。

賞析與點評

「炙轂過」一語歷來難解。字面的意思是加熱後的車軸潤滑裝置。炙：烤；轂：車軸；過：通「鍋」，盛脂器。這裏比喻頭腦轉動敏捷。至少在意思上，它很有一些像現代漢語「滑頭」一詞。不過，二者之間是否真有修辭學上的關係我不敢說，這個問題最好還是留給有興趣的讀者朋友吧。

而趙亦有公孫龍為堅白同異[1]之辯，劇子之言；魏有李悝，盡地力之教；楚有尸子、長盧[2]；阿之吁子[3]焉。自如孟子至於吁子，世多有其書，故不論其傳云。

蓋墨翟，宋之大夫，善守禦，為節用。或曰並孔子時，或曰在其後。

注釋

1 堅白同異：即戰國思辨學派所謂「離堅白」、「合同異」的論題。2 尸子：名佼，晉國人。長盧：一說是楚國人。3 吁子：名嬰，齊國人。

譯文

而趙國還有公孫龍，對「堅白」、「同異」做出了辯析，還有劇子的言論；魏國有李悝，提出盡地力的倡導；楚國有尸子、長盧；阿邑有吁子。自孟子至吁子，世上有很多他們的書，所以就不論述他們的主張了。

至於墨翟，是宋國的大夫，善於防守、抵禦，提倡節用。有說他與孔子同時，有說在孔子之後。

衞將軍驃騎列傳

本篇導讀——

本篇是武帝對匈奴戰爭發揮主導作用的衞青、霍去病兩位傑出將領的傳記。傳中記載了兩位抗匈英雄的卓著戰功，為後人留下了當時漢匈戰爭的實況，以及農耕民族與遊牧民族交戰的寶貴戰例。同時，司馬遷還記述了二人的身世及其與漢武帝的姻親關係，以及他們所受到的特別待遇等等，為讀者展示了一幅多層次、生動、慘烈的戰爭史詩畫卷！

大將軍衞青者，平陽人也。其父鄭季，為吏，給事平陽侯家，與侯妾衞媪通，生青。青同母兄衞長子，而姊衞子夫[1]自平陽公主家得幸天子，故冒姓為衞氏。字仲卿。

注釋

1 衞子夫：武帝的第二位皇后，原為平陽公主家的歌女。

譯文

大將軍衞青是平陽縣人。他的父親鄭季作小吏，曾在平陽侯（曹參曾孫曹時，其妻是漢武帝姐姐陽信長公主）家當差，與平陽侯家的婢妾衞媪私通，生了衞青。衞青的同母哥哥叫衞長子，姐姐衞子夫在平陽公主（平陽侯夫人平陽長公主）家受到天子（武帝）的寵倖，因此他冒充姓衞。衞青字仲卿。

青為侯家人，少時歸其父，其父使牧羊。先母之子皆奴畜之，不以為兄弟數。青嘗從入至甘泉居室[1]，有一鉗徒相青曰：「貴人也，官至封侯。」青笑曰：「人奴之生，得毋笞罵即足矣，安得封侯事乎！」

注釋

1 甘泉居室：甘泉宮裏關押犯人的地方，也稱保宮。

譯文

衛青成為平陽侯的家僕，少年時回到父親身邊，父親讓他放羊。嫡母的兒子們都把他當奴隸看待，不把他算作兄弟。衛青曾經跟人去過甘泉宮的居室，有個受鉗刑的囚徒給他相面說：「你是個富貴人，做官可以做到封侯。」衛青笑道：「我是個奴婢生的兒子，能不捱打罵就知足了，怎麼會有封侯的事呢！」

青壯，為侯家騎，從平陽主。建元二年春，青姊子夫得入宮幸上。皇后，堂邑大長公主女也，無子，妒。大長公主聞衛子夫幸，有身，妒之，乃使人捕青。青時給事建章，未知名。大長公主執囚青，欲殺之。其友騎郎公孫敖與壯士往篡取之，以故得不死。上聞，乃召青為建章監[1]，侍中，及同母昆弟貴，賞賜數日間累千金。子夫為夫人，青為大中大夫。

注釋

1 建章監：建章宮（位於長安城外未央宮西）的侍衛官。

譯文

衞青成年後，做了平陽侯家的騎士，侍候平陽公主。建元二年（前一三九年）春，衞青的姐姐衞子夫得以進宮受到了武帝的寵倖。皇后是堂邑（江蘇六合）侯大長公主（武帝的姑姑）的女兒，她沒有兒子，心懷嫉妒。大長公主聽說衞子夫得寵，懷了孕，很嫉妒她，就派人去逮捕衞青。當時衞青在建章宮做事，尚未出名。大長公主抓捕、關押了衞青，打算殺死他。衞青的朋友騎郎公孫敖帶着壯士趕去搶出衞青，衞青得以不死。天子聽說後，就徵召衞青做了建章宮監，兼任侍中，衞青和他那幾個同母兄弟都尊貴了起來，幾天之內所得的賞賜多達千金。衞子夫成為夫人（女官名），衞青做了太中大夫。

元光五年，青為車騎將軍[1]，擊匈奴，出上谷。青至龍城，斬首虜[2]數百。

注釋

1 車騎將軍：地位僅次於大將軍的高級武官。2 首虜：首級；亦指所俘獲的敵人。

譯文

元光五年（前一三〇年），衞青任車騎將軍，攻擊匈奴，從上谷（今河北懷來東南）出兵。衞青打到龍城（匈奴的大本營，也稱「龍城」），殺敵數百人。

元朔元年春，衛夫人有男，立為皇后。其秋，青為車騎將軍，出雁門，三萬騎擊匈奴，斬首虜數千人。明年，匈奴入殺遼西太守，虜略漁陽二千餘人，敗韓將軍軍。漢令將軍李息擊之，出代；令車騎將軍青出雲中以西至高闕[1]。遂略河南地，至於隴西，捕首虜數千，畜數十萬，走白羊、樓煩王，遂以河南地為朔方郡。以三千八百戶封青為長平侯。

注釋

1 高闕：高闕塞，今內蒙古境內陰山山脈的山口。

譯文

元朔元年（前一二八年）春天，衛子夫生了個兒子，被立為皇后。這年秋天，衛青擔任車騎將軍，從雁門出發，率三萬騎兵攻打匈奴，殺敵數千人。第二年，匈奴入侵、殺害遼西（今遼寧義縣西南）太守，劫持漁陽二千多人，擊敗了韓將軍（韓安國）的軍隊。漢朝命令李息攻打匈奴，從代郡出發；命令車騎將軍衛青出雲中西行，至高闕。進而奪取了河南地區（河套以南地區），直至隴西，俘獲匈奴幾千人，牲畜幾十萬頭，驅逐了白羊王和樓煩王，終於在河南地區建立了朔方郡（今內蒙古烏拉特前旗東南）。將三千八百戶分封予衛青，為長平侯。

賞析與點評

西漢武帝時期，隨着漢朝國力增強，一改漢初與匈奴保持的和親政策，反守為攻，派兵出擊匈奴。最終不僅使匈奴本身因遭到沉重打擊而退守漠北，匈奴對西域的控制權也被漢帝國所取代。而此次由衞青領導的「河西朔方戰役」，解除了匈奴從西北方對京都長安的威脅，建立了向匈奴進一步出擊的戰略基地，不愧為漢帝國向匈奴發動一系列戰略進攻的奠基之戰。

其明年，元朔之五年春，漢令車騎將軍青將三萬騎，出高闕；衞尉蘇建為游擊將軍，左內史李沮為強弩將軍，太僕公孫賀為騎將軍，代相李蔡[1]為輕車將軍，皆領屬車騎將軍，俱出朔方；大行[2]李息、岸頭侯張次公為將軍，出右北平：咸擊匈奴。匈奴右賢王[3]當衞青等兵，以為漢兵不能至此，飲醉。漢兵夜至，圍右賢王，右賢王驚，夜逃，獨與其愛妾一人壯騎數百馳，潰圍北去。漢輕騎校尉郭成等逐數百里，不及，得右賢裨王十餘人，眾男女萬五千餘人，畜數千百萬，於是引兵而還。至塞，天子使使者持大將軍印，即軍中拜車騎將軍青為大將軍，諸將皆以兵屬大將軍。大將軍立號而歸。

注釋

1 代相李蔡：代王之相李蔡，李廣的堂弟，漢文帝時隨堂兄李廣迎擊匈奴，此次戰役中立功受封為安樂侯（今山東博興北地），後來成為武帝時期的第二任丞相。2 大行：即大行令，也稱典客，「九卿」之一，主管歸附的少數民族事務。3 右賢王：匈奴單于手下的兩個最大頭領之一，主管匈奴西部地區的事務。

譯文

翌年，即元朔五年（前一二四年）的春天，漢朝命令車騎將軍衛青率領三萬騎兵，從高闕出發，衛尉蘇建為遊擊將軍，左內史李沮為強弩將軍，太僕公孫賀為騎將軍，代國丞相李蔡為輕車將軍，都歸車騎將軍衛青統領，一起從朔方出發；大行令李息、岸頭侯張次公為將軍，從右北平出發：同時進擊匈奴。匈奴右賢王抵擋衛青等人的部隊，以為漢軍不能到達這裏，飲酒大醉。漢軍夜襲至此，包圍了右賢王，右賢王驚恐，連夜逃走，只帶了他的一個愛妾和幾百名精壯騎兵，突圍北竄。漢軍輕車校尉郭成等人追了幾百里，沒有追上，抓獲了右賢王屬下的十餘名小王，衆多男女一萬五千餘人，牲畜幾千幾百萬頭，於是率隊而歸。到達關塞，天子派使者手持大將軍印，即刻在軍中拜車騎將軍衛青為大將軍，各位將領皆率部隊統屬大將軍指揮，大將軍確立名號之後回朝。

其明年春，大將軍青出定襄，斬首數千級而還。月餘，悉復出定襄擊匈奴，斬首虜萬餘人。右將軍建、前將軍信并軍三千餘騎，獨逢單于兵，與戰一日餘，漢兵且盡。前將軍故胡人，降為翕侯，見急，匈奴誘之，遂將其餘騎可八百，奔降單于。右將軍蘇建盡亡其軍，獨以身得亡去，自歸大將軍。大將軍問其罪正閎、長史安、議郎周霸等：「建當云何？」霸曰：「自大將軍出，未嘗斬裨將。今建棄軍，可斬以明將軍之威。」閎、安曰：「不然。兵法：『小敵之堅，大敵之禽也。』今建以數千當單于數萬，力戰一日餘，士盡，不敢有二心，自歸。自歸而斬之，是示後無反意也。不當斬。」大將軍曰：「青幸得以肺腑待罪行閒，不患無威，而霸說我以明威，甚失臣意。且使臣職雖當斬將，以臣之尊寵而不敢自擅專誅於境外，而具歸天子，天子自裁之，於是以見為人臣不敢專權，不亦可乎？」軍吏皆曰「善」。遂囚建詣行在所[1]。入塞罷兵。

注釋

1 行在所：也簡稱「行在」、「行所」，指皇帝當時所在之處。

譯文

第二年春天，大將軍衞青從定襄出兵，斬殺敵軍數千人而還。一個多月之後，全軍再次出定襄攻打匈奴，斬殺敵軍一萬多人。右將軍蘇建、前將軍趙信的軍隊共有三千多騎兵，孤軍遭遇單于大軍，苦戰一天多，漢軍幾乎全軍覆沒。前將軍趙信本來是匈奴人，投降漢朝後被封為翕侯，見情況危急，匈奴又引誘他，就率領自己餘部約八百騎兵，投降了單于。右將軍蘇建全軍覆沒，隻身逃脫，獨自回到大將軍那裏。大將軍問軍正閎、長史安和議郎周霸等人說：「蘇建該當何罪？」周霸說：「自從大將軍出兵以來，從未斬過偏將。如今蘇建棄軍逃跑，應該問斬，以顯示您的威嚴。」閎、安說：「不對。兵法上說：『弱小的一方若拚死固守，就會成為強大一方的俘虜。』如今蘇建帶領幾千人抵擋單于幾萬人，奮力苦戰一天多，戰士死光了，也不敢有二心，獨自歸來，獨自歸來還將他問斬，這是告訴大家以後打了敗仗就不要回來了。蘇建不應當問斬。」大將軍說：「我有幸作為皇室親信在軍中效勞，並不擔心沒有威嚴，周霸勸我殺人立威，很不合我的心意。況且即使我有權斬將，以我所受到的尊崇也不敢在境外獨斷擅行誅殺，而應回去報告天子，請天子自己裁定，以此表明當臣子的不敢專權，這不是很好嗎？」軍吏們都說「好」。於是就囚禁蘇建，送到了武帝出巡的地方。他們返回塞內，休兵。

是歲也，大將軍姊子霍去病年十八，幸，為天子侍中。善騎射，再從大將

軍，受詔與壯士，為剽姚校尉，與輕勇騎八百直棄大軍數百里赴利，斬捕首虜過當。於是天子曰：「剽姚校尉去病斬首虜二千二十八級，及相國、當戶[1]，斬單于大父行（háng）籍若侯產[2]，生捕季父羅姑比[3]，再冠軍，以千六百戶封去病為冠軍侯[4]。」

注釋

1 相國、當戶：匈奴的官名。2 大父行：單于祖父一輩的人。大父，祖父。籍若侯產：籍若侯是封號，名產。3 季父羅姑比：單于的小叔父，名羅姑比。4 冠軍侯：冠軍，封地，在今河南鄧州西北。

譯文

這一年，大將軍衞青姐姐的兒子霍去病年方十八歲，得寵，做天子的侍中。他擅長騎馬射箭，兩次跟隨大將軍出征，奉武帝詔命為他配備壯士，擔任剽姚校尉，率領八百名輕裝勇猛騎兵，拋開大軍數百里去奪取戰功，斬殺捕獲敵人超過與己相當的人數。於是武帝說：「剽姚校尉霍去病斬殺捕獲敵人二千零二十八人，其中還有相國、當戶，殺死了單于的祖父籍若侯產，活捉了單于的叔父羅姑比，兩次功勞都勇冠全軍，以一千六百戶封霍去病為冠軍侯。」

大將軍既還，賜千金。是時王夫人方幸於上，寧乘說大將軍曰：「將軍所以功未甚多，身食萬戶，三子皆為侯者，徒以皇后故也[1]。今王夫人幸而宗族未富貴，願將軍奉所賜千金為王夫人親壽[2]。」大將軍乃以五百金為壽。天子聞之，問大將軍，大將軍以實言，上乃拜寧乘為東海都尉。

譯文

大將軍還朝，武帝賜金千斤。這時王夫人正受到武帝寵倖，寧乘勸大將軍說：「您所以功勞並不算多而能夠食封邑萬戶，而且三個兒子都封侯，只是因為皇后的緣故。如今王夫人受寵倖但她的宗族還沒有富貴，希望您能把皇帝賜予的千金作為王夫人父母的壽禮。」於是大將軍拿出了五百黃金做了壽禮。天子聽說了此事，問大將軍，大將軍據實稟報，武帝就拜寧乘做了東海郡的都尉。

冠軍侯去病既侯三歲，元狩二年春，以冠軍侯去病為驃騎將軍，將萬騎出隴西，有功。天子曰：「驃騎將軍率戎士逾烏盭（lì）[1]，討遬濮，涉狐奴[2]，歷五王國，輜重人眾懾慴者弗取，冀獲單于子。轉戰六日，過焉支山千有餘里，合短兵，殺折蘭王，斬盧胡王[3]，誅全甲，執渾邪王[4]子及相國、都尉，首虜八千餘級，收休屠祭天金人，益封去病二千戶。」

注釋

1 烏盭：山名，也叫媼圍，在今甘肅皋蘭東北。2 狐奴：即莊浪水，在今甘肅蘭州西北，流經甘肅永登城西。3 折蘭、盧胡：皆匈奴部落名。4 渾邪王：匈奴王名，也寫作「呼韓邪」。

譯文

冠軍侯霍去病已經封侯三年，元狩二年（前一二一年）春天，武帝任霍去病為驃騎將軍，率領一萬騎兵出隴西，立了戰功。天子說：「驃騎將軍率領部隊越過烏盭山，討伐了遬濮（匈奴部落名），渡過狐奴河，經過五個王國，不掠奪懾服者的輜重、百姓，希望能抓獲單于的兒子。轉戰六天，越過焉支山（今甘肅山丹東南）一千多里，與敵人短兵相接，殺了折蘭王，又斬了盧胡王，全殲敵人，活捉渾邪王的兒子以及相國、都尉，斬殺和俘虜了八千餘人，繳獲了休屠王祭天用的金人，加封霍去病二千戶。」

其夏，驃騎將軍出北地，已遂深入，與合騎侯失道，不相得，驃騎將軍踰居延至祁連山，捕首虜甚多。天子曰：「驃騎將軍踰居延，遂過小月氏（ròu zhī）[1]，攻祁連山，得酋涂王[2]，以眾降者二千五百人，斬首虜三萬二百級，獲五王，五王母，單于閼氏（yān zhī）[3]、王子五十九人，相國、將軍、當戶、都尉六十三人，師大率減什三，益封去病五千戶。」諸宿將所將士馬兵亦不如驃騎，驃騎所將常選，然亦敢深入，常與壯騎先其大軍，軍亦有天幸，未嘗困絕也。然而諸宿將常坐留落不遇。由此驃騎日以親貴，比大將軍。

注釋

1 小月氏：當時西方的少數民族名，活動在祁連山一帶地區。2 酋涂王：匈奴族別支的頭領。3 單于閼氏：單于的正妻，相當於漢朝的皇后。

譯文

這年夏天，驃騎將軍從北地出兵，進而深入，與合騎侯走錯路，未能會合，驃騎將軍越過居延（澤名）到達祁連山，俘虜了許多敵人。天子說：「驃騎將軍越過居延，進而穿過小月氏，攻打祁連山，抓獲了酋塗王，集體投降的有二千五百人，斬獲三萬零二百人，俘獲五個小王、五個王后，還有單于閼氏、王子等共五十九人，相國、將軍、當戶、都尉等共六十三人，漢軍大約損失了十分之三，加封霍去病五千戶。」各位老將所率領的士卒、馬匹乃至兵器都不如驃騎將軍，驃騎將軍所率領士卒經常選拔，他本人也的確敢孤軍深入，常常帶着精壯騎兵先行於大隊之前，他的軍隊也有天助，沒有陷入過困境。而其他各位老將則常常因為行動遲緩、失去戰機而受到處罰。由此，驃騎將軍日漸得寵，堪與大將軍相比。

賞析與點評

衞青、霍去病的確是漢朝反擊匈奴的優秀將領，所以司馬遷在《史記》中為二人立傳頌揚。但是，在此司馬遷也明確地指出：不是所有將領都具備二人那種皇親國戚的身份背景，以及由此而來的將士精幹、裝備精良之優越條件的。歷史告訴我們：有條件保護自己的人才能做到「敢深入」；所謂「天幸」，又何嘗不是來自天子的寵倖！在歌頌英雄的文字中，司馬遷沒有把所謂失敗者、受處罰者作為反面人物，而是為他們發出了由衷的感歎……

其秋，單于怒渾邪王居西方數為漢所破，亡數萬人，以驃騎之兵也。單于怒，欲召誅渾邪王。渾邪王與休屠王等謀欲降漢，使人先要邊[1]。是時大行李息

將城河上，得渾邪王使，即馳傳[2]以聞。天子聞之，於是恐其以詐降而襲邊，乃令驃騎將軍將兵往迎之。驃騎既渡河，與渾邪王眾相望。渾邪王裨將見漢軍而多欲不降者，頗遁去。驃騎乃馳入與渾邪王相見，斬其欲亡者八千人，遂獨遣渾邪王乘傳先詣行在所，盡將其眾渡河，降者數萬，號稱十萬。

注釋

1 要邊：到邊境線上尋找漢人，以通消息。要，攔截，這裏指尋找。2 傳：驛車。

譯文

這年秋天，單于嗔怒渾邪王在西面多次被漢朝擊破，損失幾萬人，且均敗給驃騎將軍的軍隊。單于惱怒而打算將渾邪王召來殺掉。渾邪王與休屠王等人密謀投降漢朝，先派人到邊塞找漢兵聯絡。這時大行令李息在黃河邊上築城，見到渾邪王派來的使者，立即派傳車急進報告朝廷。天子聽說此事，擔心他們用詐降之計偷襲邊境，就令驃騎將軍率領部隊前去迎接。驃騎將軍的軍隊渡過黃河，與渾邪王的部隊可以相互看到，渾邪王的下屬將領見到漢軍，很多人不願投降而逃跑了。驃騎將軍立即馳入渾邪王軍營與他相見，殺了八千想逃跑的人。他讓渾邪王單獨乘傳車先去武帝出巡的所在地，自己率領渾邪王軍隊渡黃河，投降的有幾萬人，號稱十萬。

居頃之，乃分徙降者邊五郡故塞外[1]，而皆在河南，因其故俗，為屬國。

注釋　1 五郡：指隴西、北地、上郡、朔方、雲中。

譯文　過了不久，漢朝分別把來降的匈奴人遷徙到邊境五個郡，即以往的塞外，都分佈於河南地區，讓他們保留着原來的習俗，作為漢朝的屬國。

其明年，天子與諸將議曰：「翕侯趙信為單于畫計，常以為漢兵不能度幕[1]輕留，今大發士卒，其勢必得所欲。」是歲元狩四年也。

注釋　1 幕：通「漠」。

譯文　翌年，天子和將領們議論說：「翕侯趙信為單于出謀劃策，總以為漢軍不可能越過大漠而輕易在那裏停留，現在如果大舉進軍，勢必得勝。」這一年是元狩四年（前一一九年）。

元狩四年春，上令大將軍青、驃騎將軍去病將各五萬騎，步兵轉者踵軍數十萬[1]，而敢力戰深入之士皆屬驃騎。驃騎始為出定襄，當單于。捕虜言單于東，乃更令驃騎出代郡，令大將軍出定襄。郎中令為前將軍，太僕為左將軍，主爵趙食其為右將軍，平陽侯襄為後將軍，皆屬大將軍。兵即度幕，人馬凡五萬騎，與驃騎等咸擊匈奴單于。趙信為單于謀曰：「漢兵既度幕，人馬罷，匈奴可坐收虜耳。」乃悉遠北其輜重，皆以精兵待幕北。而適值大將軍軍出塞千餘里，見單于兵陳而待。於是大將軍令武剛車自環為營，而縱五千騎往當匈奴。匈奴亦縱可萬騎。會日且入，大風起，沙礫擊面，兩軍不相見。漢益縱左右翼繞單于。單于視漢兵多，而士馬尚強，戰而匈奴不利，薄莫[2]，單于遂乘六騾，壯騎可數百，直冒漢圍西北馳去。時已昏，漢匈奴相紛挐，殺傷大當。漢軍左校捕虜言單于未昏而去，漢軍因發輕騎夜追之，大將軍軍因隨其後。匈奴兵亦散走。遲明[3]，行二百餘里，不得單于。頗捕斬首虜萬餘級，遂至窴顏山趙信城，得匈奴積粟食軍。軍留一日而還，悉燒其城餘粟以歸。

注釋

1 轉者：轉運輜重的人。踵軍：猶今所謂後續部隊。踵，接續。2 薄：迫，臨近。莫：同「暮」。3 遲明：到天亮時。遲，及，至。

譯文

元狩四年春天，武帝命令大將軍衞青、驃騎將軍霍去病各率五萬騎兵，以幾十萬步兵運送軍需物資為後勤部隊，那些勇猛善戰、敢衝敢打的將士都在驃騎將軍屬下。驃騎將軍起初準備從定襄出發，直攻單于。聽俘虜說單于在東部，朝廷改令驃騎將軍從代郡出發，令大將軍從定襄出發。郎中令為前將軍，太僕為左將軍，主爵都尉趙食其為右將軍，平陽侯曹襄為後將軍，都歸大將軍統率。漢軍隨即越過大沙漠，人馬共計五萬騎，會同驃騎將軍共同進攻匈奴單于。趙信給單于出謀說：「漢軍越過沙漠後，人困馬乏，匈奴軍隊可以坐等勝利。」於是單于把糧草輜重都運送到遙遠的北方，把全部精銳部隊部署於沙漠以北等待漢軍。適逢大將軍部隊出塞一千多里，見到單于已列陣等待，於是大將軍下令用武剛車圍成營壘，而派出五千騎兵前去衝擊匈奴。匈奴也派了將近一萬騎兵。這時太陽將落，颳起了大風，沙石撲面，雙方的軍隊都看不清對方，漢軍向左右兩翼增強兵力包抄單于。單于見漢軍人多，而且戰鬥力尚強，打下去的話對匈奴不利，天也快黑了，單于就乘着六匹騾子拉的車，帶着幾百精壯騎兵，徑直衝破漢軍的包圍朝西北方向跑了。這時天已黑，漢軍和匈奴軍混戰搏鬥，雙方的傷亡大體相當。漢軍左校捕獲的俘虜說，單于在天黑之前就跑了，漢軍於是派輕騎兵追趕單于，大將軍率軍隨其後。匈奴的部隊四散逃走。到黎明，追了二百多里，沒有追到單于，而捕殺敵軍大約一萬多人，進軍至窴顏山（約即今蒙古國之杭愛山，在烏蘭巴托西南）的趙信城，繳獲了匈奴積蓄的糧草供給大軍。漢軍在休息了一天後返回，把城中剩下的糧草全部燒了。

大將軍之與單于會也，而前將軍廣、右將軍食其軍別從東道，或失道，後擊單于。大將軍引還過幕南，乃得前將軍、右將軍。大將軍欲使使歸報，令長史簿責前將軍廣，廣自殺。右將軍至，下吏，贖為庶人。大將軍軍入塞，凡斬捕首虜萬九千級。是時匈奴眾失單于十餘日，右谷蠡（lù lí）王[1]聞之，自立為單于。單于後得其眾，右王乃去單于之號。

注釋

1 谷蠡王：匈奴王名，是單于之下的顯要貴族。

譯文

正當大將軍與單于會戰時，前將軍李廣、右將軍趙食其的軍隊另從東路進軍，迷失了道路，耽誤了攻擊單于的時機。大將軍率軍歸來經過漠南，才遇到前將軍、右將軍。大將軍想要派使者回朝廷報告，就命令長史根據文書去責問前將軍李廣，李廣自殺。右將軍回朝，交予法吏問罪，贖罪貶為庶人。大將軍的大軍入邊塞，共斬捕敵軍一萬九千人。當時衆多匈奴人十幾天找不到單于，右谷蠡王聽説後，就自立為單于。後來單于又找到他的部下，右谷蠡王才去掉了單于稱號。

驃騎將軍亦將五萬騎，車重與大將軍軍等，而無裨將。悉以李敢等為大校，當裨將，出代、右北平千餘里，直左方兵，所斬捕功已多大將軍。軍既還，天子曰：「驃騎將軍去病率師，躬將所獲葷粥[1]之士，約輕齎，絕大幕，涉獲章渠，以誅比車耆；轉擊左大將，斬獲旗鼓；歷涉離侯，濟弓閭，獲屯頭王、韓王等三人，將軍、相國、當戶、都尉八十三人，封狼居胥山，禪於姑衍，登臨翰海。執鹵獲醜[2]七萬有四百四十三級，師率減什三，取食於敵，逴（chuò）行[3]殊遠而糧不絕，以五千八百戶益封驃騎將軍。」

注釋

1 葷粥：也作「熏狁」、「獫狁（xiǎn yǔn）」，匈奴的別稱。2 鹵：通「虜」。醜：羣，類。3 逴行：遠出，遠征。

譯文

驃騎將軍也率領着五萬騎兵，車輛輜重和大將軍的部隊一樣，而沒有副將。把李敢等大校當副將使用，從代郡、右北平出發千餘里，進攻匈奴左翼的部隊，斬殺之功已經超過大將軍。他的軍隊回來後，武帝說：「驃騎將軍霍去病統領軍隊，親自指揮俘獲的葷粥士兵，輕裝前進，穿越大沙漠，涉水破獲章渠（單于的近臣），又殺了比車耆，轉而攻擊匈奴左大將，繳獲了戰旗和軍鼓，翻過離侯山。渡過弓閭河（今之克魯倫河，在蒙古國烏蘭巴托東），俘虜了屯頭王、韓王（匈奴王名）等三人，以及將軍、相國、當戶、都尉等八十三人，登狼居胥山祭天，在姑衍山祭地，登高眺望翰海。俘獲敵軍七萬零四百四十三人，漢軍減員十分之三，奪得敵人軍糧而自給，以致出征極遠而糧草不斷，特加封驃騎將軍五千八百戶。」

兩軍之出塞，塞閱官及私馬凡十四萬匹[1]，而復入塞者不滿三萬匹。乃益置大司馬位，大將軍、驃騎將軍皆為大司馬。定令，令驃騎將軍秩祿與大將軍等。自是之後，大將軍青日退，而驃騎日益貴。

注釋

1 塞閱：邊關檢查。

譯文

衞青、霍去病兩軍出塞的時候，出塞時查閱的官馬和私馬共計十四萬匹，回來入塞時候的馬匹不足三萬匹。從此朝廷增設了大司馬的職位，大將軍衞青、驃騎將軍霍去病都擔任了大司馬。並且規定，驃騎將軍的位次和俸祿與大將軍相等。從此以後，大將軍衞青的地位日益衰落了，而驃騎將軍霍去病則日漸顯貴。

驃騎將軍為人少言不泄，有氣敢任。天子嘗欲教之孫吳兵法，對曰：「顧方略何如耳，不至學古兵法。」天子為治第，令驃騎視之，對曰：「匈奴未滅，無以家為也。」由此上益重愛之。然少而侍中，貴，不省士。其從軍，天子為遣太官齎數十乘，既還，重車餘棄粱肉，而士有飢者；其在塞外，卒乏糧，或不能自振，而驃騎尚穿域蹋鞠[1]，事多此類。大將軍為人仁善退讓，以和柔自媚於上，然天下未有稱也。

注釋

1 穿域：開闢場地。蹋鞠：古代的一種踢球遊戲，用以鍛煉身體。軍中也有時用作訓練項目。

譯文

霍去病為人很少言語，不露聲色，任情而果敢。武帝曾打算教他孫武、吳起兵法，他說：「關鍵要看方略如何，不必學古代兵法。」武帝為他建造宅第，讓他去看，他說：「匈奴還沒有消滅，不能先考慮家事。」由此，武帝更加看重、寵愛他。然而，他自幼成長於宮中，富貴而不關心士兵。他從軍打仗時，武帝專門派遣太官（宮廷廚師），攜帶幾十輛車日用品，回來時候，運輸車把剩餘的飯食都扔掉了，可是士兵卻有不少人捱餓。他在塞外的時候，士兵由於缺糧，有人餓得爬不起來了，而驃騎將軍本人卻仍在開場子踢球。類似的事情很多。大將軍衞青則為人善良，恭敬謙讓，以和藹柔順討好武帝，可是天下人沒有稱頌他的。

驃騎將軍自四年軍後三年，元狩六年而卒。天子悼之，發屬國玄甲軍，陳自長安至茂陵[1]，為冢象祁連山。

注釋

1 茂陵：武帝為自己預造的陵墓。霍去病墓在茂陵東側五百米。

譯文

霍去病是在元狩四年討伐匈奴以後第三年，也就是元狩六年（前一一七年，年二十四歲）去世的。武帝哀悼他，調集屬國的鐵甲軍，列隊從長安一直排到茂陵，仿照着祁連山的形勢給他修築了陵墓。

太史公曰：蘇建語余曰：「吾嘗責大將軍至尊重，而天下之賢大夫毋稱焉，願將軍觀古名將所招選擇賢者，勉之哉。大將軍謝曰：『自魏其、武安[1]之厚賓客，天子常切齒。彼親附士大夫，招賢絀不肖者，人主之柄也。人臣奉法遵職而已，何與招士！』」驃騎亦放此意，其為將如此。

注釋

1 魏其、武安：武帝時期魏其侯竇嬰與武安侯田蚡。

譯文

太史公曰：蘇建告訴我說：「我曾責備大將軍極其尊貴，而不被天下的賢大夫所稱讚，願將軍借鑑古代名將的做法，也招納賢士，以此勉勵他。大將軍卻說：『自從魏其侯、武安侯廣招賓客以來，皇上對此切齒痛恨。親近士大夫、進賢黜不肖，這是皇上的權柄，做臣子只需奉公守法盡忠盡職而已，何必參與招賢納士！』」驃騎將軍也效仿這種做法，他們做將軍就是這樣的。

賞析與點評

漢北之戰，是漢軍以衞青、霍去病為主帥，對匈奴發動的距離中原最遠、規模最大、最艱巨的一場戰役。此次戰役重創匈奴騎兵達八、九萬，左賢王所部主力幾乎全部被殲，匈奴單于向西北方向遠遁，因而出現了「幕南無王廷」的局面。經過此次決戰，危害漢朝百餘年的匈奴邊患已基本上得到解決。但是，漢軍也付出了沉重的代價。記錄這一代價時，司馬遷不但刻意給出了兩組數據：一是皇帝在表彰霍去病時所言「師率減什三」，一是邊關官吏統計之出塞馬匹數的「十四萬匹」和入塞的「不滿三萬」；還特意記錄了抗匈飛將軍李廣未能戰死沙場，卻死於「自殺」的一幕。真正的史家不僅能彰顯那些赫赫有名的英雄，也能喚起後人對無數無名烈士以及含冤勇士的緬懷，以及對歷史真相的思考。

循吏列傳

本篇導讀——

列傳，是將一些具有共同特點的人物列為一組記載的傳記。列入此傳的「循吏」，都是「奉職循理」的優秀官吏。作者指出了這些人之所以優秀，就是由於他們「奉職」（認真履行職責）、「循理」（辦事講道理），所以「可以為治」（能夠治理一方）。《史記》首創的《循吏列傳》，後來為歷代正史沿襲，成為記述正直清白官吏的固定體例。用老百姓的話來說，所謂的「循吏」就是「清官」！

太史公曰：法令所以導民也，刑罰所以禁姦也。文武[1]不備，良民懼然身修者，官未曾亂也。奉職循理，亦可以為治，何必威嚴哉？

注釋

1 文武：文德與武功。此指上文中的文字「法令」與肉體「刑罰」。

譯文

太史公曰：法令是用來引導人民的，刑罰是用來禁止奸邪的。即便文武不完備，良民也有所畏懼而修身行善，那是因為官吏未曾胡作非為。所以，只要官吏奉守公職，按條理辦事，也是可以治民的，又何必動用威嚴呢？

孫叔敖者，楚之處士也。虞丘相進之於楚莊王，以自代也。三月為楚相，施教導民，上下和合，世俗盛美，政緩禁止，吏無姦邪，盜賊不起。秋冬則勸民山採，春夏以水，各得其所便，民皆樂其生。

譯文

孫叔敖是楚國的隱士。楚相虞丘將他舉薦於楚莊王來代替自己。孫叔敖做了三個月的楚相，對人民施教引導，致使上下和睦協作，社會風尚美好，政令不重在禁止，官吏中也沒有奸邪之徒，不曾發生過偷盜、殺人事件。秋冬季節鼓勵人民上山採伐，春夏之時則利用漲水將竹木運出，人民各得其所，百姓安居樂業。

莊王以為幣輕，更以小為大，百姓不便，皆去其業。市令言之相曰：「市亂，民莫安其處，次行[1]不定。」相曰：「如此幾何頃乎？」市令曰：「三月頃。」相曰：「罷，吾今令之復矣。」後五日，朝，相言之王曰：「前日更幣，以為輕。今市令來言曰『市亂，民莫安其處，次行之不定』。臣請遂令復如故。」王許之，下令三日而市復如故。

注釋

1 次行：次序，順序。

譯文

莊王認為錢幣太輕，於是改小幣為大幣，百姓使用不便，紛紛放棄了自己的營業。管理市場的市令向楚相報告說：「市場亂了，人民都對自己的處境感到不安，秩序不穩定。」楚相說：「這種情況有多久了？」市令說：「大約三個月了。」楚相說：「別說了，我現在就將其恢復。」過了五天，上朝時，楚相對楚王說：「前些時改換幣制，認為原有的貨幣太輕。現在市令來報告說：『市場亂了，人民都對自己的處境感到不安，秩序不穩定』。我請求盡快下令恢復舊幣。」楚王准許了，下令三天之後市場恢復如舊。

楚民俗好庳車，王以為庳車不便馬，欲下令使高之。相曰：「令數下，民不知所從，不可。王必欲高車，臣請教閭里使高其梱[1]。乘車者皆君子，君子不能數下車。」王許之。居半歲，民悉自高其車。

注釋

1 梱：門檻。

譯文

楚國人民的習俗是喜好乘矮車，楚王認為矮車不便於駕馬，想要下令將馬車加高。楚相說：「政令多次下達的話，人民將不知所從，不可以這樣做。大王如果一定要加高車子的話，我請求先下令讓人們都加高道路上閭門、里門的門檻。乘車的人都是有身份的君子，他們不會為過門檻頻繁地下車。」楚王同意這樣做。過了半年，人們都自動地加高了他們的車子。

此不教而民從其化，近者視而效之，遠者四面望而法之。故三得相而不喜，知其材自得之也；三去相而不悔，知非己之罪也。

譯文　這表明不用指教，人民也能隨之感化，他們對近處的東西可以觀察而模仿，遠處的事物可以四面瞭望而效法。所以，他數次得到相位而不沾沾自喜，因為他知道這是自己憑藉才能獲得的；屢次失去相位而不悔恨，他知道那不是自己的罪過。

子產者，鄭之列大夫[1]也。鄭昭君之時，以所愛徐摯為相，國亂，上下不親，父子不和。大宮子期言之君，以子產為相。為相一年，豎子不戲狎，斑白不提挈，僮子不犂畔。二年，市不豫賈[2]。三年，門不夜關，道不拾遺。四年，田器不歸。五年，士無尺籍[3]，喪期不令而治。治鄭二十六年而死，丁壯號哭，老人兒啼，曰：「子產去我死乎！民將安歸？」

注釋　1 列大夫：居大夫之列。2 豫賈：預先制訂價格。豫，即預；賈，即價。3 尺籍：一尺長的簡牘賬簿。此指功勞簿。因為沒有戰爭，所以無需功勞簿。

譯文

子產是鄭國的大夫。鄭昭君的時候，任用所寵愛的徐摯做鄭相，國政混亂，上下不親近，父子不和睦。大宮子期向國君進言，任用子產為鄭相。擔任鄭相的第一年，浪蕩子們不敢再輕浮嬉戲，斑白長者不必提物負重，兒童不用下田勞作。第二年，市場不再虛訂高價。第三年，夜不閉戶，道不拾遺。第四年，農具不必帶回家中。第五年，士兵沒有了功勞簿，喪期之中不必下令就會舉行儀式。子產治理鄭國二十六年而去世，青壯年號哭，老人像兒童似的悲啼，說：「子產離開我們死啦！人民將依靠誰呢？」

公儀休者，魯博士也。以高弟為魯相。奉法循理，無所變更，百官自正。使食祿者不得與下民爭利，受大者不得取小。

客有遺相魚者，相不受。客曰：「聞君嗜魚，遺君魚，何故不受也？」相曰：「以嗜魚，故不受也。今為相，能自給魚；今受魚而免，誰復給我魚者？吾故不受也。」

食茹[1]而美，拔其園葵而棄之。見其家織布好，而疾出其家婦，燔其機，云「欲令農士工女安所讎[2]其貨乎」？

注釋

1 茹：蔬菜的總稱。2 鬻：售。

譯文

公儀休是魯國的博士，以才學優異做了魯國相。他執政依照法律，遵循道理，無所變更，而百官都自覺正直秉公，使得享受俸祿的官員不得與下層人民爭奪利益，享受大利的人不得牟取小利。

有位客人送魚給國相，國相不接受。客人說：「聽說您喜歡吃魚，才送您魚的，為何不接受呢？」國相說：「正因為愛吃魚，所以不能接受。現在任職國相，能自己供給魚吃；今天接受魚而被罷免，誰還送給我魚吃呢？我因此不能接受。」

他吃菜覺得好吃，就拔掉園中的葵菜扔掉。見到自家織的布很好，就急忙驅逐了家裏的織婦，燒掉了織機，說「要讓農夫、織女到哪兒出售他們的貨物呢」？

石奢者，楚昭王相也。堅直廉正，無所阿避。行縣，道有殺人者，相追之，乃其父也。縱其父而還自繫焉。使人言之王曰：「殺人者，臣之父也。夫以父立政，不孝也；廢法縱罪，非忠也；臣罪當死。」王曰：「追而不及，不當伏罪，子其治事矣。」石奢曰：「不私[1]其父，非孝子也；不奉主法，非忠臣也。王赦其罪，上惠也；伏誅而死，臣職也。」遂不受令，自刎而死。

注釋

1 私：偏袒。

譯文

石奢是楚昭王時的國相。他剛直廉正，無所阿諛避諱。到屬縣巡行時，路上遇上行兇殺人事件，他追上一看，是自己的父親。他放走父親，歸來囚禁了自己。派人對楚王說：「殺人的是我父親。若以懲治父親來確立政紀，那是不孝；若廢棄法紀而縱容犯罪，則是不忠；我罪當處以死罪。」楚王說：「追捕罪犯而沒有追上，不當獲罪，你去治理國事吧。」石奢說：「不袒護自己的父親，不是孝子；不奉行君主的法令，不是忠臣。大王赦免我的罪過，是主上的恩惠；我伏法而死，是為臣的職責。」最終不接受赦令，自刎而死。

李離者，晉文公之理[1]也。過聽殺人，自拘當[2]死。文公曰：「官有貴賤，罰有輕重。下吏有過，非子之罪也。」李離曰：「臣居官為長，不與吏讓位；受祿為多，不與下分利。今過聽殺人，傅其罪下吏，非所聞也。」辭不受令。文公曰：

「子則自以為有罪，寡人亦有罪邪？」李離曰：「理有法，失刑則刑，失死則死。公以臣能聽微決疑，故使為理。今過聽殺人，罪當死。」遂不受令，伏[3]劍而死。

注釋 1理：法官。2當：判罪。3伏：屈身受罰。

譯文 李離是晉文公的獄官。因為聽信妄言殺了人，就把自己拘禁並判罰死刑。文公說：「官職有貴賤之分，刑罰有輕重不同。這是下屬官吏的過失，並非你的罪過。」李離說：「我擔任的官職是長官，沒有讓位給屬吏；領取俸祿很多，不與下屬分利。現在聽信妄言殺了人，卻把罪責推給下屬，此事是聞所未聞的。」推辭不接受赦令。文公說：「你若自以為有罪，那寡人也有罪嗎？」李離說：「法官斷獄有法則，錯判刑則要受刑，錯殺人則要處死。您認為我能聽察細微決斷疑獄，所以讓我出任獄官。現在聽信妄言殺了人，罪當處死。」最終不接受赦令，伏劍自殺而死。

太史公曰：孫叔敖出一言，郢市復。子產病死，鄭民號哭。公儀子見好布而家婦逐。石奢縱父而死，楚昭名立。李離過殺而伏劍，晉文以正國法。

譯文

太史公曰：孫叔敖一言既出，郢都的市場得以恢復。子產病死，鄭國人民痛哭失聲。公儀先生見到家中的好布而驅逐了家內織婦。石奢放走父親而死，使楚昭王樹立了威名。李離過失殺人而伏劍自殺，晉文公以此整治了國法。

賞析與點評

《史記》的筆法之一就是通過不同列傳的排列組合，表達某種特殊的含義。《循吏列傳》與《酷吏列傳》之間的巧妙組合也是如此。這篇傳記中記述的四位國相、一位法官，都是為政寬和，為官清廉；嚴於律己，寬以待人的社稷之臣。其實漢代官吏並非沒有仁厚廉正者，但本篇僅表彰歷史人物，並無一句言及當時盛世，折射着作者對現實的深深憂慮。讀者若能結合《酷吏列傳》閱讀，定會更有收穫。

游俠列傳

本篇導讀——

「布衣」作為「帛衣」的反義詞，指非貴族、非官僚的平民百姓，這是司馬遷記錄歷史的關鍵詞之一，表達了作者濃厚的庶民意識。《游俠列傳》是司馬遷為漢初以來社會上存在過的「布衣之俠」所立的類傳。本篇記述郭解等「其行雖不軌於正義，然其言必信，其行必果，已諾必誠，不愛其軀，赴士之阨困」的豪俠之士。描述了社會不平等所造成的結果，產生了以個人力量制裁不平等之游俠人物。

韓子曰：「儒以文亂法，而俠以武犯禁。」二者皆譏，而學士多稱於世云。至如以術取宰相卿大夫，輔翼其世主，功名俱著於春秋[1]，固無可言者。及若季次、原憲，閭巷人也，讀書懷獨行君子之德，義不苟合當世，當世亦笑之。故季次、原憲終身空室蓬戶，褐衣疏食不厭。死而已四百餘年，而弟子志之不倦[2]。今游俠，其行雖不軌於正義，然其言必信，其行必果，已諾必誠，不愛其軀，赴士之阨困，既已存亡死生矣，而不矜其能，羞伐[3]其德，蓋亦有足多者焉。

注釋

1 春秋：泛指歷史。2 志：記，懷念。倦：停止。3 伐：耀，與上句「矜」字同義。

譯文

韓非子說：「儒生用文字擾亂法治，游俠用武力違犯禁令。」二者都受到譏諷，但儒生們多被世人所稱讚。至於那些憑儒術取得宰相卿大夫，輔佐君主，功名載於青史的，本不用說了。即使像季次、原憲，是里巷書生，他們讀書而守節操，不與世俗同流合污，被世人所嘲笑。所以季次、原憲一生住着徒有四壁的陋室，布衣淡飯也沒有保證。他們死去四百多年了，弟子至今仍然不停地稱道他們。如今的游俠，他們的行為雖然不遵循正義，但他們言必信，行必果，已經答應的誠心兑現，不惜自己的生命，去解救別人的危急，即便有過經歷了生死存亡的經歷，也不誇耀自己的才能。羞於炫耀自己的功德，這也有值得稱讚的地方吧！

且緩急，人之所時有也。太史公曰：昔者虞舜窘於井廩，伊尹負於鼎俎，傅說匿於傅險，呂尚困於棘津，夷吾桎梏，百里飯牛，仲尼畏匡，菜色陳、蔡。此皆學士所謂有道仁人也，猶然遭此菑[1]，況以中材而涉[2]亂世之末流乎？其遇害何可勝道哉！

注釋

1 菑：同「災」。2 涉：經歷，遭逢。

譯文

況且緊急情況是人們所常遭遇的。太史公曰：從前舜在淘井和修倉時遇到危機，伊尹攜帶鼎俎當了廚師，傅說藏身在傅險（在今山西平陸東）做苦力，呂尚曾受困在棘津，管仲被戴上過鐐銬，百里奚餵過牛，孔子在匡地遭到圍困、還在陳國和蔡國餓得面有菜色。這些都是儒生所稱讚的有道德的人，他們尚且遭到這樣的災難，何況那些只有中等才幹而身處亂世的人呢？他們遭遇的災難怎麼說得完呢！

鄙人有言曰：「何知仁義，已饗其利者為有德。」故伯夷醜周，餓死首陽山，而文武不以其故貶王；跖、蹻[1]暴戾，其徒誦義無窮。由此觀之，「竊鉤者誅，竊國者侯，侯之門仁義存」，非虛言也。

注釋

1 跖、蹻：古代兩個有名的大盜。

譯文

民間俗話說：「甚麼叫做懂得仁義，已經享受過仁義之利益的人，才有仁義之德。」所以伯夷以食周粟為恥餓死在了首陽山，但文王、武王的聲譽卻並不因此而降低；盜跖、莊蹻兇狠殘暴，他們的黨徒卻長久地傳頌着他們的功德。這樣看來，「偷衣帶鉤的人被殺，偷國家的人被封侯，封侯之家自有仁義」，不是假話啊！

今拘學或抱咫尺之義，久孤於世，豈若卑論儕（chái）[1]俗，與世沉浮而取榮名哉！而布衣之徒，設[2]取予然諾，千里誦義，為死不顧世，此亦有所長，非苟而已也。故士窮窘而得委命，此豈非人之所謂賢豪間者邪？誠使鄉曲之俠，予季次、原憲比權量力，效功於當世，不同日而論矣。要以功見言信，俠客之義又曷[3]可少哉！

注釋　1 儕：同類，同輩。2 設：講究，重視。3 曷：即「何」。

譯文　現在拘泥所學的人中有的抱守狹隘的道義，長久孤立於世俗之外，哪裏比得上降低議論而迎合世俗，隨波逐流地去獵取功名呵？而那些布衣平民之徒，謹慎地取捨並作出承諾，即使赴千里之外也要倡導義氣，為此冒死不辭，這也有他們的長處，不是隨便能做到的。所以士人在窘迫中能託命於他們，這不就是人們所讚揚的英雄豪傑嗎？假如拿這些鄉里游俠與季次、原憲比較權力以及對社會貢獻的話，那是不可同日而語的。但是從以實效兑現言而有信上說，俠客之仗義行為又怎麼可以缺少呢！

古布衣之俠，靡得而聞已。近世延陵、孟嘗、春申、平原、信陵之徒，皆因王者親屬，藉於有土卿相之富厚，招天下賢者，顯名諸侯，不可謂不賢者矣。比如順風而呼，聲非加疾，其勢激也。至如閭巷之俠，修行砥名[1]，聲施[2]於天下，莫不稱賢，是為難耳。然儒、墨皆排擯不載。自秦以前，匹夫之俠，湮滅不見，余甚恨之。以余所聞，漢興有朱家、田仲、王公、劇孟、郭解之徒，雖時扞當世之文罔[3]，然其私義廉絜退讓，有足稱者。名不虛立，士不虛附。至如朋黨宗強比周[4]，設[5]財役貧，豪暴侵凌孤弱，恣欲自快，游俠亦醜之。余悲世俗不察其意，而猥[6]以朱家、郭解等令與暴豪之徒同類而共笑之也。

注釋

1 砥名：打磨、提高自己的名節。砥，打磨，修煉。2 施：延，傳播。3 扞：抵觸，違犯。文罔：法律。文，規章；罔，網。4 比周：互相勾結。比，近。周，合。5 設：依靠，憑藉。6 猥：謬，錯。

譯文

古代的布衣之俠，已無法知道了。近代的延陵、孟嘗君、春申君、平原君、信陵君等人，因為都是君主的親屬，憑藉封地的收入和卿相的地位，招攬天下的賢士，使自己揚名於諸侯，這不能說不是賢人。好比順風呼喊，聲音沒有加快，風勢使其激揚。至於鄉里之俠，修煉品德而名節揚於天下，無人不稱讚其賢能的，這是難能可貴的！然而儒家和墨家對他們都排斥不記載。使秦朝以前的平民之俠湮沒無聞，我甚感遺憾。據我所知，漢朝建立以來有朱家、田仲、王公、劇孟、郭解等人，雖然時常觸犯當朝的法律，但是他們的義行符合道德，廉潔而謙讓，值得稱讚。名聲不是憑空樹立的，士人不必虛意附和。至於那些結黨營私的強宗豪族，他們彼此勾結，依仗豪強暴力奴役窮人，肆意自我享樂，游俠也鄙視他們。我哀歎世俗不明白他們的真心，竟然錯把朱家、郭解等與殘暴之徒混同對待而加以嘲笑。

魯朱家者，與高祖同時。魯人皆以儒教，而朱家用俠聞。所藏活豪士以百數，其餘庸人不可勝言。然終不伐其能，歆其德[1]，諸所嘗施，唯恐見之。振人不贍，先從貧賤始。家無餘財，衣不完采，食不重味，乘不過軥牛。專趨人之急，甚己之私。既陰脫季布將軍之阸，及布尊貴，終身不見也。自關以東，莫不延頸願交焉。

注釋

1 歆：欣喜，自我欣賞。德：恩惠。

譯文

魯地的朱家，與高祖同時代。魯人皆以儒家學說進行教化，而朱家是因為行俠而聞名。他所隱匿而救活的豪士有數百人，其餘的普通人更是說也說不完。然而始終不炫耀自己，不為施恩而沾沾自喜，對自己所曾施予恩惠的人，唯恐再見他們。賑濟不富足的人，先從貧賤人家開始。家裏沒有剩餘的錢財，衣服沒有多種顏色，吃飯沒有兩樣以上的菜，乘車只用小牛車。專去救人之急，超過對待自己私事。他曾暗中幫助季布將軍擺脱困境，待季布尊貴，終身不見季布。自函谷關以東，無人不仰望着與他結交。

楚田仲以俠聞，喜劍，父事朱家，自以為行弗及。田仲已死，而洛陽有劇孟。周人以商賈為資，而劇孟以任俠顯諸侯。吳楚反時，條侯[1]為太尉，乘傳車將至河南，得劇孟，喜曰：「吳楚舉大事而不求孟，吾知其無能為已矣。」天下騷動，宰相得之若得一敵國云。劇孟行大類朱家，而好博，多少年之戲。然劇孟母死，自遠方送喪蓋千乘。及劇孟死，家無餘十金之財。而符離人王孟亦以俠稱江淮之間。

注釋

1 條侯：周亞夫。

譯文

楚地的田仲以俠義聞名，喜歡劍術，像服侍父親一樣服侍朱家，自以為行為不及朱家。田仲死後，洛陽有個劇孟。周地人以經商為資本，而劇孟是以任俠品行顯赫於諸侯。吳楚反叛時，條侯任太尉，乘坐驛站的傳車將要到達河南時，找到劇孟，高興地說：「吳楚起兵而不求助於劇孟，我知道他們沒有能力做甚麼了。」天下騷動，宰相得到他彷彿得到一股可與國家相匹敵的力量。劇孟的行為大體類似於朱家，而喜好玩六博棋，多為少年的遊戲。然而劇孟母親死時，自遠方來送喪的大約有上千輛車。到劇孟死時，家裏剩下不足十金的財產。而符離人王孟亦此時也以俠行，在江、淮一帶受到稱頌。

是時濟南瞯氏、陳周庸亦以豪聞，景帝聞之，使使盡誅此屬。其後代諸白[1]、梁韓無辟、陽翟薛兄、陝韓孺紛紛復出焉。

注釋

1 諸白：諸位姓白的。

譯文

這時濟南的瞯氏、陳地的周庸也以豪俠聞名，景帝聽說後，派人把他們都殺了。

那以後，代郡的白氏、梁地的韓無辟、陽翟的薛兄、陝地的韓孺，紛紛復出了。

郭解，軹人也，字翁伯，善相人者許負外孫也。解父以任俠，孝文時誅死。解為人短小精悍，不飲酒。少時陰賊[1]，慨不快意，身所殺甚眾。以軀借交[2]報仇，藏命作姦，剽攻不休，及鑄錢掘塚，固不可勝數。適有天幸，窘急常得脫，若遇赦。及解年長，更折節為儉，以德報怨，厚施而薄望。然其自喜為俠益甚。既已振人之命，不矜其功，其陰賊著於心，卒發於睚眦如故云。而少年慕其行，亦輒為報仇，不使知也。解姊子負解之勢，與人飲，使之嚼。非其任，強必灌之。人怒，拔刀刺殺解姊子，亡去。解姊怒曰：「以翁伯之義，人殺吾子，賊不得。」棄其屍於道，弗葬，欲以辱解。解使人微知賊處。賊窘自歸，具以實告解。解曰：「公殺之固當，吾兒不直。」遂去其賊，罪其姊子，乃收而葬之。諸公聞之，皆多解之義，益附焉。

注釋　1 陰賊：深沉，狠毒。2 借交：豁出性命，(不怕犧牲) 幫着朋友。

譯文

郭解是軹縣人，字翁伯，是擅長相面的許負的外孫。郭解的父親因為任俠，在孝文帝時被處死。郭解為人矮小精悍，不喝酒。少年時殘忍狠毒，憤然不快時就殺人，被他殺掉的人很多。以自己性命為朋友報仇，藏匿亡命者，犯法搶劫，以及私造錢幣，挖掘墳墓等，不可勝數。卻有上天保佑，每次碰到危難，總能逃脱，像是遇赦免。郭解長大時，改變操行，謹慎守法。以德報怨，給別人的多取得的少，行俠尚義的本性更突出了，他救了人命，從不誇耀自己的功勞。他把殘忍深藏在心底，說不定甚麼時候會因一點小事而突然爆發起來。許多年輕人仰慕他的行為，也常常為他報仇，而又不讓郭解本人知道。郭解姐姐的兒子倚仗郭解的外甥勢力，勸人喝酒，人家不勝酒力，強迫人家喝，逼得人急了，動手殺了郭解的外甥，而後逃走了。郭解的姐姐發怒說：「憑你郭解這麼大的名氣，有人殺了我的兒子，兇手竟然抓不到？」把屍體扔在道上，不埋葬，想讓郭解難堪。郭解暗中派人探聽到了兇手的去向，兇手沒有辦法了，只好來向郭解自首，如實地說明了真相。郭解說：「你殺得對，是我們的孩子沒有道理。」於是放走了兇手，而歸罪於自己的外甥，把他的屍體收起來埋葬了。大家聽說這件事後，都稱讚郭解的義氣，而歸附他的人就越來越多了。

解出入，人皆避之。有一人獨箕倨視之[1]，解遣人問其名姓。客欲殺之。解曰：「居邑屋至不見敬，是吾德不修也，彼何罪！」乃陰屬[2]尉史曰：「是人，吾所急也，至踐更時脫之[3]。」每至踐更，數過，吏弗求。怪之，問其故，乃解使脫[4]之。箕踞者乃肉袒謝罪。少年聞之，愈益慕解之行。

注釋

1 箕倨視之：箕倨、直視，在古代都是傲慢無理的樣子。倨，通「踞」。2 陰屬：暗中囑咐。屬，囑，囑託。3 踐更：謂取得人錢，代人往出傜役者。脫：漏，免。

譯文

郭解每次出門歸來，人們都躲避他。只有一人傲慢地叉着腿坐着看着郭解，郭解叫人去問那人的姓名。門下的人想要殺他，郭解說：「同住在一個城邑而不受人敬重，是我的德行沒有修好，他有甚麼罪！」於是暗中告訴縣尉說：「此人是我所急需的，輪到該他出傜役時免了他。」每到該去服傜役時，縣吏都不找他。那人奇怪，去問緣故，才知道是郭解讓免他傜役的。於是這個人就光着背來向郭解請罪。當地的青年們聽說這件事，更加仰慕郭解的行為了。

洛陽人有相仇者，邑中賢豪居間[1]者以十數，終不聽。客乃見郭解。解夜見仇家，仇家曲聽解。解乃謂仇家曰：「吾聞洛陽諸公在此間，多不聽者。今子幸而聽解，解奈何乃從他縣奪人邑中賢大夫權乎！」乃夜去，不使人知，曰：「且無用，待我去，令洛陽豪居其間，乃聽之。」

注釋

1 居間：從中調停。

譯文

洛陽人有相互結了仇，當地的賢豪十幾個人都來給他們調解過，他們始終不聽。門客來拜見郭解。郭解連夜去見結仇的人，仇家看着郭解的面子，勉強接受了調停。郭解對仇家說：「我聽說洛陽的許多人都給你們調解過，你們都不肯聽，現在你們聽從我的話，我怎麼能從別的縣跑來侵奪別人地盤賢豪的調停權力呢？」於是連夜離開了洛陽，不願意讓別人知道此事，臨走時還說：「你們暫時先別聽我的話，等我走後，當洛陽的賢豪們再來調解時，那時再聽他們的。」

解執恭敬，不敢乘車入其縣廷。之旁郡國，為人請求事，事可出，出之；不可者，各厭[1]其意，然後乃敢嘗酒食。諸公以故嚴重之，爭為用。邑中少年及旁近縣賢豪，夜半過門常十餘車，請得解客舍養之。

注釋

1 厭：通「饜」，飽，滿足。

譯文

郭解為人恭敬，不敢坐着車子進縣衙。到其他郡國為人辦事時，事情可以解決的，就盡量解決好；不能解決的，也設法讓大家滿意，然後他才吃得下飯去。大家因此更加尊重他，爭着為他效力。城中的少年及鄰縣的賢豪，半夜來訪總有十多輛車，請求把郭解的門客接到自家去供養。

及徙豪富茂陵也，解家貧，不中訾[1]，吏恐，不敢不徙。衛將軍為言：「郭解家貧不中徙。」上曰：「布衣權至使將軍為言，此其家不貧。」解家遂徙。諸公送者出千餘萬。軹人楊季主子為縣掾，舉徙解。解兄子斷楊掾頭。由此楊氏與郭氏為仇。

注釋　1 不中訾：不到規定的資產標準。訾，同「資」。

譯文　到了遷徙富豪去茂陵時，郭解家裏貧窮，財產夠不上搬遷的標準，但官吏害怕，不敢不讓他搬遷。衞將軍替郭解求情說：「郭解家裏貧苦，不夠搬遷條件。」武帝說：「一個平民居然能使將軍替他說情，說明這個人家絕不貧窮。」於是郭解被遷徙了。為他送行的人出千金之資。軹縣人楊季主的兒子任縣掾，是他提出讓郭解遷徙的。於是郭解哥哥的兒子就砍了這個縣吏的頭，從此楊家與郭家結了仇。

解入關，關中賢豪知與不知，聞其聲，爭交歡解。解為人短小，不飲酒，出未嘗有騎。已又殺楊季主。楊季主家上書，人又殺之闕下。上聞，乃下吏捕解。解亡，置其母家室夏陽，身至臨晉。臨晉籍少公素不知解，解冒，因求出關。籍少公已出解，解轉入太原，所過輒告主人家。吏逐之，跡[1]至籍少公。少公自殺，口絕。久之，乃得解。窮治所犯，為解所殺，皆在赦前。軹有儒生侍使者坐，客譽郭解，生曰：「郭解專以姦犯公法，何謂賢！」解客聞，殺此生，斷其舌。吏以此責解，解實不知殺者。殺者亦竟絕，莫知為誰。吏奏解無罪。御史大夫公孫弘議曰：「解布衣為任俠行權，以睚眦殺人，解雖弗知，此罪甚於解殺之。當[2]大逆無道。」遂族郭解翁伯。

注釋

1 跡：追蹤。2 當：判，定罪。

譯文

郭解遷徙入關後，關中的賢人豪傑認識不認識的，都聞聲爭相來與郭解交友。郭解為人矮小，不喝酒，出門從無車馬。後來又有人殺了楊季主，楊季主家人上書告郭解。這時又有人把上書人殺死在皇宮大門外。武帝知道後，下令逮捕郭解，郭解逃跑。把母親家屬安置在了夏陽，自己逃到了臨晉。臨晉的籍少公本不認識郭解，郭解假冒他人，請求出關，籍少公放走了他。郭解輾轉到太原，所過之處，把自己的去向告訴給招待過他的人家。官府一路上追查郭解，待至追查到籍少公這裏，籍少公自殺了，口供斷絕。很久以後，官府才抓到了郭解。他們四處調查郭解的罪行，結果發現郭解殺人的事都發生在大赦以前。這時軹縣有一個儒生，陪同使者閑談，有人稱讚郭解，儒生說：「郭解專門作奸犯科，怎麼能說是賢人？」郭解門客聽說此事，又殺了這個儒生，割了他的舌頭。官吏們追問郭解，郭解實在不知道殺人者是誰。而殺人者也從此銷聲匿跡，不知是誰。官吏宣佈郭解無罪。御史大夫公孫弘說：「郭解作為平民行俠弄權，因小事而殺人。他雖不知，但其罪過比他自己殺人還嚴重，該判大逆不道。」於是誅殺了郭解翁伯全族。

賞析與評點

「文景之治」一詞早已成為「無為」政治的代名詞，但是在本篇中，文、景二帝對「布衣之俠」卻是格殺勿論；公孫弘是典型的儒家士大夫的代表，本篇中他滿門抄斬郭解時所謂「解雖弗知，此罪甚於解殺之」的理由，卻與後世朝廷宰相所說的「莫須有」三字何其相似！司馬遷在兩千年前抨擊的現象何曾有過間斷！

貨殖列傳

本篇導讀——

記得有位學者說：不讀《史記》不算讀過中國書，不讀《貨殖列傳》不算讀過《史記》。可見本篇在《史記》中的分量之重。司馬遷所生活的時代，是古典商品經濟大繁榮的時代。正如本篇所指出的那樣，當時「夫用貧求富，農不如工，工不如商，刺繡文不如倚市門，此言末業，貧者之資也。」特別是在武帝採取較嚴厲的抑商政策之前，商品經營處於放任自由狀態，「漢興，海內為一，開關梁，弛山澤之禁，是以富商大賈周流天下，交易之物莫不通，得其所欲」，商人成為了一股新興的社會力量。司馬遷清楚地注意到這一歷史變化，並給那些新型商人起了個新名字，叫做「素封」：「今有無秩祿之奉，爵邑之入，而樂與之比者，命曰『素封』。」作者還用大量篇幅敍述了當時商人是如何通過「貨殖」，即今天所謂的「資本增殖」而成為「素封」的。

《老子》曰：「至治之極，鄰國相望，雞狗之聲相聞，民各甘其食，美其服，安其俗，樂其業，至老死不相往來。」必用此為務，輓[1]近世塗民耳目，則幾無行矣。

注釋

1 輓：通「晚」。

譯文

《老子》說：「大治的極點，是鄰近的國家互相望得見，雞鳴狗吠之聲互相聽得到，人民卻都以自家的飲食甘美，自己的服裝漂亮，習慣於本地的習俗，樂於自己的行業，以至於老死也不互相往來。」一定將此作為努力的目標，到了近世除非堵塞人民的耳目，這幾乎是無法實行的。

太史公曰：夫神農以前，吾不知已。至若詩書所述虞夏以來，耳目欲極聲色之好，口欲窮芻豢之味，身安逸樂，而心誇矜埶能之榮使。俗之漸民久矣，雖戶說以眇[1]論，終不能化。故善者因之，其次利道[2]之，其次教誨之，其次整齊之，最下者與之爭。

注釋　1 眇：通「妙」。2 道：通導。

譯文　太史公曰：神農氏以前的事，我不知道。至於像《詩》、《書》所述虞、夏以來的情況，則是耳目要極度享受音樂、女色之美好，嘴巴要嘗盡肉食之美味，身體安於悠閑快樂，而心裏誇耀權勢的光榮。這種風氣浸染人民已久，即使用美妙的理論挨門逐戶地去勸説，終不能予以感化。所以，最好的辦法是順應他們，其次是隨勢引導，其次是加以教誨，再次是制定規章制度加以約束，最壞的做法是與民爭利。

夫山西[1]饒材、竹、穀、纑、旄、玉石；山東[2]多魚、鹽、漆、絲、聲色；江南[3]出柟、梓、薑、桂、金、錫、連、丹沙、犀、瑇瑁、珠璣、齒革；龍門、碣石北多馬、牛、羊、旃裘、筋角；銅、鐵則千里往往山出棊置：此其大較也。皆中國人民所喜好，謠俗被服飲食奉生送死之具也。故待農而食之，虞而出之，工而成之，商而通之。此寧有政教發徵期會哉？人各任其能，竭其力，以得所欲。故物賤之徵貴，貴之徵賤，各勸其業，樂其事，若水之趨下，日夜無休時，不召而自來，不求而民出之。豈非道之所符，而自然之驗邪？

注釋　1山西：崤山以西，即關中地區。2山東：與山西相對的崤山以東地區。3江南：長江流域及其以南地區。

譯文　山西盛產木材、竹子、楮木、野麻、旄牛、玉石；山東多出魚、鹽、漆、絲、音樂美女；江南出產楠木、梓樹、生薑、桂花、金、錫、鉛、朱砂、犀牛、玳瑁、珠璣、象牙皮革；龍門（山名，位於今山西河津西北）、碣石（山名，位於今河北昌黎西北）以北地區盛產馬、牛、羊、氈裘、獸筋獸角；銅和鐵則分佈在周圍千里之內，山中到處出產，礦山星羅棋佈。這是物產分佈的大致情況，都是中國人民所喜好的，是俗話所稱的穿着飲食、養生送死之物。所以人們要依賴農民耕種來生產，依賴掌管山林水澤的虞人開發，依賴工匠製造，依賴商人貿易、流通。這難道還需要官府發佈政令，徵發百姓，限期會集嗎？人們都發揮自己的才能，竭盡自己的力量，來滿足自己的慾望。所以低價的貨物能夠易地高價出售，高價的貨物能夠在別處低價購進。人們各自努力經營己業，樂於做自己的事情，就像水從高處流向低處那樣，日夜沒有休止的時候，不用徵召便會自動前來，不用強求便會生產出來。這難道不是符合於道，順應自然的證明嗎？

周書曰：「農不出則乏其食，工不出則乏其事，商不出則三寶[1]絕，虞[2]不出則財匱少。」財匱少而山澤不辟矣。此四者，民所衣食之原也。原大則饒，原小則鮮。上則富國，下則富家。貧富之道，莫之奪予，而巧者有餘，拙者不足。故太公望封於營丘，地潟鹵，人民寡，於是太公勸其女功，極技巧，通魚鹽，則人物歸之，繈至而輻湊。故齊冠帶衣履天下，海岱之間斂袂而往朝焉。其後齊中衰，管子修之，設輕重九府[3]，則桓公以霸，九合諸侯，一匡天下；而管氏亦有三歸[4]，位在陪臣，富於列國之君。是以齊富強至於威、宣也。

注釋

1 三寶：一說指吃的、用的和錢財這三種寶物。2 虞：掌管山澤的人。3 輕重：指輕重不同的貨幣。九府：《周禮》載：周代管理貨幣的官府有大府、玉府、內府、外府、泉府、天府、職內、職金、職幣。4 三歸：無確解。一說指齊國稅收的三分之一歸於管仲。

譯文

《周書》說：「農民不種田，糧食就會缺乏；工匠不製造，器具就會缺少；商人不做貿易，會使三寶斷絕來路；虞人不開發山澤，財物就會匱乏。」財物匱乏了，山澤就更不能開發。這四個方面，是人民衣食的來源。來源大則富裕，來源小則貧困；上可以富國，下可以富家。或貧或富，沒有誰能剝奪或施予，但機敏的人總是財富有餘，而愚笨的人卻往往衣食不足。從前，太公望被封在營丘時，那裏本來多是鹽鹼地，人煙稀少，於是太公便鼓勵婦女從事女紅，使其技巧極度發達，又開通魚、鹽貿易，結果人民和財物都歸向了他，猶如繩索貫穿錢幣、輪輻聚於車轂一樣。所以齊國冠帶衣履遍天下，東海、泰山之間的人都整理衣袖去朝拜齊國。後來，齊國中途衰落，管子修復整治，設立管理財物的九個官府，使齊桓公得以稱霸，會合諸侯，匡正天下；而管子也有了三歸，官位雖只是陪臣，卻比各國的君主還要富有。從此，齊國富強，一直延續到威王、宣王之時。

故曰：「倉廩實而知禮節，衣食足而知榮辱。」禮生於有而廢於無。故君子富，好行其德；小人富，以適其力。淵深而魚生之，山深而獸往之，人富而仁義附焉。富者得埶益彰，失埶則客無所之，以而不樂。夷狄益甚。諺曰：「千金之子，不死於市。」此非空言也。故曰：「天下熙熙，皆為利來；天下壤壤[1]，皆為利往。」夫千乘之王，萬家之侯，百室之君，尚猶患貧，而況匹夫編戶之民乎！

注釋

1 壤壤：通「攘攘」。熙熙、攘攘，擁擠喧鬧的樣子。

譯文

所以說：「糧倉充實從而知道禮節；衣食豐足就會知道榮辱。」禮儀產生於富有，而廢棄於貧窮。因此，君子富有了，就喜好去做仁德之事；小人富有了，就能發揮自己的能力。水深了魚就在那裏生存；山深了野獸就在那裏藏身；人富了仁義就會依附於他。富人得勢越發顯赫，失勢了門客就不來了，因而心情不快。夷狄那裏更為嚴重。諺語說：「家有千金的子弟，不會在鬧市被處死。」這不是沒有根據的話。所以說：「天下熙熙，皆為利而來；天下攘攘，皆為利而往。」那些擁有千輛兵車的君王，封有萬戶食邑的列侯，享有百室封邑的大夫，尚且擔心貧窮，何況編入戶籍的人民呢！

昔者越王句踐困於會稽之上，乃用范蠡、計然。計然曰：「知鬥則修備，時用則知物，二者形則萬貨之情可得而觀已。故歲[1]在金，穰；水，毀；木，饑；火，旱。旱則資舟，水則資車，物之理也。六歲穰，六歲旱，十二歲一大饑。夫糶，二十病農，九十病末。末病則財不出，農病則草不辟矣。上不過八十，下不減三十，則農末俱利，平糶齊物，關市不乏，治國之道也。積著之理，務完物，無息幣。以物相貿易，腐敗而食之貨勿留，無敢居貴。論其有餘不足，則知貴賤。貴上極則反賤，賤下極則反貴。貴出如糞土，賤取如珠玉。財幣欲其行如流水。」修之十年，國富，厚賂戰士，士赴矢石，如渴得飲，遂報強吳，觀兵中國，稱號「五霸」。

注釋

1 歲：歲星，即木星。

譯文

從前越王句踐被困於會稽山上，於是重用范蠡、計然。計然說：「知道會爭鬥就得有準備，知道按時使用就要了解物品，此二者清楚了，各種貨物的情形均可得以觀察而明了。所以歲星在金位（西），五穀豐登；在水位（北），有水災；在木位（東），有饑荒；在火位（南），有乾旱。乾旱則預備舟船，水澇時則準備車輛，這是事物的理。六年一次豐收，六歲一次乾旱，十二年一次大饑荒。出售糧食，每斗二十錢就會危害農民，每斗九十錢就會使商人受損失。商人受損則錢財不流通，農民受損害則土地不被開墾。每斗上不超過八十錢，下不少於三十錢，則農民、商人都獲利，平價售糧調整物價，通關入市的貨物不短缺，是治國的道理。積貯之理，務必儲備完備的物品，不要有停滯的貨幣。以貨物相互貿易，不留容易敗壞的貨物，不可囤積以求高價。議論貨物的有餘與不足，就知道物價的漲跌。物價上漲到極點就下跌，跌到極點則反彈。價高時出手要如同拋棄糞土，價格低時購入有如收購珠玉。貨幣錢財要使它像流水一樣周轉。」治國十年，國家富足，厚賞戰士，戰士冒飛矢流石進軍，如同渴時得飲，終於向強大吳國報了仇，又在中原閱兵，稱號「五霸」。

范蠡既雪會稽之恥，乃喟然而歎曰：「計然之策七，越用其五而得意。既已施於國，吾欲用之家。」乃乘扁（piān）舟[1]浮於江湖，變名易姓，適齊為鴟夷子皮，之陶為朱公。朱公以為陶天下之中，諸侯四通，貨物所交易也。乃治產積居。與時逐而不責於人。故善治生者，能擇人而任時。十九年之中三致千金，再分散與貧交疏昆弟。此所謂富好行其德者也。後年衰老而聽子孫，子孫修業而息之，遂至巨萬[2]。故言富者皆稱陶朱公。

注釋

1 扁：小；扁舟，即小船。2 巨萬：萬萬。

譯文

范蠡已雪會稽被困之恥，便長歎道：「計然的計策有七條，越國只用了其中五條，就實現了願望。既然已經施用於治國，我要把它用於治家。」乘一葉扁舟，漂泊於江湖，改名換姓，到齊國改名叫鴟夷子皮，到了陶邑改名叫朱公。朱公認為陶邑居於天下中心，與諸侯四境相通，是貨物交易之處。就治理產業囤積居奇，隨機應變，與時逐利，而不責求人力。所以，善於經營致富的人，要能擇用賢人並把握時機。十九年期間，他三次賺得千金之財，兩次分散給貧窮的朋友和遠房的兄弟。這就是人們所謂君子富有便喜好去做仁德之事了。范蠡後來年老體衰而聽任子孫，子孫治理事業並有所發展，終致累計億萬家財。所以人們談論富翁時都稱頌陶朱公。

子贛既學於仲尼，退而仕於衞，廢著[1]鬻財於曹、魯之間，七十子之徒，賜最為饒益。原憲不厭糟糠，匿於窮巷。子貢結駟連騎，束帛之幣以聘享諸侯，所至，國君無不分庭與之抗禮。夫使孔子名布揚於天下者，子貢先後之也。此所謂得埶而益彰者乎？

注釋

1 著：貯。貯積之意。廢著，即廢棄與貯積，此為買進與賣出之意。

譯文

子貢在孔子那裏學成之後，回到衞國做官，又在曹國、魯國之間買進賣出，孔子的七十位高徒之中，端木賜（即子貢）最為富有。原憲連糟糠都吃不飽，隱居於簡陋的小巷。子貢卻車馬相連，帶着束帛厚禮去訪問、饋贈諸侯，所到之處，國君沒有誰不與他分庭抗禮的。使孔子得以名揚天下的原因，是子貢在人前人後輔助的結果。這就是所謂得勢而更加顯赫吧？

賞析與點評

孔子不是那種不食人間煙火的學者，他的社會活動也需要有人接洽、斡旋，甚至資助。所以說「儒學」從一開始就不是坐在書齋裏憑空想象的，它是廣泛與國家管理者接觸，貼近人民日常生活的社會的學問、人的學問。

白圭，周人也。當魏文侯時，李克[1]務盡地力，而白圭樂觀時變，故人棄我取，人取我與。夫歲孰取穀，予之絲漆；繭出取帛絮，予之食。猗頓用盬（gǔ）[2]鹽起。而邯鄲郭縱以鐵冶成業，與王者埒富。

注釋

1 李克：即李悝。2 盬：鹽池。

譯文

白圭是周人。在魏文侯時，李克追求開發土地，而白圭卻喜歡觀察時機的變化，所以別人放棄我收取，別人收取我給與。穀物成熟時，他買進糧食，出售絲、漆；蠶繭結成時，他買進絹帛綿絮，出售糧食。

猗頓靠經營池鹽起家。而邯鄲郭縱以冶鐵成就家業，其財富可與王者相比。

烏氏倮畜牧，及衆，斥賣，求奇繒物，間獻遺戎王。戎王什倍其償，與之畜，畜至用谷量馬牛。秦始皇帝令倮比封君，以時與列臣朝請。而巴寡婦清[1]，其先得丹穴，而擅其利數世，家亦不訾。清，寡婦也，能守其業，用財自衛，不見侵犯。秦皇帝以為貞婦而客之，為築女懷清臺。夫倮鄙人牧長，清窮鄉寡婦，禮抗萬乘，名顯天下，豈非以富邪？

注釋

1 巴寡婦清：一說為四川彭水縣人，一說為四川長壽縣人。

譯文

烏氏縣的倮經營畜牧業，到牲畜繁多時就賣掉，再購奇異的絲織品，暗中獻給戎王。戎王以十倍的財物回贈，送他牲畜，牲畜多到以山谷為單位來計算牛馬的數量。秦始皇讓烏氏倮與封君同列，按規定時間與列臣一起朝拜。而巴地的寡婦清，她的先祖得到朱砂礦，獨攬其利已經幾代，家產也不計其數。清，是個寡婦，能守住家業，用錢財自衛，不被侵犯。秦始皇認為她是個貞婦，以客禮接待她，還為她修築了女懷清臺。倮是邊鄙之人、畜牧主，清是僻壤的寡婦，卻能與萬乘之君分庭抗禮，天下名揚，難道不是因為他們富有嗎？

漢興，海內為一，開關梁，弛山澤之禁，是以富商大賈周流天下，交易之物莫不通，得其所欲，而徙豪傑諸侯強族於京師。

關中自汧、雍以東至河、華，膏壤沃野千里，自虞夏之貢以為上田，而公劉適邠，大王、王季在岐，文王作豐，武王治鎬，故其民猶有先王之遺風，好稼穡，殖五穀，地重，重為邪。及秦文、德、繆居雍，隙隴蜀之貨物而多賈。獻公徙櫟邑，櫟邑北卻戎翟，東通三晉，亦多大賈。孝、昭治咸陽，因以漢都，長安諸陵，四方輻湊並至而會，地小人眾，故其民益玩巧而事末也。南則巴蜀。巴蜀亦沃野，地饒卮、薑、丹沙、石、銅、鐵、竹、木之器。南御滇僰，僰僮。西近邛笮，笮馬、旄牛。然四塞，棧道千里，無所不通，唯褒斜[1]綰轂其口，以所多易所鮮。天水、隴西、北地、上郡與關中同俗，然西有羌中之利，北有戎翟之畜，畜牧為天下饒。然地亦窮險，唯京師要其道[2]。故關中之地，於天下三分之一，而人眾不過什三；然量其富，什居其六。

注釋

1 褒斜：從漢中向北至渭河道路的南口稱「褒」，北口稱「斜」。2 要：通「腰」，束縛之意。要其道，即控制其道路。

譯文

漢朝興起，海內統一，關卡開放，解除開採山澤的禁令，因此富商大賈通行天下，交易的貨物無不暢通，各得所需，漢朝遷徙豪傑、諸侯和大戶人家到京師。

關中地區從汧縣、雍縣以東至黃河、華山，膏壤沃野千里。從虞、夏實行貢賦時起那裏就是作為上等田地，而公劉遷居到邠地，太王、王季居於岐山，周文王建造豐邑，周武王以鎬京為首都，所以那裏的人民仍有先王的遺風，喜好稼穡，種植五穀，以土地為重，把做壞事看得很嚴重。到秦文公、德公、穆公居住雍邑，地處隴、蜀貨物交流的要道，商人很多。秦獻公遷都至櫟邑，櫟邑北禦戎狄，東通三晉，也有許多大商人。秦孝公和秦昭襄王以咸陽為首都，繼續作為漢朝都城；長安附近的諸陵，四方之人像車輻湊聚一樣集中於此，地小人多，所以當地人越來越玩弄奇巧從事商業。關中地區以南則有巴郡、蜀郡。巴蜀地區也是一片沃野，盛產梔子、生薑、朱砂、石材、銅、鐵和竹木之類的器具。南邊抵禦滇、僰，僰地多出僮僕。西邊鄰近邛、筰，筰地出產馬和旄牛。然而四周閉塞，靠千里棧道，無處不通，惟有褒斜通道控扼其口，用多餘之物來交換短缺之物。天水、隴西、北地和上郡與關中風俗相同，而西面有羌中的地利，北面有戎狄的牲畜，畜牧業居天下之首。可是這裏地勢險要，只有京城長安要約其通道。所以關中之地佔天下三分之一，人口也不過佔天下十分之三；然而計算其財富，卻佔天下十分之六。

昔唐人都河東，殷人都河內，周人都河南。夫三河在天下之中，若鼎足，王者所更居也，建國各數百千歲，土地小狹，民人眾，都國諸侯所聚會，故其俗纖儉習事。楊、平陽陳西賈秦、翟，北賈種、代。種、代，石北也，地邊胡，數被寇。人民矜懻忮，好氣，任俠為姦，不事農商。然迫近北夷，師旅亟往，中國委輸時有奇羨。其民羯羠（jié yí）[1]不均，自全晉之時固已患其僄悍，而武靈王益厲之，其謠俗猶有趙之風也。故楊、平陽陳掾其間，得所欲。溫、軹西賈上黨，北賈趙、中山。中山地薄人眾，猶有沙丘紂淫地餘民，民俗懁急，仰機利而食。丈夫相聚游戲，悲歌忼慨，起則相隨椎剽，休則掘冢作巧姦冶，多美物，為倡優。女子則鼓鳴瑟，跕屣（dié xǐ）[2]，游媚貴富，入後宮，徧諸侯。

注釋

1 羯羠：野羊，大角，牡者曰羱，牝者曰羠。此指民性慓悍。2 跕屣：拖着鞋子，足尖輕輕着地而行。

譯文

古時候唐人（帝堯）在河東建都，殷人在河內建都，周人在河南建都（洛邑）。這三河地區居於天下的中心，好像鼎的三個足，是帝王們更迭居住的地方，建國各有數百上千年，土地狹小，人口眾多，都城是諸侯聚會之處，所以當地民俗吝嗇儉省，熟悉世故。楊與平陽兩邑人民，向西到秦、戎狄地區經商，向北可到種、代地區經商。種、代在石邑北面，地靠匈奴，屢次遭受掠奪。人民強直、好勝，行俠為奸，不從事農商。但因鄰近北夷，軍隊經常往來，從中原運輸來的物資，時有剩餘。當地人民強悍不安。晉國未分裂之時已經對其慓悍感到憂慮，而到趙武靈王更助長這種風氣，當地習俗仍帶有趙國的遺風。所以楊和平陽兩地的人民在這裏經商，獲取他們想要的。溫、軹地區的人民向西到上黨經商，向北到趙、中山經商。中山地薄人多，沙丘是紂王淫樂之地，尚有殷人後代，民俗急躁，靠投機取巧謀生。男子相聚遊戲，慷慨悲歌，外出則勾結一起持械搶劫，閑時盜墓、作奸、私鑄錢幣；多有美色男子，去當歌舞藝人。女子則彈奏琴瑟，拖着鞋子，到處遊走，向權貴富豪獻媚討好，有的被納入後宮，遍及諸侯之家。

然邯鄲亦漳、河之間一都會也。北通燕、涿，南有鄭、衞。鄭、衞俗與趙相類，然近梁、魯，微重而矜節。濮上之邑徙野王，野王好氣任俠，衞之風也。

夫燕亦勃、碣之間一都會也。南通齊、趙，東北邊胡。上谷至遼東，地踔遠，人民希，數被寇，大與趙、代俗相類，而民雕捍少慮，有魚鹽棗栗之饒。北鄰烏桓、夫餘，東綰（wǎn）[1]穢貉、朝鮮、真番之利。

注釋

1 綰：控制。

譯文

然而邯鄲也是漳水、黃河之間的一個都市。北通燕、涿，南有鄭、衞。鄭、衞風俗與趙相似，但因地靠梁、魯，稍顯莊重而又注重節操。衞國從濮上的城邑遷到野王，野王地區民俗尚鬥任俠，是衞國的遺風。

燕也是渤海、碣石之間的一個都市。南通齊、趙，東北與胡人交界。從上谷到遼東，地域遼闊，人口稀少，屢次遭侵擾，民俗大致與趙、代相似，而民眾迅捷兇悍，少思慮，盛產魚、鹽、棗、栗。北面鄰近烏桓、夫餘，東面處於控扼穢貉、朝鮮、真番的有利地勢。

洛陽東賈齊、魯，南賈梁、楚。故泰山之陽則魯，其陰則齊。齊帶山海，膏壤千里，宜桑麻，人民多文綵布帛魚鹽。臨菑亦海岱之間一都會也。其俗寬緩闊達，而足智，好議論，地重，難動搖，怯於衆鬥，勇於持刺，故多劫人者，大國之風也。其中具五民[1]。

而鄒、魯濱洙、泗，猶有周公遺風，俗好儒，備於禮，故其民齪齪。頗有桑麻之業，無林澤之饒。地小人衆，儉嗇，畏罪遠邪。及其衰，好賈趨利，甚於周人。

注釋

1 五民：指士、農、工、商、賈。

譯文

洛陽向東可到齊、魯經商，向南可到梁、楚經商。所以泰山南面是魯，北面是齊。齊地山海環抱，膏腴之地方圓千里，適宜種植桑麻，人民多有彩色絲稠、布帛和魚鹽。

臨淄也是東海、泰山之間的一個都市。那裏民俗寬容豁達，而足智多謀，愛發議論，鄉土觀念很重，不易動搖遷徙，怯於聚眾鬥毆，而有勇氣行刺，所以常常劫人財物，這是大國的風尚。這裏五民俱備。

而鄒、魯兩地濱臨洙水、泗水，尚存周公遺風，民俗喜好儒術，講究禮儀，所以那裏的民衆小心拘謹。頗有桑麻產業，而沒有山林水澤的資源。地少人多，人們節儉吝嗇，害怕犯罪，遠避邪惡。到衰敗之時，愛好經商逐利，比周地的人還厲害。

夫自鴻溝以東，芒、碭以北，屬巨野，此梁、宋也。陶、睢陽亦一都會也。昔堯作[1]於成陽，舜漁於雷澤，湯止於亳。其俗猶有先王遺風，重厚多君子，好稼穡，雖無山川之饒，能惡衣食，致其蓄藏。

注釋

1 作：起。

譯文

從鴻溝以東，芒山、碭山以北，直到巨野，這是過去梁、宋地區。陶、睢陽也是一個都市。從前，堯在成陽興起，舜在雷澤捕魚，湯在亳定都。那裏的民俗還存有先王遺風，寬厚莊重，君子很多，喜好農耕稼穡，雖然沒有富饒的山川，卻能省吃儉用，以求得積蓄貯藏。

越、楚則有三俗[1]。夫自淮北沛、陳、汝南、南郡，此西楚也。其俗剽輕，易發怒，地薄，寡於積聚。江陵故郢都，西通巫、巴，東有雲夢之饒。陳在楚夏之交，通魚鹽之貨，其民多賈。徐、僮、取慮，則清刻，矜己諾。

彭城以東，東海、吳、廣陵，此東楚也。其俗類徐、僮。朐、繒以北，俗則齊。浙江南則越。夫吳自闔廬、春申、王濞三人招致天下之喜游子弟，東有海鹽之饒，章山之銅，三江、五湖之利，亦江東一都會也。

衡山、九江、江南、豫章、長沙，是南楚也，其俗大類西楚。郢之後徙壽春，亦一都會也。而合肥受南北潮，皮革、鮑、木輸會也。與閩中、干越雜俗，故南楚好辭，巧說少信。江南卑溼，丈夫早夭。多竹木。豫章出黃金，長沙出連、錫，然堇堇物之所有，取之不足以更費。九疑、蒼梧以南至儋耳者，與江南大同俗，而楊越多焉。番禺亦其一都會也，珠璣、犀、瑇瑁、果、布之湊。

注釋

1 三俗：一說吳、越、楚三國的習俗；一說西楚、東楚、南楚三地的習俗。

譯文

越、楚則有三種風俗。從淮北至沛、陳、汝南、南郡，這是西楚。那裏民俗慓悍輕捷，容易發怒，土地貧瘠，少有蓄積。江陵是原先的郢都（楚國國都），西通巫、巴，東有雲夢之富饒。陳在楚、夏的交接之處，流通魚、鹽貨物，居民多經商。徐、僮、取慮一帶的民俗清廉苛嚴，信守諾言。

彭城以東，東海、吳、廣陵，是東楚。那裏風俗與徐、僮相似。朐、繒以北，風俗與齊地相似。浙江南面風俗與越相似。吳自從闔廬、楚春申君、吳王劉濞招致天下喜好遊蕩的子弟以來，東面海鹽的富饒，章山的銅礦，三江、五湖的資源，也是江東的一個都市。

衡山、九江、江南、豫章、長沙是南楚。那裏的習俗與西楚相似。郢都後來遷至壽春，壽春也是一個都市。而合連接南北河川，皮革、鮑魚、木材在這裏集散。與閩中、干越習俗混雜，所以南楚居民善於辭令，說話乖巧，少有信用。江南地勢低下，氣候潮濕，男子短命早死，盛產竹木。豫章出產黃金，長沙出產鉛、錫。但礦產藏量有限，開採所得不足以抵償花費。九疑、蒼梧以南至儋耳，民俗與江南大體相同，而多與楊越相似。番禺也是那裏的一個都市，是珠璣、犀角、玳瑁、水果、葛布的集散地。

潁川、南陽，夏人之居也。夏人政尚忠朴，猶有先王之遺風。潁川敦愿。秦

末世，遷不軌之民於南陽。南陽西通武關、鄖關，東南受漢、江、淮。宛亦一都會也。俗雜好事，業多賈。其任俠，交通潁川，故至今謂之「夏人」。

譯文　潁川、南陽是夏人的居住地。夏人為政崇尚忠厚樸實，還有先王的遺風。潁川人敦厚善良。秦朝末年，遷徙不法之徒到南陽。南陽西通武關、鄖關，東南連接漢水、長江、淮河。宛也是一個都市。民俗混雜好事。多以經商為業。那裏的居民行俠仗義，與潁川交往，所以至今還被稱做「夏人」。

夫天下物所鮮所多，人民謠俗，山東食海鹽，山西食鹽鹵，領南、沙北[1]固往往出鹽，大體如此矣。

注釋　1 沙北：大漠以北。

譯文　天下物產有多的地方也有少的地方，民間習俗亦然，山東吃海鹽，山西吃池鹽，嶺南、沙北本來處處產鹽，情況大體如此。

總之，楚越之地，地廣人希，飯稻羹魚，或火耕而水耨，果隋蠃蛤，不待賈而足，地埶饒食，無飢饉之患，以故呰窳（zǐ yǔ）[1]偷生，無積聚而多貧。是故江淮以南，無凍餓之人，亦無千金之家。沂、泗水以北，宜五穀桑麻六畜，地小人衆，數被水旱之害，民好畜藏，故秦、夏、梁、魯好農而重民。三河、宛、陳亦然，加以商賈。齊、趙設智巧，仰機利。燕、代田畜而事蠶。

注釋　1 呰窳：苟且懶惰。

譯文　總之，楚、越地區，地廣人稀，以稻米為飯，魚類為菜，有的地方刀耕火種，水耨除草，瓜果螺蛤，不須購買而自給自足。地利而食物豐足，沒有饑饉之患，因此人們苟且偷生，沒有積蓄而多有貧窮。所以江淮以南既無捱餓受凍之人，也無千金富戶。沂水、泗水以北，適合五穀、桑麻、六畜生長，地少人多，屢次遭受水旱災害，人民喜好積蓄財物，所以秦、夏、梁、魯人喜好農業而重視勞力。三河、宛、陳等地也是這樣，加上經商。齊、趙人玩弄技巧，靠投機謀利。燕、代居民以種田、畜牧、養蠶為業。

由此觀之，賢人深謀於廊廟，論議朝廷，守信死節隱居巖穴之士設為名高者安歸乎？歸於富厚也。是以廉吏久，久更富，廉賈歸富。富者，人之情性，所不學而俱欲者也。故壯士在軍，攻城先登，陷陣卻敵，斬將搴旗，前蒙矢石，不避湯火之難者，為重賞使也。其在閭巷少年，攻剽椎埋，劫人作姦，掘冢鑄幣，任俠并兼，借交報仇，篡逐幽隱，不避法禁，走死地如騖者，其實皆為財用耳。今夫趙女鄭姬，設形容，揳鳴琴，揄長袂，躡利屣，目挑心招，出不遠千里，不擇老少者，奔富厚也。游閑公子，飾冠劍，連車騎，亦為富貴容也。弋射漁獵，犯晨夜，冒霜雪，馳阬谷，不避猛獸之害，為得味也。博戲馳逐，鬥雞走狗，作色相矜，必爭勝者，重失負也。醫方諸食技術之人，焦神極能，為重糈也。吏士舞文弄法，刻章偽書，不避刀鋸之誅者，沒於賂遺也。農工商賈畜長，固求富益貨也。此有知盡能索耳，終不餘力而讓[1]財矣。

注釋

1 讓：通「攘」，侵奪之意。

譯文

由此看來，賢人策劃於宗廟，論議於朝廷，守信盡節及隱居深山之士自命清高，保全名聲，他們究竟都是為了甚麼呢？都是為了財富。因此，為官清廉就能任職長久，長久了更加富有；清廉的商人終歸能致富。求富，是人的本性，是用不着學習就去追求的。所以，壯士在軍隊中，打仗時攻城先登，遇敵時衝鋒陷陣，斬將奪旗，冒着飛矢流石，赴湯蹈火，不懼怕艱難險阻，是因為重賞的驅使。那些里巷青少年，攻擊剽掠，殺人埋屍，搶劫犯奸，盜墓掘墳，私鑄錢幣，偽託俠義，侵吞霸佔，憑交情報私仇，暗中追逐掠奪，不避法律禁令，跑在死路上如同快馬一般，其實都是為了錢財罷了。如今那些趙國、鄭國的女子，打扮得漂漂亮亮，彈着琴瑟，舞動長袖，踩着輕便舞鞋，用眼挑逗，用心勾引，出外不遠千里，不擇年老年少，也是在奔向富裕生活。遊手好閑的公子，裝飾帽子和寶劍，車馬成排結隊，也是在顯示富貴。獵人漁夫，起早貪黑，冒着霜雪，奔跑在深山峽谷，不避猛獸傷害，為的是獲得野味。進出賭場，鬥雞走狗，作色與誇耀，必在於爭勝，是看重輸贏。醫生、方士及各種靠技藝謀生的人，勞神過度，極盡其能，是為了得到豐厚的報酬。官府吏士舞文弄墨，私刻公章偽造文書，不避斫腳殺頭，是由於陷入賄賂。至於農、工、商賈、畜牧，原本為的是謀富貴、增財富。如此絞盡腦汁，用盡力量地索取，終究是不遺餘力地爭奪財物。

諺曰：「百里不販樵，千里不販糴。」居之一歲，種之以穀；十歲，樹之以木；百歲，來之以德。德者，人物之謂也。今有無秩祿之奉，爵邑之入，而樂與之比者。命曰「素封」[1]。封者食租稅，歲率戶二百。千戶之君則二十萬，朝覲聘享出其中。庶民農工商賈，率亦歲萬息二千，百萬之家則二十萬，而更傜租賦出其中。衣食之欲，恣所好美矣。故曰陸地牧馬二百蹄，牛蹄角千，千足羊，澤中千足彘，水居千石魚陂，山居千章之材。安邑千樹棗；燕、秦千樹栗；蜀、漢、江陵千樹橘；淮北、常山已南，河濟之間千樹萩；陳、夏千畝漆；齊、魯千畝桑麻；渭川千畝竹；及名國萬家之城，帶郭千畝畝鍾之田，若千畝巵茜，千畦薑韭：此其人皆與千戶侯等。然是富給之資也，不窺市井，不行異邑，坐而待收，身有處士之義而取給焉。若至家貧親老，妻子軟弱，歲時無以祭祀進醵，飲食被服不足以自通，如此不慙恥，則無所比矣。是以無財作力，少有鬥智，既饒爭時，此其大經也。今治生不待危身取給，則賢人勉焉。是故本富為上，末富次之，奸富最下。無巖處奇士之行，而長貧賤，好語仁義，亦足羞也。

注釋

1 素：本色。封：受封。無受封之名，有封侯之實的人。

譯文

俗話說：「百里之外不販柴，千里之外不販糧。」在某地住上一年，可以種植穀物；住上十年，可以栽種樹木；住上百年，要用德行招致來人。所謂德，說的就是人物。現在那些沒有官職俸祿的奉養、爵位封地的收入，而生活歡樂可與有俸祿封邑者相比的人，被稱做「素封」。有封邑的享受封邑的租稅，每戶每年二百錢。有千戶的封君即二十萬，朝拜天子、訪問諸侯和祭祀饋贈，都要從這裏開支。庶民百姓從事農、工、商賈，每年一萬錢的利息二千，有一百萬錢的人家可得二十萬錢，而僱人服徭役、付租賦的費用要從這裏支出。他們的衣食之慾，可以盡情享受。所以說在陸地養馬五十匹，養牛一百六七十頭，養羊二百五十隻，草澤裏養豬二百五十口，水中佔有年產魚千石的池塘，山裏擁有千棵成材樹木；安邑有千棵棗樹；燕、秦有千棵栗子樹；蜀郡、漢水、江陵地區有千棵橘樹；淮北、常山以南和黃河、濟水之間有千棵楸樹；陳、夏有千畝漆樹；齊、魯有千畝桑麻；渭川有千畝竹子；還有名都萬戶的城邑，以及郊外畝產一鍾的千畝良田，千畝梔子、茜草，千畦生薑、韭菜。這樣的人財富都可與千戶侯相等。然而這些就是富足的資本，不用到市場察看，不用到外地奔波，坐而待收，身有處士之名而取用豐足。如果那些貧窮人家，父母年老，妻子兒女瘦弱不堪，逢年過節無錢祭祀祖宗鬼神、贈人路費、聚集飲食，吃喝穿戴都難以自足，如此貧困，還不感到羞愧，那就沒有甚麼可比擬的了。因此沒有錢財就要出賣勞力，稍有錢財便玩弄智巧，已經富足便爭時逐利，這是基本的規律。如今不冒生命危險，即可取得所需物品，那麼賢人也會努力。所以靠農耕本業致富為上等，靠商工末業致富為次等，靠奸詐致富為最下等。沒有隱居山野的奇士之行，而長期貧窮低賤，妄談仁義，也是十分羞愧的。

凡編戶之民，富相什則卑下之，伯則畏憚之，千則役，萬則僕，物之理也。夫用貧求富，農不如工，工不如商，刺繡文不如倚市門，此言末業，貧者之資也。通邑大都，酤一歲千釀，醯醬千瓨（xiáng），漿千甔（dān）[1]，屠牛羊彘千皮，販穀糶千鍾，薪稾千車，船長千丈，木千章，竹竿萬個，其軺車百乘，牛車千兩，木器髹者千枚，銅器千鈞，素木鐵器若卮茜千石，馬蹄躈（qiào）[2]千，牛千足，羊彘千雙，僮手指千，筋角丹沙千斤，其帛絮細布千鈞，文采千匹，榻布皮革千石，漆千斗，糱麴鹽豉千荅，鮐鮆千斤，鯫千石，鮑千鈞，棗栗千石者三之，狐貂裘千皮，羔羊裘千石，旃席千具，佗果菜千鍾，子貸金錢千貫，節駔會

（zǎng kuài）[3]，貪賈三之，廉賈五之，此亦比千乘之家，其大率也。佗雜業不中什二，則非吾財也。

注釋

1 瓨：長頸瓮罌。甀：罌子類的瓦器。2 蹄躈：古時用以計算牲畜的頭數。蹄躈五，即算一頭牲畜。躈：肛门。3 駔會：即駔儈。本指馬匹交易的經紀人，此泛指市場經紀人。

譯文

凡是編入戶籍的人民，財富與別人差十倍就會對別人卑躬屈膝，相差百倍的就會懼怕別人，相差千倍的就會被別人役使，相差萬倍的就會做別人的奴僕，這是事物的常理。以貧求富，務農不如做工，做工不如經商，刺繡織綿不如倚門賣笑。這裏所說的經商末業，是窮人致富的手段。交通發達的大都市，每年要釀酒千甕，醋醬千罌，飲漿千甀，屠剝牛羊豬皮千張，販賣穀物千鍾，柴草千車，擁有的船隻總長千丈，木材千棵，竹竿萬根，馬車百輛，牛車千輛，塗漆木器千件，銅器千鈞，原色木器、鐵器及染料千石，馬千蹄躈，牛千足，豬羊千雙（各千頭），僮手千指（奴婢百人），筋、角、丹砂各千斤，綿絮、細布各千鈞，彩色絲綢千疋，粗布、皮革千擔，漆千斗，酒麴、鹽豆豉千瓿，鮐魚、鮆魚千斤，小雜魚千石，醃鹹魚千鈞，棗子、栗子千石，狐貂皮衣千件，羔羊皮衣千石，毛氈毯千條，以及水果蔬菜千種，還有放貸利息錢千貫（一千錢為一貫），促成交易的掮客或貪心的商人僅能獲利十分之三，廉正的商人獲利十分之五，這些可與千乘之家相比，這只是大概的情況。其他雜業的利潤不足十分之二，那就不是我們追求的財富了。

由是觀之，富無經業，則貨無常主，能者輻湊，不肖者瓦解。千金之家比一都之君，巨萬者乃與王者同樂。豈所謂「素封」者邪？非也？

譯文

由此看來，致富沒有固定的行業，財貨也沒有一定的主人，有才能的人使財富像車輻一樣集聚，無能的人則會破敗家財。千金之家可以與一都封君比富，億萬富翁能同國君一樣享樂。難道這就是所謂的「素封」者嗎？不是嗎？

賞析與點評

司馬遷生活的年代中，由於政府管理的不健全，每個人都不遺餘力地發奮競爭，不僅人民之間相互爭利，官亦與人民爭利。對此作者指出「富」有三個層次：「本富為上，末富次之，奸富最下。」暗中給出官與人民爭利乃最下等政策的論斷。這種寓論斷於敘事的方法，即所謂「定哀多微辭」的《春秋》筆法。孔子在自己那個時代有難以明言之處，司馬遷也是由於對與自己直接相關的時代難以直言，才使用了與孔子同樣的手法。

附錄

名句索引

一至三畫

四畫

五畫

六畫

七畫

八畫

十畫

十一畫

十二畫

割鴻溝以西者為漢，鴻溝而東者為楚。　一一七

富貴不歸故鄉，如衣繡夜行，誰知之者！　一一〇

富貴者送人以財，仁人者送人以言。　二一七

善者因之，其次利道之，其次教誨之，其次整齊之，最下者與之爭。　三五五

項羽乃悉引兵渡河，皆沈船，破釜甑，燒廬舍，持三日糧，以示士卒必死，無一還心。　〇九八

十三畫及以上

《詩》有之：「高山仰止，景行行止。」雖不能至，然心鄉往之。　二三九

農不出則乏其食，工不出則乏其事，商不出則三寶絕，虞不出則財匱少。　三五八

與父老約，法三章耳：殺人者死，傷人及盜抵罪。　一四三

輕千乘之國而重一言。　二〇六

豎子不足與謀。　一〇九

儒以文亂法，而俠以武犯禁。　三三八

燕雀安知鴻鵠之志哉！　二四三

縱江東父兄憐而王我，我何面目見之？　一一二

《史記》全目

卷二十六・曆書第四
卷二十七・天官書第五
卷二十八・封禪書第六
卷二十九・河渠書第七
卷三十・平準書第八
卷三十一・吳太伯世家第一
卷三十二・齊太公世家第二
卷三十三・魯周公世家第三
卷三十四・燕召公世家第四
卷三十五・管蔡世家第五
卷三十六・陳杞世家第六
卷三十七・衞康叔世家第七
卷三十八・宋微子世家第八

卷三十九・晉世家第九
卷四十・楚世家第十
卷四十一・越王句踐世家第十一
卷四十二・鄭世家第十二
卷四十三・趙世家第十三
卷四十四・魏世家第十四
卷四十五・韓世家第十五
卷四十六・田敬仲完世家第十六
卷四十七・孔子世家第十七
卷四十八・陳涉世家第十八
卷四十九・外戚世家第十九
卷五十・楚元王世家第二十
卷五十一・荊燕世家第二十一

卷七十九·范睢蔡澤列傳第十九
卷八十·樂毅列傳第二十
卷八十一·廉頗藺相如列傳第二十一
卷八十二·田單列傳第二十二
卷八十三·魯仲連鄒陽列傳第二十三
卷八十四·屈原賈生列傳第二十四
卷八十五·呂不韋列傳第二十五
卷八十六·刺客列傳第二十六
卷八十七·李斯列傳第二十七
卷八十八·蒙恬列傳第二十八
卷八十九·張耳陳餘列傳第二十九
卷九十·魏豹彭越列傳第三十
卷九十一·黥布列傳第三十一
卷九十二·淮陰侯列傳第三十二

卷九十三·韓信盧綰列傳第三十三
卷九十四·田儋列傳第三十四
卷九十五·樊酈滕灌列傳第三十五
卷九十六·張丞相列傳第三十六
卷九十七·酈生陸賈列傳第三十七
卷九十八·傅靳蒯成列傳第三十八
卷九十九·劉敬叔孫通列傳第三十九
卷一百·季布欒布列傳第四十
卷一百一·袁盎晁錯列傳第四十一
卷一百二·張釋之馮唐列傳第四十二
卷一百三·萬石張叔列傳第四十三
卷一百四·田叔列傳第四十四
卷一百五·扁鵲倉公列傳第四十五
卷一百六·吳王濞列傳第四十六

新 視 野
中華經典文庫

新 視 野
中華經典文庫